中央大学政策文化総合研究所研究叢書 2

中国における企業組織のダイナミクス

丹沢　安治 編著

中央大学出版部

はしがき

　中国経済の発展にはめざましいものがある．その発展を支えているのは日系進出企業をはじめとする外資系企業であり，新興のさまざまなファミリー企業であり，また，産学研連携による大学発ベンチャーであり，そしてさまざまな問題を抱えるとはいえ従来からの国有企業などの企業活動に他ならない．

　これらの企業はどのような行動原理を持っているのだろうか．あるいはわれわれの言い方で表現すれば，どのような企業戦略を持っているのだろうか．本書はそのような疑問に答えようとするものである．そして，これから中国において何らかの企業活動に関わる人々が，どのように行動すればよいのか，何らかの指針を感じ取っていただくことが本書を公刊する目的である．

　このような目的を果たすために，本書は，代表的な3つのテーマを取り上げている．第1に中国に進出している日系企業をはじめとする外資企業のダイナミクスとその戦略であり，第2に産学連携の動きに応じて現れている大学科技園におけるベンチャー企業の動向を論じている．さらに本書は，第3にこれら中国企業のコーポレート・ガバナンス問題も扱い，中国経済発展のダイナミクスを解き明かそうとしている．

　本書は，2003年4月から2006年3月まで3年間にわたって実施された中央大学政策文化総合研究所の研究プロジェクト「中国における企業組織のダイナミクスとコーポレート・ガバナンス」（主査：丹沢安治）の研究成果である．このプロジェクトでは，(1)華南・華東地域の日系進出企業，(2)中関村における大学発ベンチャー，(3)華東地域における大学発ベンチャーなど，3回の実態調査を行った．またこれに加えて，この領域に関わる企業人，研究者を招き，実に21回に及ぶ研究会を開催した．本研究叢書に収められている寄稿論文はすべてこの調査と研究会に参加したか，報告をした人々による成果である．

第1章では丹沢が，日系中国進出企業の成功の条件を探っている．取引費用の経済学など新制度派経済学の最新の成果を取り入れて，市場と企業における外部性とケイパビリティー（能力）を考慮しながら企業戦略を検討しようとしている．今成功している日系進出企業がなぜ成功しているのか，これから進出しようとする企業が成功するために何をすればよいのか，指針を与えようとしている．第2章では，三浦が，北京の中関村における大学あるいは研究所発のベンチャー企業を取り上げている．中国における大学あるいは研究所発ベンチャーは，ハイテク産業の担い手を育成するばかりでなく，産業育成のための国策企業という性質をも持つものであるが，三浦は，M.ポーターのクラスター戦略の理論を用いて，北京中関村という地域における競争優位を記述する．これにより，地域活性化・ブランド創生というマーケティング的な分析は，北京市中関村への進出を考える企業にとって指針を与えているといえよう．第3章では，ドイツ―日本研究所，研究員のアンドレアス・メルケが，中国に進出したドイツ自動車産業とその下請産業について報告している．わが国ではあまり入手できない情報を知ることができるだろう．次に第4章では，李建平が，中国における産学連携と校弁企業を論じている．中国の44の大学において展開されている「科技園政策」は，産業化によるキャッチアップと最先端のイノベーションの発掘とを兼ねたものであり，すでに多くの論文が書かれているテーマであるが，李は，中国の大学における「校弁企業」の伝統にさかのぼりながらその特性と問題点を浮き彫りにしている．第5章の中国暨南大学の陳海権による「中国企業における流通側面の構造的変化とその課題」は，中国に在住する中国人研究者の見た中国企業のダイナミクスである．彼もまた特に激しく変化している流通の分野について貴重な報告を提供しているといえる．第6章の，林昇一「グローバル企業の対中国市場戦略」は，非常に広い俯瞰的な視点から中国進出を論じている．以上が本書の提供する，第一と第二の問題群である．これらは，中国において活動している企業の企業戦略を扱っているといえるだろう．

次に第II部において，中国における企業の内部の問題を扱っている．第7

章の大柳康司と第8章の西崎賢治は，財務・会計の専門家として中国企業のかかえるコーポレート・ガバナンス上の問題点を浮き彫りにしている．第7章の大柳による「中国における企業改革」では，中国企業のコーポレート・ガバナンスの現状についてかなり詳細な報告となっているだけでなく，日本の企業との相違を明らかにすることで大きな情報価値を生み出している．また，第8章の西崎による「中国上市公司のディスクロージャー制度の考察」では，さらにこの問題を掘り下げ，中国における上場企業の独特な所有者構造に起因する「関係会社取引」など構造的な問題点を論究している．最後に第9章「ファミリー企業における企業支配力の制御」では，葛永盛が，取引費用の経済学という枠組みを用いて中国において大きく発展の原動力となっている新興企業＝ファミリー企業を取り上げ，その中国特有の血縁のネットワークの企業戦略上のメリットとその限界を理論的に分析している．取引費用の経済学は中国のような移行経済において説明力の高い理論的枠組みであるが，「血縁」という中国企業の独特な文化的側面に光を当てながら経済的合理性という観点からの説明に成功している．

　以上の寄稿論文は，多くの情報価値を持ち，また，政策的な指針，この場合は企業戦略上の指針を与えるものであるといえるが，これからさらに研究を深めていく上での礎石ともなっている．さらに研究を深めたいと考えている．

　本書が取り上げ，描いている企業組織の姿はほんの一断面に過ぎない．今後の更なる研究が必要だろう．そのときにはもっとテーマを絞ってひとつの断面を深く追求するという方法も考えられるだろう．

　本書によって中国における企業組織の現状，発展の方向を知ることができ，また，今後の活動指針のヒントを得ていただければ，本書の目的は達せられたと思う．また，本書の編集にさいしては，中央大学出版部の松尾あずさ氏には，中国人執筆者たちの原稿に対するネイティブ・チェックも含め，非常に丁寧に原稿をチェックしていただいた．この場を借りて感謝したい．

2006年2月

丹沢安治　執筆者を代表して

目　　次

はしがき

第Ⅰ部　企業組織のダイナミクスと企業戦略

第1章　日系中国進出企業のダイナミクスと成功の条件 …… 3
丹沢　安治

1．問題状況　3
2．調査対象企業と分析の視点　6
　おわりに　15

第2章　クラスター戦略と地域ブランド
　　　——中関村科学技術園区の事例分析を基に—— …………21
三浦　俊彦

　はじめに　21
1．中関村科学技術園区の事例分析　22
2．クラスターとしての中関村科技園区　29
3．クラスターと地域ブランド　36
　おわりに　42

第3章　中国におけるドイツ自動車産業および下請産業 …… 47
アンドレアス・メルケ

　はじめに　47
1．中国の経済的脅威およびドイツ・中国間の経済関係　48
2．中国の自動車産業　50
3．中国におけるドイツの自動車産業および下請産業　54

おわりに　60

第4章　中国における産学連携と校弁企業 …………………65
　　　　　　　　　　　　　　　　　　　　　李　建　平

　　はじめに　65
　1．中国の校弁企業の現状　67
　2．校弁企業の形成過程　72
　3．中国の産学連携・校弁企業への評価　82
　　おわりに　87

第5章　中国企業における流通側面の構造的変化と
　　　　その課題 ……………………………………………91
　　　　　　　　　　　　　　　　　　　　　陳　海　権

　　はじめに　91
　1．中国型流通システムの構造的変化とその背景──家電チャネルの
　　　変革を中心に　92
　2．大型流通企業の誕生と流通チャネルの衝突およびその課題　99
　3．中国企業における物流システムの合理化とその課題　104
　　おわりに　112

第6章　グローバル企業の対中国市場戦略
　　　　──チャイナ・リスクの脅威と機会── …………117
　　　　　　　　　　　　　　　　　　　　　林　　昇一

　　はじめに──チャイナ・リスクの脅威と機会　117
　1．問題の設定と分析的枠組み──価値観の転換と経営戦略　120
　2．現代中国の成長ジレンマ　129
　3．グローバル企業の世界戦略　135
　4．対中国市場戦略としての戦略経営　143

おわりに　152

第Ⅱ部　企業組織のダイナミクスとコーポレート・ガバナンス

第7章　中国における企業改革
　　　　──コーポレート・ガバナンスを中心に──……………165
　　　　　　　　　　　　　　　　　　　　　　　大柳　康司

1．改革開放以降の市場環境　165
2．上場会社と一般株主の関係　167
3．中国企業のコーポレート・ガバナンス　170
4．中国におけるコーポレート・ガバナンスの展開　181

第8章　中国上市公司のディスクロージャー制度の考察
　　　　──関連取引の開示を中心として──………………189
　　　　　　　　　　　　　　　　　　　　　　　西崎　賢治

　はじめに　189
1．ディスクロージャー制度についての定義・目的　190
2．関係会社取引についてのディスクロージャー制度──日本のケース　192
3．中国上市公司の関連取引の現状　196
4．中国の関連取引についてのディスクロージャー制度の現状と問題点　198
　おわりに　210

第9章　ファミリー企業における企業支配力の制御
　　　　——経営人材制約への対応——……………………………215
　　　　　　　　　　　　　　　　　　　　　葛　永　盛

　はじめに　215
　1．中国におけるファミリー・ビジネスの現状　217
　2．取引費用の経済学によるファミリー・ビジネスの分析　219
　3．ファミリー企業における企業支配力の制御——「万向」の事例
　　　222
　　おわりに——制御ゆえの自己規律　228

索　引

第Ⅰ部　企業組織のダイナミクスと企業戦略

第1章

日系中国進出企業のダイナミクスと成功の条件

丹沢　安治

1．問題状況

(1)　政冷経熱と日系中国進出企業

　外務省のホームページサイト「最近の中国情勢と日中関係」によると，日本にとっての主要貿易相手先は，表1(a)から明らかなように，2003年で1位米国，2位がEUそして3位が中国となっている．それに対して表1(b)から明らかなように，中国から見た貿易相手先は，少なくとも2003年までは，日本が第1位であり，それに米国とEUが続いているが，中華人民共和国税関統計および外務省同サイトによると，2004年度の上半期は，EUが第1位，米国が第2位，日本は第3位となっている[1]．

　「政冷経熱」という昨今いわれる表現を考えると，中国との間で「経熱」の状態にあるのは，日本だけではないが，この表から両国の関係が双方にとって非常に重要であることが明らかである．また，日中間の輸出入のバランスを見ると，一貫して日本の輸入超過であるといわれているが，中国側の統計では対日貿易収支は赤字となっている．すなわち，香港から中国本土への再輸出は9割を占めるといわれ，ハイテク部品などを香港経由で再輸出していることを考えると，図1で示されているように，2002年から3年にかけ

表1(a) 日本の貿易相手先（2003年　単位億ドル）

国	総　額
米　国	1740.5
Ｅ　Ｕ	1399.1
中　国	1324.3
韓　国	525.2

表1(b) 中国の貿易相手先（2003年 単位億ドル）（中国税関部）

国・地域	総　額
日　　本	1335.8
米　　国	1263.3
Ｅ　　Ｕ	1252.2
香　　港	874.1
ＡＳＥＡＮ	782.5
韓　　国	632.3

出所：外務省「最近の中国情勢と日中関係」http：//www.mofa.go.jp/mofaj/area/china/kankei.html より作成．

図1　日本から見た対中貿易の変遷

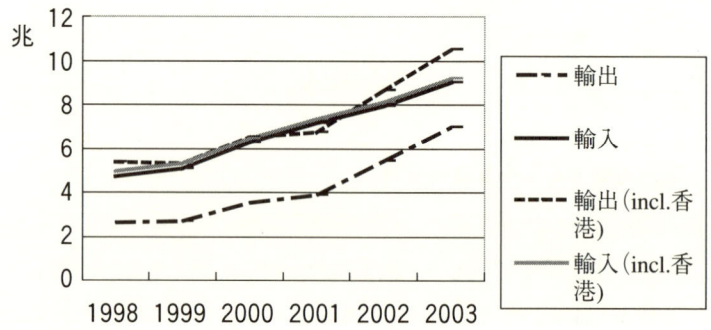

出所：財務省貿易統計 http：//www.customs.go.jp/toukei/info/ より作成．

て転換期があり，それ以来，日中間の貿易収支は，日本の輸出超過となっていると思われる．

　JETROによって行われた2003年の日系中国進出企業にかんする調査によると，回答企業1,263社のうち64.3％が黒字化しているという[2]．そこに見える姿は，日中にEUと米国を加えた4極構造の中での「経熱」であり，日中双方にとって重要性は高いといえる．

(2)　日本企業の中国進出を見る視点
①　新制度派経済学の枠組み
　中国のみならず東欧やロシアなどの移行経済下において，新たな市場の制

度的デザイン，産業化のための理論的土台となっているのは取引費用の経済学，所有権理論などを含む新制度派経済学である．このアプローチの有用性は，純粋な市場主義的な色彩の強いアングロサクソン的な経済体制に対してドイツ－日本などの「ライン（Rhein）型資本主義」[3]により近い日本においても高い．

本稿ではこのアプローチをベースにして日中両国の経済的関係，特に中国に進出した日本企業の成立の条件を分析することによって一般的な「日系中国進出企業の成功の条件」を導き出してみよう．取引費用の経済学，あるいはそれをベースにした近年の「知識ベースの企業理論」[4]によると，企業が一定の環境において成功するかどうかは，その企業のなんらかの戦略と特異な知的資源とその企業が直面する市場の自然的条件，政府による規制との適合の度合いによって決定される．

図2から明らかなように，市場における取引慣行のような自然的条件と政府による優遇策のような人為的な条件と企業が明示的に持つ戦略（たとえば，生産基地志向か，中国市場における販売を目的としているか）と進出企業が持つ暗黙の内の資源との適合性を問うことになる．

図2　新制度派経済学による市場と企業組織の分析の視点[5]

市　　　場	企　業　組　織
取引慣行など自然的条件	企業の持つ暗黙知
政府による優遇策など規制	進出目的など企業戦略

コース的 "market or hierarchy" の二分法

②　協調と競争のための制度と企業戦略のデザイン

すべての経済行動は，取引を単位として分析できるが，経済的な取引は一定のパイを取り合うゼロサムゲーム的な競争ではなく，市場における規制・制度や慣行などの枠組みと企業同士の契約の枠組みをさまざまにデザインし，結合利潤（joint profit）すなわち取引当事者間で分け合うパイを増加させた上での競争（パイの取り合い）である．新制度派的な視点からどのよう

な規制，制度，契約の形態が最大の結合利潤（joint profit）をもたらすかをまず考え，その上で競争関係を築かなければならない[6]．具体的には，日中両国とそれぞれの企業組織は，表2のような調整装置について最大の結合利潤（joint profit）をもたらすようにデザインを行い，その上で，競争を行う必要がある．このような協調は，盲目的で一方的なものでない，合理的に競争の場をデザインするという「冷めた信頼関係」に基づいているということができる．

以下においては，華東，華南におけるいくつかの日本からの進出企業を選んでこの点から分析して見よう．

表2 規制・ケイパビリティーを含む企業境界の決定要因

	market place	企業組織／network
自然的特性[1]	安価で質の高い若年労働者・販売代金回収をめぐる慣習 etc.	日本的生産管理技術（ケイパビリティー） etc.
人為的特性[2]	外資企業の優遇策・WTOへの加盟など政府による規制 etc.	明示的な企業戦略（生産基地の追求か販売市場の追及か） etc.

注：1) 自然的特性は，market place や企業組織内部における意図的な行為の相互作用の結果，意図されざる帰結として生ずるものであり，暗黙知の領域に属するものである．
2) 人為的特性は，market place では，地方政府あるいは中央政府が，全体的な厚生の最大化を目指して，企業組織においては経営者が，企業組織にとっての利潤の最大化を目指して意図的に導入する規制または戦略である．

2．調査対象企業と分析の視点

(1) 調査対象企業

JETROの調査によると中国に進出している日系企業は登記ベースで14,000あまりにのぼるという[7]．これらの日系企業の中でも多くの企業が成功しているという範疇に入るが，いうまでもなく，その成功要因は1つだけしかないというものではない．中国に進出していて成功しているとは，それぞれの企業が持つ独自のケイパビリティー（能力：企業内部に蓄積された独

自のノウハウや技術)[8]を，中国のさまざまな市場的環境に見られる特性とうまく適合させている状態に他ならない．中国のさまざまな市場的特性がどのような状態であるかは，市場取引を行うさいの，適切な取引相手の探索の費用，交渉の費用，リスク負担の費用である取引費用[9]の高さを決定し，それを通じて，そこで行われるビジネスの成否が決定される．

　このような理解から，中国経済を取り巻く一般的な経済環境の変化，対象企業の直面する調達市場，労働市場，販売市場の特性，そして各企業の現場管理・労務管理のケイパビリティーについて，以下のような主要調査ポイントをあらかじめ用意した．

① 元切上げ，WTO加入，増値税還付率の低下などによるビジネス環境変化への対応
② 部資材の現地調達状況
③ 労働市場の特性と人材確保
④ 販売市場を問うための販売ルート

調査は，2003年11月2日から11月8日にかけて行われ，調査地域・対象企業は，必ずしも万全のバランスを実現するものではなかったが，以下のような，華南地域4社，（深圳4），華東地域2社，1公的機関（JETRO上海）であった．

表3　調査日程と調査対象企業（機関）

日　付		訪　問　先
11月3日（月）	華南（深圳）	東芝複印机（深圳）有限公司（東芝テック）
		港加賀電子（深圳）有限公司（加賀電子）
11月4日（火）		日技城製造廠（テクノセンター）
		深圳美陽注塑有限公司（新日鐵化学）
11月6日（木）	華東（上海）	上海大金空調有限公司（上海ダイキン工業）
		欧姆龍（上海）有限公司（オムロン上海）
11月7日（金）		JETRO上海

　以下において，華南・華東という調査対象地域における市場的特性と各対

象企業のもつケイパビリティーの適合性という視点から，日系中国進出企業の成立と成功の要因を探ってみよう．

(2) 日系中国進出企業の成立と成功の要因

華南地域（深圳）において4つの日系進出企業を訪問し，後に華東地域（上海）において2つの日系進出企業と1つの公的支援機関を訪問した．その結果，数少ない事例ではあるが，特に華南地域においてユニークなビジネスモデルが発生していることを確認できた．そのことから，今後の中国ビジネスそのものが，当初の「生産基地としての中国進出」から「販売市場を求める進出」へと変化するという背景の下で，おそらくは華北，華東，華南といった地域別に多様なビジネスモデルを生み出しながら展開していくことが予想された．

① 華南調査対象企業の成立の条件

華南地域では，東芝複印机（深圳）有限公司（東芝テック），港加賀電子（深圳）有限公司（加賀電子），日技城製造廠（テクノセンター），深圳美陽注塑有限公司（新日鐵化学）を訪問した．

これらの日系企業が成功している部類に入ることはいうまでもないだろう．これらの企業のビジネスモデルが成立している要因を，それぞれの「企業が直面する市場の特徴」とそれぞれの「企業が持つ独自のケイパビリティー」との適合性という観点から分析してみよう．

華南地域の市場的特性は何だろうか．さまざまな事項が挙げられているが，代表的なものとして，以下のものがあげられる．

  ① 国家による意図的な政策
   (1) 中央政府から見て辺境の地であり，国有企業が少なかったこと．
   (2) 1980年に深圳，珠海，汕頭，厦門の4ヶ所の経済特区に設けられたさまざまな優遇措置．
  ② 自然発生した市場的特性
   (3) 深圳には，香港特別行政区という後背地が存在し，香港から通勤

できる.
  (4) 特に, 深圳, 東莞から広州市に至る世界最大の電子産業集積地が形成されている.
  (5) 近隣の内陸部から絶えず流入する豊富で割安な若年労働力の供給.
  (6) 転廠制度, 広東型委託生産モデルといった華南地域独特の取引慣行の存在.

このような市場的特性に対して, それぞれの企業は自らのケイパビリティーを生かして適応し, 成功しているといえる.

たとえば, 東芝複印机(深圳)有限公司(東芝テック)は, 輸出比率は66%であり, どちらかといえば, 「生産基地」を求めて進出した伝統的なスタイルの中国進出企業であるといえるだろう. 典型的なセットメーカーであり, 販売会社は香港にあって, すべての製品を卸している. 同社のビジネスモデルは, ①外資企業への優遇策の享受, ②周辺の電子産業集積地から, 部品調達することによるコスト優位, ③豊富かつ割安で, しかも質の高い若年労働力という市場的特性を生かしながら, 自らの特徴的なケイパビリティーとしては, ④日本の親会社である東芝から得られるキーデバイス, 設計・開発能力と, ⑤日本において蓄積された生産技術・労務管理ノウハウの蓄積を利用するものといえるだろう.

特に複写機のセットメーカーにとって, 華北に比べて質・量ともに豊富な部品調達を可能にしている電子部品産業の集積, 安価な若年労働力の絶えざる供給は, 大きな競争優位の源泉となっている. 高い技術を持った日系企業がコスト優位を求めて中国に進出するという伝統的なスタイルのビジネスモデルであるといえる.

このようなセットメーカーに対して, 港加賀電子(深圳)有限公司(加賀電子), 日技城製造廠(テクノセンター), 深圳美陽注塑有限公司(新日鐵化学), は, デバイス・サプライ系の企業である. しかしこれらが同じビジネスモデルを持っているとはいえない. 中でも, 深圳美陽注塑有限公司(新日

鐵化学）は，リコー，キヤノン，東芝，富士ゼロックス，ゼロックスなどの華南地域の複写機メーカーに製品の80％を販売し，複写機，プリンタの樹脂成型を主要事業としている．供給先とともに中国に進出し，「世界一の品質，世界一安いコストの実現に経営資源を集中」するという経営目標からも，主たる進出動機は「生産基地」としての中国への進出であることがわかる．やはり古典的なスタイルであるといえるだろう．すなわち，①外資企業への優遇策の享受，②周辺のセットメーカーの集積，③金型など部品調達上の優位，そして④豊富かつ割安で，しかも質の高い若年労働力という市場的特性を活かしながら，自らの独自のケイパビリティーとしては，⑤日本の親会社である新日鐵化学からの原料調達ルート，⑤日本において蓄積された生産技術・労務管理ノウハウを利用して形成しているといえるだろう．デバイス・サプライ系の企業であるが，いわゆる生産基地の追及としての中国進出という古典的なビジネスモデルである．

それに対して，同じデバイス・サプライ系である港加賀電子（深圳）有限公司は，深圳におけるより新たな市場的特徴に適合したビジネスモデルであるといえるだろう．日系進出企業と親密なアウトソーシング関係を築く，日本的なEMS（Electronic Manufacturing Service：電子部品製造受託）企業として，現地に資本関係のある協力会社を育成している．

もちろん，港加賀電子のビジネスモデルにおける市場的特性としては，①外資企業への優遇策の享受，②電子産業の集積，そして③豊富かつ割安で，しかも質の高い若年労働力という基本的なものに加えて，さらに，④華南地域に特有の取引慣行としての転廠制度の存在をあげるべきであろう．この転廠制度とは，形式的に香港との輸出入手続きをとることによって，実質的に増値税を免れながら中国国内で販売を行う華南地域独特の制度であるが，単に生産基地の確立という古典的な中国進出企業のビジネスモデルにとどまらない新たな可能性を与えているといえる．

このような市場的特徴に対して，港加賀電子（深圳）有限公司の独自のケイパビリティーとしては，⑤日本において蓄積された生産技術・労務管理ノ

ウハウの蓄積というこれまでの共通のケイパビリティーに加えて，⑥進出した日系企業が日本的なEMSビジネスに対する需要を持つこと，⑦日本において蓄積してきた部品調達に関するノウハウを指摘できる．

華南地域のあらゆる市場的特性に対してもっとも巧妙に適合していると思われるビジネスモデルは，日技城製造廠（テクノセンター）であろう．同社の事業内容は，日本からの中国進出企業に対し，インキュベーターの機能を提供することである．すなわち，電気，水，通信，保安などのインフラの整った工場を提供し，地域・地方政府との交渉を代行し，テナント企業（進出企業）に代って，従業員の採用，教育を行う．

したがって，同社の直面する市場的特性は，これまでに挙げられたすべての市場的条件，①外資企業への優遇策の享受，②電子産業の集積，そして③豊富かつ割安で，しかも質の高い若年労働力，④来料加工に加えて進出企業自身が生産を行う広東型委託生産[10]，そして，⑤華南地域に特有の取引慣行としての転廠制度[11]の存在を挙げるべきだろう．

また，同社のケイパビリティーが，⑥すべての日系企業に共通する，日本

表4　華南地域における市場的特性と各企業のケイパビリティーの適合

企業名	共通の市場的特徴	特異な市場的特徴	ケイパビリティー
東芝複印机有限公司	1．外資企業への優遇策 2．電子部品産業の集積 3．豊富かつ割安で，しかも質の高い若年労働力		①キーデバイスの調達能力，製品開発能力 ②日本的生産技術，労務管理ノウハウ
深圳美陽注塑有限公司			①原料調達・供給先とのネットワーク ②日本的生産技術，労務管理ノウハウ
港加賀電子有限公司		転廠制度という取引慣行	①部品調達能力 ②日本的生産技術，労務管理ノウハウ
日技城製造廠		転廠制度，広東型委託生産という取引慣行	①中国ビジネスのノウハウ ②日本的生産技術，労務管理ノウハウ

において蓄積された生産技術・労務管理ノウハウの蓄積に加えて，⑦従来香港に在住する日系企業が蓄積していた，中国でのビジネスのノウハウであることは，非常に興味深い．このようなケイパビリティーがビジネスとして成立するということは，中国への進出そのものが成熟と学習を重ねた結果であろう．さらに，⑧広東型委託生産モデルを二重に行い[12]，転廠制度とあわせて独特のビジネスモデルを成立させている．電子産業集積地における取引費用の低下と中小零細工場の持つ中国進出の必要性に新たな進出支援のビジネスモデルを構築している点は，中国進出企業の新たなビジネスモデルであるといえよう．

② 華東地域調査対象企業の成立の条件

華東地域では，上海大金空調有限公司（上海ダイキン工業），欧姆龍（上海）有限公司（オムロン上海），JETRO上海を訪問した．訪問企業は少なく，必ずしも全体観を得られる調査であるとはいえないが，それぞれ典型的な訪問先であったと思われる．

この地域の第1の市場的特性は，上海という直轄都市の周囲に展開する経済圏の大きさであろう．また，外資企業への優遇策，中国では相対的に高いとはいえ，グローバルなレベルからいえば，低賃金でしかも質の高い労働力が入手できるという構造は，華南・華北地域と共通した特性であるといえよう．

このような市場的特性に対して，2つの日系進出企業はそれぞれのビジネスモデルを展開していたといえる．

まず上海大金空調有限公司（上海ダイキン工業）を見てみよう．同社は，業務用パッケージ・エアコン，ビル用マルチエアコンなどの生産，販売，アフターサービスを主たる事業内容とし，日本ダイキン（70％）と上海軽工業対外経済技術合作（30％）との合弁企業である．製品の販売先は，中国国内向けが93％，日本向けが7％と中国市場での事業展開に力強く成功している点が，最も大きな特徴である．特に，販売店670店を展開し，支社を北京，上海，広州に持ち，さらに17ヶ所（保守サービス）の営業所を持っている．

中国の販売市場における競争優位を実現しているビジネスモデルとして非常に興味深い訪問先であった．

中国の販売市場にはすでにさまざまに取り上げられているいくつかの困難がある．すなわち，流通網の未整備という問題であり，販売代金の回収が難しいという中国特有の取引慣習である．上海ダイキン工業はこれらの困難を，1つには合弁先との提携により販売網を確立し，強い競争優位を持つ製品を背景として現金販売を行うことで克服している．また，販売戦略として「空調システム提案書」を基に，その都度ユーザーセミナー（システム説明会）を開催し，ビルの建築設計段階から参入している．さらには，地方の有力者に資金援助と店作りのノウハウを教え，研修センターを設置し，エアコン施工の実習，ろう付け実習を行い，エアコンの施工については，上海労働基準局と提携し，空調据付免許を発行している．強い製品競争力をバックに，強力な中国国内の販売戦略を展開しているといえるだろう．

上海ダイキン工業の直面している市場的特性は，①外資企業への優遇策，②豊富かつ割安で，しかも質の高い若年労働力に加えて，③大規模な未開拓の販売市場であるといえる．しかしこの販売市場には④代金回収の困難さと⑤物流網の未整備という取引費用を高めるマイナスの側面がある．同社は，このような市場的特性に対して，⑤強い製品競争力（および，それによる現金販売），⑥周到な販売戦略によって適合させ，成功的なビジネスモデルを実現しているといえるだろう．

それに対して，欧姆龍（上海）有限公司（オムロン上海）は，1993年12月に独資会社として設立され，光電センサ，近接センサ，漏電ブレーカなどの生産を主たる事業内容としている．販売先は，輸出80％（日本50％，欧州，北米，韓国他30％），中国国内向け20％であり，典型的な「生産基地」としてのビジネスモデルであるといえる．加工部材，プリント基板等は，ほぼ100％中国国内調達しているが，電子部品などキーデバイスは，ほとんど日本から輸入している．

「脱日本」という標語の下に，管理者の現地化，設備の現地化に取り組ん

でおり，また，設備開発，生産ライン設計などに開発当初から中国人を登用していて，生産基地スタイルのビジネスモデルのある意味で典型的な発展形となっている．すなわち，キーデバイスの日本からの輸入以外は，徹底して現地化し，コスト上の優位を活かし，「生産基地」から「中国の事業メーカー」を目指そうとしているとしている点に，従来の中国に進出した日系企業のビジネスモデルの発展形を見ることができた，といえよう．

　もちろん，それは上海ダイキン工業のように中国市場を対象にする販売戦略にケイパビリティーを蓄積していくということではない．むしろ，従来のコスト優位の追求という戦略を徹底して追求するということだろう．したがって，オムロン上海が直面している市場的特性は，①外資企業への優遇策，②豊富かつ割安で，しかも質の高い若年労働力，さらに③上海を中心とした50km以内に日系企業約3,000社，半径200km以内の「グレート上海」の蘇州，無錫などに日系企業5,000社の集積があるという，日系企業からの部品調達の可能性があることだろう．同社は，このような市場的特性に対して，⑤日本の親会社からのキーデバイスの調達能力，製品開発能力をケイパビリティーとして，やはり本質的には「生産基地」としての中国ビジネスモデルを展開しているといえよう．

表5　華東地域における市場的特性と各企業のケイパビリティーの適合

企業名	共通の市場的特徴	特異な市場的特徴	ケイパビリティー
上海大金空調有限公司	①外資企業への優遇策 ②豊富かつ割安で，質の高い若年労働力 ③上海経済圏における日系企業の集積からの部品調達	①大規模な未開拓の販売市場 マイナスの特性 ②代金回収の困難さ ③物流網の未整備	①キーデバイスの調達，製品開発能力 ②販売店のネットワーク，流通網の確立 ③強い製品競争力，それによる現金販売 ④周到な販売戦略 ⑤日本的生産技術，労務管理
欧姆龍（上海）有限公司			①キーデバイスの調達，製品開発能力 ②日本的生産技術，労務管理

また,「SARS よりも停電の方が大きな困難である」という同社の指摘は,電力事情が将来的に上海経済圏の負の市場的特性として明記されねばならないことを意味している.以上の分析から,市場特性と2つの企業のビジネスモデルと適合性をまとめてみよう.

最後に訪問したのは,JETRO 上海であった.ビジネスモデルということはできないが,日系進出企業の支援を業務とする公的機関ということで,日技城製造廠と重なる点があることは興味深い.一方はビジネスとして他方は,公的サービスとして行っていることの相違は,両地域における日系進出企業の成熟度の違いを示唆しているように思われる.しかし紙幅の制限のためにこの問題は,ここでの分析の範囲を越えているといわねばならない.ただ,JETRO が,法律・労務・会計・税務などの経営上の問題と中国ビジネス独特の商習慣に対するアドバイスを行い,日本領事館や中国政府,当局のクレームセンターと連携を取り,そして,さまざまな進出企業向けセミナー実施することによって,大きな市場外部性を生み出し,中国に進出している日本企業の取引費用の削減に大きく貢献していることはここに指摘しておきたい.

おわりに

以上の分析からわれわれはどのような教訓を引き出すことができるだろうか.

第1に,これから中国進出を考慮している企業は,候補となっている進出先地域の調達市場,労働市場,販売市場の市場的特性と自社のケイパビリティーの適合性を熟慮した上で進出計画を策定しなければならないということだろう.われわれの調査対象企業数は限られていたものだったが,それでもある程度のリストを作り上げている.表4と表5から具体的な進出計画を練ることができよう.

第2に，すでに進出している企業は，産業集積地，大経済圏にある日系企業から部資材を調達すること，すなわち現地化を進めることでさらにコスト構造の改善を図るべきであろう．その意味で「生産基地」を求めて進出した企業は「現地化」を推し進める理由があるといえるだろう．

第3に，同じコインの裏表となるが，それらの企業の日本における本体は，日本において，中国では入手できないキーデバイスの生産への選択と集中を図るべきだろう．

そして最後に，われわれが最初に設定した経営環境上の変化，元の切上げ，WTO加入，増値税還付率の減少などについて，（特に元の切り上げについては実際にヒアリング後に行われたにもかかわらず，）個々の企業にとっては，あまりインパクトのある市場的特性と認識されていなかったことは大きな驚きであった．逆に浮かび上がったのが，今現在進出している企業にとって重要なのは，目の前にある市場的特性と自らの持つケイパビリティーの適合性であるということである．真に戦略的な企業経営を実現するために，市場的特性の変化を積極的に先取りすることが必要であろう．

1) 2004年年5月からEUの構成国が15ヶ国から25ヶ国に拡大されている．この結果，統計数値は，2004年4月までは15ヶ国の総計が，5月から12月までは25ヶ国が合計されている．(http://www.customs.go.jp/toukei/info/oshirase_20040601.pdf)
　　この点は差し引かなければなならないだろうが，2004年1－11月までの実績では，EU，1592.9億ドル，米国1527.6億ドル，日本1515.0億ドルとなっている．中華人民共和国税関統計参照．http://gcs.mofcom.gov.cn/article/200412/20041200325417_1.xml
2) 丸屋豊二郎「中国進出日系企業の全容」『ジェトロセンサー』2003, 11, 57ページ．
3) アルベール, M.(1996) p.35 ドイツを流れるライン河から命名されている．企業の目的は単に利益を追求することではなく，社会全体の厚生の立場からも企業目的を導くところに特徴がある．
4) 丹沢（2004）
5) コース的な"market or hierarchy"を発展させたこの分析の枠組みについては，丹沢（2004）に詳しい．
6) 協調と競争の枠組みについては，丹沢（2000）109-116ページ以降，協調的適応行動の理論を参照．

7) 丸屋豊二郎「中国進出日系企業の全容」『ジェトロセンサー』2003, 1, 50ページ.
8) 組織が生産，マーケティング，ファイナンス，調達そして管理上もつルーティンのレパートリーで，スキル，経験などにおける超過能力で，暗黙知を含む．自社のみが持つケイパビリティーを固有のケイパビリティー（intrinsic capability）と言う．『経営学史事典』経営学史学会編，文真堂，2002-06-01，丹沢安治稿，199ページ．
9) 分業と迂回生産によって生産性は増大するが，同時に，交換を行う必要が生じる．交換は，主に市場において価格メカニズムを通じて行われるが，このような市場取引においては，実際には取引相手を捜す費用，交渉し，契約を結ぶ費用，契約の履行を監視する費用などが発生する．これらを取引費用という．『経営戦略ハンドブック』林昇一・高橋宏幸編，中央経済社，2003, 5, 丹沢安治稿，246ページ．
10) 三来一補：通常の委託加工（三来一補）において，三来とは，「来図」（図面を送られる），「来様」（サンプルが送られる），「来料」（部品が送られる）を意味し，さらに，外資側が機械設備を用意し，中国側が生産した製品でその対価を支払う場合に一補という．しかし通常の生産委託では，生産は中国企業が行う．
　広東型委託加工モデルでは，委託者が，設備，部品，材料を持ち込むだけでなく，生産も自ら行う．
11) 日技城（テクノセンター）製造廠のビジネス・モデル：転廠制度の利用
　転廠制度とは，加工部品（製品）を保税のまま工場から工場に直接動かす制度で，華南地域に特有のものである．

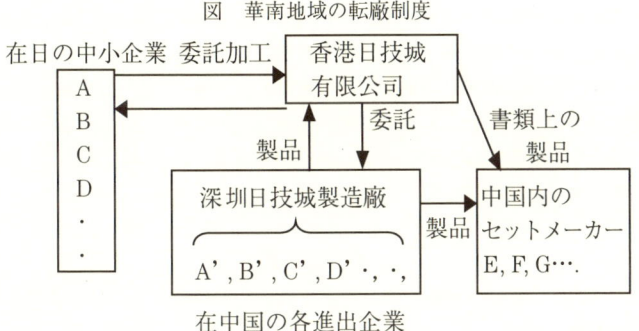

図　華南地域の転廠制度

　転廠制度とは，香港に設立された企業を経由することにより，関税あるいは増値税を節約する．Aが中国に進出し，生産を行うために，形式的に香港日技城有限公司，日技城製造廠に委託生産を行う形をとる．A'は製品を直接中国内のセットメーカーE，Fに送るが，書類上は香港日技城有限公司を通過する．それによって税制上の優遇を得られる．実質的に内販であるにもかかわらず，形式的に輸出

入手続きをしており，増値税を免れている．
12) 二重の広東型委託加工

觀瀾における第2.5, 第3テクノセンターにおいては，この広東型委託加工が二重の意味で行われている．（土地・建物の提供）

図　二重の広東型委託加工

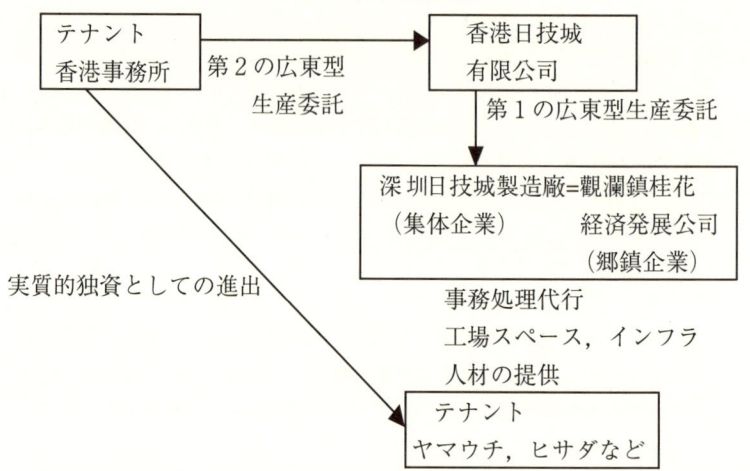

觀瀾鎮の郷鎮企業である觀瀾鎮桂花経済発展公司は，土地・建物の所有権を持ち，それを第2.5, 第3テクノセンターに提供する．香港日技城有限公司は，集体企業である深圳日技城製造廠（第2.5, 第3テクノセンター）と経済発展公司に形式的に生産委託するが，深圳日技城製造廠と経済発展公司は実際には，生産にかかわらず，ここで第1の広東型委託加工が行われている．

しかし，次に，香港日技城もまた，香港に設立された，日系進出（中小）企業に生産を委託されている．日系進出（中小）企業にたいし，形式的には生産受託者となるが，実際には生産にはまったく携わらない．ここに第二の広東型委託加工が成立する．

参考文献

アルベール, M. (1996)『資本主義対資本主義』小池はるひ訳，久水宏之監修，竹内書店新社．

Coase, R. (1937) "Nature of the Firm" in: *THE FIRM, THE MARKET, AND THE LAW*, 企業の本質『企業・市場・法』宮沢健一，後藤晃，藤垣芳文訳，東洋経済新報社，1992年．

経営学史学会（2002）『経営学史事典』，経営学史学会編，文真堂．

Langlois, N. (1995 a) "Do Firms Plan?" *Constitutional Political Economy*, 6, pp.247–261.

Langlois, R. N. /Robertson, P. L. (1995 b): *"Firms Markets and Economic Change"* Routledge, 1995.

Langlois, R. N. (2003), The Vanishing Hand: The Changing Dynamics of Industrial Capitalism, *Industrial and Corporate Change*, Vol.12, No.2, pp.351-385.

丸屋豊二郎（2003）「中国進出日系企業の全容」『ジェトロセンサー』, 2003, 11, 57ページ.

丹沢安治（2000）『新制度派経済学による組織研究の基礎－制度の発生とコントロールへのアプローチ－』白桃書房.

丹沢安治（2003）「組織の経済分析」『経営戦略ハンドブック』林昇一・高橋宏幸編, 中央経済社.

丹沢安治（2004）「新しい産業構造における企業間関係－知識ベースの企業理論による説明」九州大学経済学研究大71巻第1号.

Williamson, O.（1975）『市場と企業組織』日本評論社　1980／11.

Williamson, O.（1985）　*The Economic Institutions* Free Pr.

第2章

クラスター戦略と地域ブランド
―中関村科学技術園区の事例分析を基に―

三浦 俊彦

はじめに

　1978年の鄧小平以来の改革開放政策の下で，中国では，80年代には広東省の珠江デルタ地域が，90年代には上海周辺の長江デルタ地域が「世界の工場」となっていき（朱 2001），今日の経済発展の礎を築いた．そのような基礎の上に次に目指したのが，シリコンバレーに負けない「世界の頭脳」を中国に作ることであり，それが本稿でも取り上げる北京郊外の中関村である．
99年に国務院が，中関村の周辺地域を含めた一帯を「中関村科学技術園区（サイエンスパーク）」として開発することを発表して以来（アジアITビジネス研究会 2002），北京大学や清華大学を初め多くの大学や研究機関，そして内外の企業が集積する中関村は着実に発展を遂げ，いまや2005年末には，同地区の総売上額が2,460億元（1元≒13円）に達すると予想されるまでに至っている（中国情報局 http://news.searchina.ne.jp/, 04.12.29）．
　この中関村科学技術園区は，北京大学から生まれた北大方正（中国語電子出版システムでシェアトップ）に見られるように，大学発ベンチャー（校弁企業）の成功事例として分析することも可能であるし，また，「世界の頭脳」として地域の競争力を高めるために，大学に加え，内外企業の研究機関やベ

ンチャー企業，インキュベーターその他の支援組織を集積させたクラスター戦略の代表事例として分析することも可能である．一方で，産業集積による地域活性化という点では，マーケティング分野において近年注目を集めている「地域ブランド」の研究にも通じるものがあり，それら研究に大いなる示唆を与えてくれる可能性をも秘めていると考えられる．

そこで，以下では，まず1節で本稿の基礎部分として中関村科学技術園区の事例分析を行い，続く2節で，クラスター理論の視点から中関村科学技術園区の評価を行う．そしてそれらに基づき，最後の3節で，クラスター理論と同じく地域活性化を扱う地域ブランド論に対する，クラスター理論の理論的貢献について考察する．

1．中関村科学技術園区の事例分析

(1) 沿革（段 2001，アジアITビジネス研究会 2002，角南 2003）

中関村科学技術園区（以下，中関村科技園区）の歴史は，1980年10月，中国科学院の数人の研究員がアメリカのシリコンバレーなどを視察し，中国にも同様の「技術拡散」モデルを発展させる構想を抱いた時にまで遡ることができると言われる．その後，83年に，胡耀邦ら中国政府指導部は，大学など研究機関の研究者が「下海（ビジネス社会に入ること）」し起業することを奨励し，税制面やインフラで優遇措置を与えた．そして，88年に，国務院は正式に「北京市新技術産業開発試験区暫行条例」（略称"十八条"）を批准・公布し，中関村の核となる「北京新技術産業開発試験区」の範囲が決定された．同地域ではハイテク企業の税制の優遇が与えられたこともあり，中関村には創業ブームが巻き起こったと言われる．その後，先に見たように，99年には江沢民による中関村視察を経て，手狭になった同試験区を改称し，周辺地域を含めて中関村科技園区が制定され，2001年1月1日より「中関村科学技術園区条例」が施行され，今日に至っている．

(2) 現　　状

　中関村科技園区内には，北京大学・清華大学を初めとする各種大学が39，中国科学院を筆頭に各種科学研究機関が213あると言われる．また国家レベルのラボや工学技術センターなどが集中し，国内最大規模のソフト開発・製造基地となっている．園区内のハイテク関連企業は約1万社，外資の研究開発拠点・投資企業は1,500あまり，上場企業は50を超えている．技術・工業・貿易総収入は，全国に53あるサイエンスパーク合計額の18％を占め，また，工業付加価値額は，2002年には中国 GDP の実に16.6％を占めるに至っていると言う（以上，中関村科技園区管理委員会による「中関村科学技術園区」資料より）．

　この中関村科技園区は，海淀園，昌平園，豊台園，電子城科技園，亦庄科技園，という5園から成っている（図1）．

図1　中関村科技園区

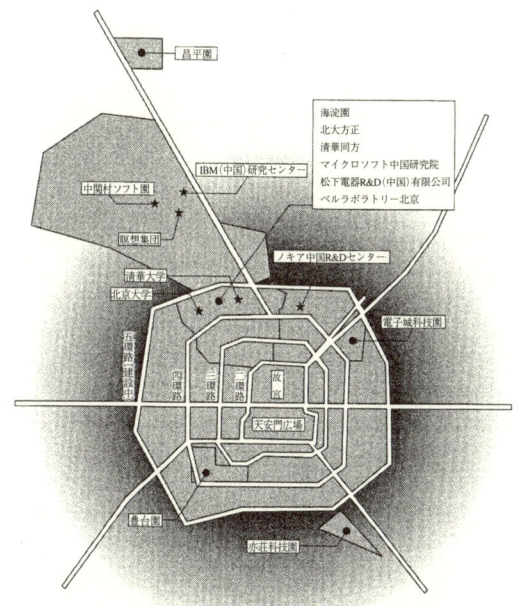

出所：アジア IT ビジネス研究会（2002），121ページ．

図に見られるように，中心は計画面積340km²で8,200社のハイテク企業が入居していると言われる海淀園で，北大方正や清華同方（中国PC業界3位）などの大学発ベンチャー（それぞれ北京大学，清華大学が母体），連想集団（中国科学院が母体；中国PC業界トップ）などの広い意味での産学連携のベンチャー，創業者が自力で創業した用友軟件（財務用ソフトでシェアトップ）や四通利方（中文ウェブサイトで世界最大規模の新浪ネットを中心となって設立），さらにマイクロソフトやIBM，松下電器といった欧米日の外資系企業の研究機関がある．また，北京大学科技園や清華大学科技園など個別大学ごとの科技園や中関村軟件園（ソフトウェアパーク），また，海外からの帰国留学生の起業支援を行う中関村国際孵化器（インキュベーター）などの支援組織もある（留学帰国した創業者が，中関村全体で4,800人いると言われる）．一方，バイオ関連は昌平園に多く，園内には中関村生命科学園（バイオテクノロジーパーク）がある．

(3) 中関村科技園区におけるハイテク・新技術産業発展政策

ここでは①人材政策，②租税政策，③財政政策，④土地政策，⑤外貨管理，⑥その他優遇政策，⑦国際協力，⑧企業登録管理の改革，の8点について，主要なものを説明する（中関村科技園区による「中関村ハイテク・新技術産業発展政策についての紹介」資料に基づく）．

① 人材政策

市政府関係部門より認定されたハイテク・新技術企業に必要な専門技術や管理職の人材に対し，人事部門の批准を経て，就職寄留証明を発給し，北京市住民と同待遇を供与する．また，3年間の任期終了後は，人事部門に推薦され，関係部門の審査に合格すれば，北京市戸籍を取得できる．

中関村科技園区の発展に必要な留学人員，外省市の科学技術と管理人材を引き合わせる場合には，北京市戸籍指標に制限されずに，北京市の関係規定により，就職寄留証明または常在戸籍を取得できる．また，中関村科技園区内のハイテク・新技術企業に応募した北京市行政地域内の大学・科学技術研

究機関の新卒者は，直接に北京市常在戸籍を取得できる．

中国では昔から厳しい戸籍制度が実施され，都市間や都市と農村間での移動が制限されてきたが，上記のように，中関村では，科技園区の発展に貢献するであろう優秀な人材に対しては，寄留証明や常在戸籍を与えることによって，人材の囲い込みを図っている．また，ソフトウェア企業の高級管理者や高級技術者に対しては，市政府予算に専門的資金を準備し，彼らのハイテク・新技術企業の創業や資本金の増加，また住宅や車の購入補助金に使えるようにもしている．

② 租 税 政 策

企業所得税の減免政策としては，中関村科技園区内の新技術企業に対し，設立日より3年間は所得税を免除し，第4年度〜第6年度は通常税率（15％；但し総生産高に占める輸出割合が40％超の場合は査定を経て10％）の半分に減免する．一方，外資に対しても，地方所得税を免除したり，また，所得税納税後の利潤を再投資した場合，一定割合で再投資部分で上納した所得税を返却する，などの措置がある．

営業税の減免政策については，技術譲渡・技術開発業務に関わる技術コンサルティング・技術サービス業務で得た収益に関しては，営業税を免除している．

企業付加価値税の優遇政策については，付加価値税納税者が自主開発したソフトウェア製品や集積回路製品を販売することに対し，2010年以前においては，17％の法定税率でひとまず付加価値税を徴収するが，前者については3％，後者については6％を越える部分に対しては，付加価値税徴収と共に即座に返却する．

最後に関税優遇政策については，北京市に長期駐在する研究開発機構が輸入した自社用設備・部品などは，国家奨励の産業項目免除規定と科学教育用品免除規定に合致すれば，国家規定の免税しない商品を除き，関税と輸入付加価値税を免除する．同様に，外資を含む企業が「国家ハイテク・新技術製品目録」にある製品を生産するために輸入する必要な自社用設備・附設部

品・備品に対し，国家規定の免税しない商品を除き，関税と輸入付加価値税を免除する，などの措置がある．

以上のように，所得税・営業税・付加価値税・関税を減免するなどの優遇措置をとることによって，ハイテク関連のベンチャー創業を支援すると共に，外資を含む企業の誘致を目指している．

③ 財 政 政 策

市政府は，中関村科技園区ハイテク・新技術産業発展資金，北方微電子産業発展資金，ソフトウェア産業発展資金などの専門的資金を設立し，ハイテク・新技術企業に援助を行う．また，批准・建設される集積回路項目は，建設中の借款に対し，市政府は1.5％（区政府の指導区域内の建設の場合は2％）の借款利子補助を行う（但し3年以内）．

このように資金的援助も行うことによって，園区内の企業の発展を促そうとしている．

④ 土 地 政 策

譲渡の方式で土地を取得するハイテク・新技術企業に対して，その土地の使用権譲渡金を75％に減免して徴収し，都市インフラ「四源（上水・下水・ガス・暖房の工場）」建設費と大市政費は半額で徴収する．また，政府は分け与える方式で，集積回路企業に「七通一平」（道路・上水・下水・電力・通信・ガス・暖房と地面の整備）の土地を30年間の使用期間で提供する．一方，大学・科学研究機構・国内外の有名企業と個人が，北京市でソフトウェア企業やソフトウェアパークを建設するために，譲渡の方式で建設用地の使用権を取得する場合，土地譲渡金を免除する．

このように，ハイテク・新技術企業に対し，インフラの整った土地を提供することによって，内外の投資の促進を目指している．

⑤ 外 貨 管 理

海外・香港・マカオ・台湾の組織・企業・個人が北京市に設立した研究開発機構は，外貨管理部門に批准・指定された銀行に外貨専用口座を開設できる．また，多国籍企業地域本部は銀行で外貨資本金口座を開設できる．

このような政策によって，海外企業・個人の中関村への誘致を図っている．

⑥ その他優遇政策

「ハイテク・新技術企業税関優遇目録」に登録されたハイテク・新技術企業には，優先的に通関・検査・許可などの優遇措置を与える．また優先的にEDI（Electronic Data Interchange）通関を行う．一方，多国籍企業地域本部が北京市で研究開発機構・トレーニング機構・技術サポートセンターなどを設立する際には，関係部門は，その立案・企画・フィージビリティスタディ・登録・工事建設などに関し，優先的に処理する．また基準を満たせば，優先的に建設立地を提供し，建設用地の譲渡手続きを行う．さらに，外国会社地域本部や北京市に投資する企業が必要とする，上水・電力・ガス・熱力・通信などのインフラ設備について，市関係部門はその供応を保証し，価格・料金政策も国内企業と同等の待遇を与える．

このような各種優遇政策も同時に展開されている．

⑦ 国際協力

北京市に長期駐在する研究開発機構が，北京市所属の科学研究機構・大学・企業とさまざまな形式で協力し，その実験室・研究センター・試験基地を社会にオープンにし，有料サービスを提供することを許可する．また，それら研究開発機構が，大学や研究生教育資格のある研究機構と協力して学校を経営することも積極的に認める．

こうして，中関村に外部から誘致された研究開発機構が，内部の研究機関・大学・企業とコラボレーションすることにより，中関村全体の競争力がアップしていくことが期待されている．

⑧ 企業登録管理の改革

VC投資機構の正味資産は全額投資ができ，登録資本（出資額）は定期分割で納付できる．また，工商管理機関は企業登録手続きを処理する際に，国家法律・法規に規定された専門的な批准を要する経営項目以外には，具体的な経営項目を再審査しない．企業は自由に経営項目を選択し，営業活動を展

開できる．

こうして中関村での企業活動の自由度が高まることになる．

(4) 中国の中での中関村の位置づけ

上で見たような産業育成政策とも相俟って，中関村科技園区はクラスターとして順調に発展し，中国全土における北京の優位性も達成している（図2）．

図2　中国における北京の位置

(a) R&D Share

(b) 実験区総収入の地区別シェア

出所：角南（2002），11-12ページ．

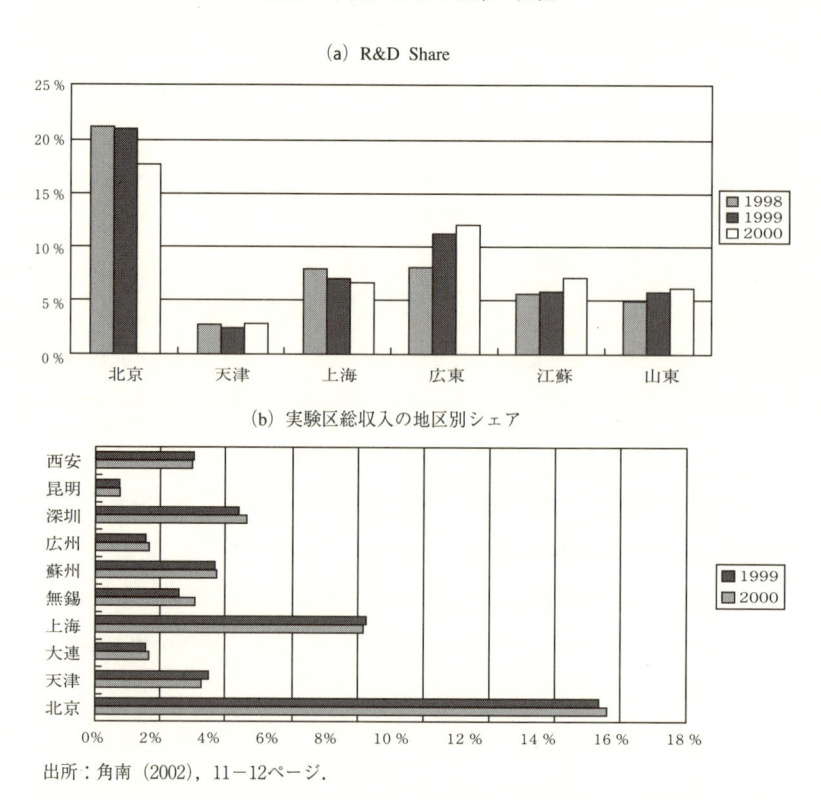

図2の(a)に見られるように，R&D（研究開発）活動は北京に集積しており，また，(b)にあるように，科技園区の総収入の地区別シェアも他を圧倒している．実際，提携企業（大学発ベンチャーなど）からの売上の大きい大学

(2000年)のトップには,群を抜いて北京大学と清華大学が位置づけられている(表1).

表1 提携企業からの売上の大きい上位10大学(2000年)

売上順位	大学名	売上高(100万元)	分類	場所
1	北京大学	11006.71	総合	北京
2	清華大学	6287.89	工学系	北京
3	上海交通大学	1728.72	工学系	上海
4	ハルピン工業大学	1654.20	工学系	ハルピン
5	東北大学	1324.84	工学系	沈陽
6	石油大学(華東)	1239.74	工学系	北京
7	南開大学	1200.06	総合	天津
8	復旦大学	1157.02	総合	上海
9	西安交通大学	1128.05	工学系	西安
10	浙江大学	1120.96	工学系	杭州

出所:角南(2002),29ページから抜粋.

以上のような中関村の事例分析を受けて,次節では,クラスター戦略の視点から,中関村科技園区について考察する.

2. クラスターとしての中関村科技園区

クラスター(cluster;産業集積)を分析する理論に関しては,さまざまなものが検討されているが(図3),以下では,簡単にその議論の流れをレビューする.

(1) クラスターに関する主要な研究

今日で言うクラスターについて初めて経済学的な分析を行い,産業の地域的集中がもたらす経済効果を外部経済(external economies)という概念で

図3　クラスターに関する理論の系譜

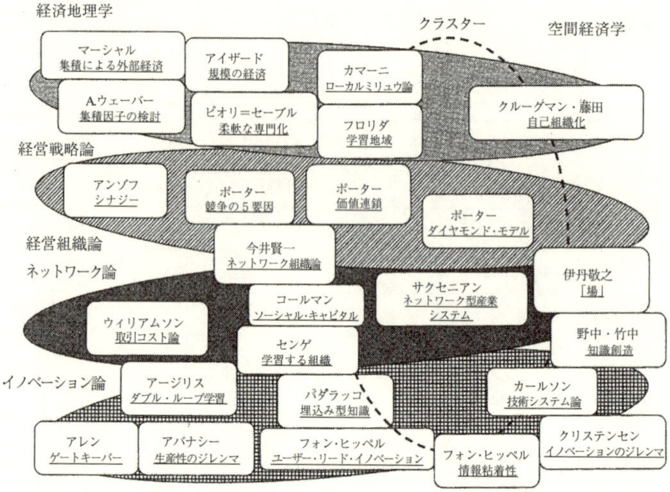

出所：金井（2003），44ページ．

示したのが，マーシャル（Marshall 1890）だと言われる（山田 2000）．マーシャル以降の伝統的な産業集積論のベースにある考え方は，この外部経済と，土地・労働力・天然資源・資本と言った古典的な生産要素の比較優位だと考えられる（金井 2003）．

一方，工業立地論のウェーバー（Weber 1922）は，費用最小化原則によって工業の立地が決まると考えたが，立地する場所によって変化する費用として，①輸送費，②労働費，③集積の利益による費用節約，をあげている．また，集積因子（集積をもたらす要因）を「生産をある特定の場所においてある特定の集団として行うことによって生ずるところの，生産または販売の低廉化」と定義している（山本 2005）．

次に，クルーグマン（Krugman 1991）は，製造業者を集積（cluster together）に導く力が何なのかを明らかにすることが経済学の基本的課題と考え，収穫逓増，輸送費，需要の3要因の相互作用による地理的集中モデルを提示した．すなわち，大規模工場を作ることによって収穫逓増（規模の経済）を目指すが，どこに工場を作るかは，輸送費が最小化できる局地的に大きな需要

がある地域である．そして，局地的需要が大きな地域とは，製造業者の大部分が立地選択する場所（需要の外部性のある地域；すなわち産業集積）であるというのがクルーグマンの考え方である（山本 2000）．

以上のような産業集積に関する議論が経済地理学や国際貿易論の分野で展開される中，初めてクラスターという概念を明示的に提示し（金井 2003），経営戦略論の視点から，クラスターが企業の競争優位に与える影響について包括的分析を行ったのがポーター（Porter 1990）である．続いて，ポーターのクラスター論について項を改めて検討する．

(2) ポーターのクラスター論

ポーターがクラスターという概念を明示的に提示した『国の競争優位』(*The Competitive Advantage of Nations*, 1990) を著すに至った契機は，レーガン大統領時代の「産業競争力に関する大統領諮問委員会」での議論を通じて，国の環境が企業の競争力に大きく影響することを確信したからだと言われる（山本 2000）．ポーターは，同書において，ある特定の国が特定の産業において国際的成功を収める理由について，クラスター概念を用いて詳細に分析し，さらに，この考え方が，国より小さい単位である地域や都市にも応用できるものと述べている（金井 2003）．

金井（2003）によると，ポーターのクラスター論の現代的意義は，次の4つにまとめられる．

第1に，土地・天然資源などの伝統的な生産要素の比較優位を強調する旧来の産業集積論に対し，科学技術インフラや先進的な顧客ニーズなどの新しい生産要素の重要性を指摘した点である．標準的な投入資源・情報・技術がグローバル化によってどこからでも入手可能になる一方で，専門化の進んだスキルや知識，また高度な顧客情報などの先進的要素は，むしろ地理的な制約の下に残されると言う訳である．

第2に，旧来の産業集積論が，企業（特に工場）の集積を問題としているのに対し，ポーターのクラスター論では，単に企業のみならず，大学・研究

機関・金融機関・地方自治体などの多様な組織の集積を考えている．クラスター内におけるよりダイナミックな相互作用関係を重視している姿勢が伺える．

　第3に，集積の効果として費用の最小化を強調する旧来の産業集積論に対し，クラスター論では，イノベーションの意義を強調している．生産性をoutput / inputと考えるなら，分母のinputの最小化による効率向上よりも，イノベーションによって分子のoutputを拡大することを集積の効果と考えているわけであり，企業および産業発展におけるイノベーションの役割を重視していると考えられる．イノベーションの重視と言う姿勢は，上で見た科学技術インフラの重視（第1の意義）や，大学や研究機関との協働の重視（第2の意義）とも密接に関わっている．

　第4に，クラスターの理論においては，集積内における競争の意義を明確に示している点があげられる．クラスターとはネットワークをベースにした協調関係であるという誤った理解が学界・実業界で蔓延する中，クラスター内で展開される激しい競争（特にイノベーションをめぐる競争）が地域の競争優位の維持にとって不可欠であると示した点は意義深いと言われる．

　以上のように，旧来の伝統的産業集積論が，効率と効果という対比で言うなら，より効率（費用の最小化や比較優位のある生産要素への特化など）寄りのスタティックな考え方に基づいていたのに対し，ポーターのクラスター論は，より効果（多彩な参加集団の相互作用によるイノベーションなど新価値の創造など）寄りのダイナミックな考え方に基づく新しい集積論であることが理解される．

　このような革新的考え方にしたがって，ポーター（Porter 1990, 1998）は地域（立地）の競争優位の決定要因に関するダイヤモンド・モデルを提示した（図4）．

　まず，「要素（投入資源）条件」とは，天然資源や人的資源，資本や各種インフラ（研究機関を初めとする科学技術インフラなど）など，投入資源に関するものである．ここで重要となるのがそれら要素の品質であり，そのた

図4　地域の競争優位の源泉

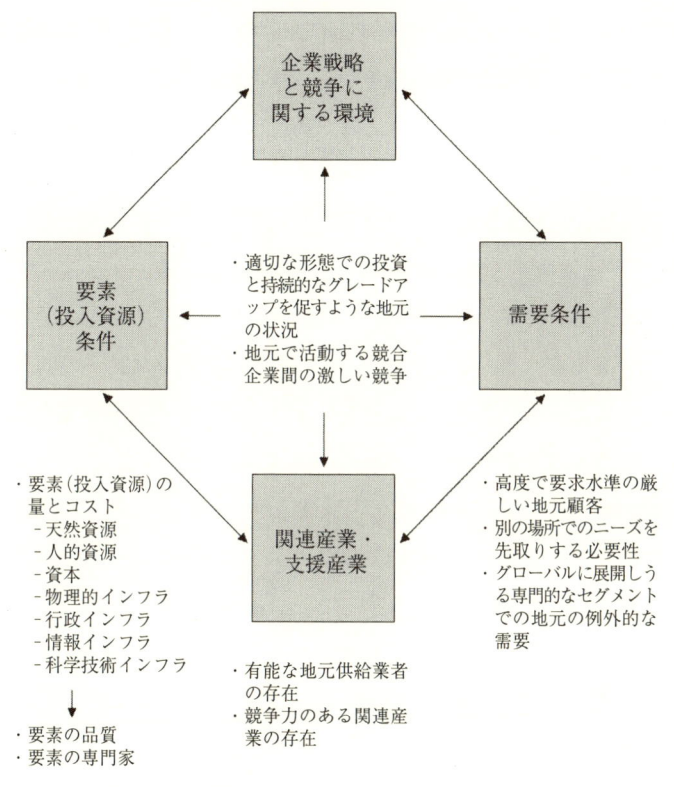

```
                  ┌──────────────┐
                  │ 企業戦略     │
                  │ と競争に     │
                  │ 関する環境   │
                  └──────────────┘
                         ↕
┌──────────┐   ・適切な形態での投資   ┌──────────┐
│ 要素     │   と持続的なグレードア   │          │
│(投入資源)│ ← ップを促すような地元 → │ 需要条件 │
│ 条件     │   の状況                │          │
│          │   ・地元で活動する競合  │          │
└──────────┘   企業間の激しい競争    └──────────┘
                         ↕
                  ┌──────────────┐
                  │ 関連産業・   │
                  │ 支援産業     │
                  └──────────────┘
```

・要素（投入資源）の
　量とコスト
　－天然資源
　－人的資源
　－資本
　－物理的インフラ
　－行政インフラ
　－情報インフラ
　－科学技術インフラ
・要素の品質
・要素の専門家

・有能な地元供給業者
　の存在
・競争力のある関連産
　業の存在

・高度で要求水準の厳
　しい地元顧客
・別の場所でのニーズを
　先取りする必要性
・グローバルに展開しう
　る専門的なセグメント
　での地元の例外的な
　需要

出所：Porter（1998），訳書83ページを若干修正．

めには要素の専門化が不可欠である（専門化によってイノベーションが生まれ，品質を向上させる）．

　次に，「企業戦略と競争に関する環境」は，2つの次元からなり，1つは，税制の構造，企業統治のシステム，労働市場政策，知的財産権をめぐる政策など，投資に関する環境である．いま1つは，貿易や外資に対する開放度，政府による所有，許認可のルール，反トラスト政策，汚職の影響など，競合状態そのものに影響を及ぼす現地の諸政策である．ここでのポイントは，単なる費用の低さを争うのでなく，イノベーションによる差別化を各企業が志向するような環境を整備することである．

続いて,「需要条件」は,高度で要求水準の高い国内顧客の存在である.このような要求水準の高い需要があって初めて,企業は,低品質な製品・サービスに基づく模倣性の高い競争から,差別化に基づくイノベーティブな競争に移行し得るのである.地元需要が高度に専門的ならば,グローバルに展開し得る専門的な市場セグメントも当該地元需要が教えてくれる.ここでのポイントは,地元需要の量ではなく,質である.

最後に,「関連産業・支援産業」は,目に見える実際のクラスターである(もちろん,実際には,クラスターとは,ダイヤモンドの4つの要素の相互作用として捉えるべきとポーターも述べている).クラスターの効果は,①クラスター構成企業・産業の生産性を向上させる,②企業・産業がイノベーションを進める能力を強化する(そして生産性の成長も支える),③クラスターを拡大するような新規事業の形成を刺激する,の3つと言われる.そして,このようなクラスターの持つ効果は,クラスターの持つ外部経済や,さまざまな企業間・産業間のスピルオーバー(溢出効果)に起因すると言われる.ここでも,従来の伝統的産業集積論がインプットや市場の近接性による費用の最小化などをクラスターの主要効果と捉えていたのに対し,むしろ多彩な知の集積・ネットワークによるイノベーションの創造こそをクラスターの主要効果に置いている点が重要である.

(3) クラスターとしての中関村科技園区の評価

ポーターのダイヤモンド・モデルに基づいて中関村科技園区を評価してみると,まず「要素条件」については,人的資源は,北京大学・清華大学を初めとする39大学に中国科学院など213の科学研究機関があると言われる様に非常に潤沢である(学生数も,大学在学者は40万人,卒業生は毎年10万人と言われる).資本に関しては,先に見た中関村科技園区ハイテク・新技術産業発展資金などの専門的資金に加え,政府によるベンチャーキャピタル誘導資金や留学生帰国創業援助資金,さらに中小企業創新基金への獲得推薦サービスもある.また,園区内に203ヶ所ある銀行からのローンや,50~60社あ

る各種ベンチャーキャピタル投資機関からの資金援助もある．物理的インフラは，入居企業に七通一平・九通一平（七通一平に加え，雨水と有線テレビ）を実現する環境を提供するなど整備は進んでおり，行政インフラも，北京市人民政府の下に中関村科技園区管理委員会が設置され着実に整備されていっている．情報インフラは，首都北京が通信の中枢であることから，国家の各部門の情報研究機構や情報センターがある一方，中国共用データネットワーク（Chinanet），中国金橋ネットワーク（ChinaGBN），中国科学技術ネットワーク（CSTNET），中国教育科技ネットワーク（CERNET）というインターネットの4大ネットワークセンターも園区内にある（段 2001）．また，科学技術インフラについては，先に見た北京大学や精華大学の科技園，また中関村軟件園や中関村国際孵化器など，かなりの高水準に達していると考えられる（実際，丹沢安治中央大学教授を団長とする我々の2004年中関村調査の際もインフラの整備状況の進展には目を見張るばかりであった）．

次に，「企業戦略と競争に関する環境」は，税制については上で見たように，所得税・営業税・付加価値税・関税などにおいて多くの優遇政策を行っている．労働市場政策は，これも先に見たように，科技園区の企業に必要な専門的人材に関して，寄留証明や常在戸籍を与えるなどしている．また貿易や外資に対する開放度も，租税政策・土地政策その他で開放を進めている．一方，知的財産権をめぐる政策に関しては，中国はいまだ欧米日の先進国に比べると，規制が甘いと考えられる．

「需要条件」に関しては，近年，所得上昇による生活レベルの向上により北京の消費者の要求水準は着実に上がっていると考えられるが，同じく欧米日の先進国の消費者に比べるとまだレベルは低いと考えられる．例えば，三浦が2000年2月に行った在日外資系企業114社の調査では，「自国の消費者に比べ日本の消費者は（満足させるのが）タフな消費者であるかどうか」という質問に対し，64.6%の企業がタフ（「タフ」および「ややタフ」の合計）と回答したが，本社別で見てみると，欧米亜の企業の内では，アジアの企業の日本法人が，日本の消費者を最もタフだと回答していた（三浦 2002b）．

日本の消費者の要求水準の高さ（cf. Takeuchi & Porter 1986）が，日本のイノベーションを生み出したと考えるなら，中関村がイノベーションをさらに生み出していくためには，中国および北京の消費者の要求水準が，製品・サービスの多様な側面で上昇していくことが必要だと考えられる．

「関連産業・支援産業」については，1998年生産額の割合から園区内の産業構造を見ると，情報電子（63.3%），光学・機械・電子の・一体化（12.2%），新薬・バイオテクノロジー・生物医学（10.7%），新素材・エネルギー・環境科学（10.6%），その他（3.2%）となっている（段 2001）．このようにハイテク産業に特化した諸産業が集積しており，お互いに関連・支援する構造になっていると考えられる．例えば，全国工学技術センターや，国家レベルの重点実験室の40%近くが集積しており，研究開発・設計・テスティングを一体化した総合的な科学研究クラスターとなっている（段 2001）．一方，金融支援に関しては，銀行が園区内に203ヶ所あり，また，各種ベンチャーキャピタル投資機関も50〜60社あると言われる．

このようにポーターのダイヤモンド・モデルに当てはめて考察してみると，中関村科技園区は，クラスターとして大いなる競争力をもっていることが理解される[1]．

3．クラスターと地域ブランド

(1) 地域活性化としてのクラスターと地域ブランド

前節までにおいて，中関村科技園区を事例として，そのクラスターとしての競争力を分析してきた．そこで得られた結論は，①中関村科技園区がクラスターとして大いなる競争力を持っていること，また，②クラスターとしての競争力を高めるためにはポーターのダイヤモンド・モデルの4条件（要素条件，企業戦略と競争に関する環境，需要条件，関連産業・支援産業）において高いパフォーマンスをあげることが重要である，という点である．

このポーターのダイヤモンド・モデルは，先に見たように，伝統的な生産要素の比較優位を強調していた旧来型の産業集積論をはるかに超え，供給側の要素条件における知識インフラの重要性を指摘し（①要素条件），それら企業・組織間の競争的インタラクションを強調し（②企業戦略と競争に関する環境），それら企業を支える関連産業・支援産業の裾野の広がりを重視する（③関連産業・支援産業）ものである．さらに，これら3つの条件（すべて供給側要因）に加えて，高度で要求水準の高い地元顧客（④需要条件）という需要側要因を，クラスターの競争力を規定する第4の条件として提示した点は革新的であった．以上をまとめると，ポーターのクラスター論では，知識産業などを中心に，それを支える関連産業・支援産業がその周りに集積し，高度で要求水準の高い地元顧客を満足させるために，それら企業が単なる協調を超えて生産的に競争するとき，イノベーションを生み出す成功するクラスターになるという論理構造になっている．

クラスターによる地域活性化のモデルは，本稿で取り上げた中関村科技園区やシリコンバレーに代表されるように，ITやバイオと言った先端的産業が取り上げられることが多い．しかし，ポーター（Porter 1998）が，カリフォルニア州のワイン・クラスターやイタリアの製靴・レザーファッション・クラスターの分析を行っているように，最寄品や買回品と言った消費財においても形成可能なものである．特に，これら地域の特産品や伝統産業に関するクラスター戦略は，近年，マーケティングの分野で新たな街おこし・地域活性化策として注目を集めている「地域ブランド」戦略と軌を一にするものと考えられる．

そこで以下では，クラスター論の枠組みに基づきながら，地域活性化としての地域ブランド戦略を検討する．

(2) 地域ブランド戦略

地域ブランドをどう定義するかについては諸説ある．例えば，博報堂は，「行きたい・買いたい・住みたい」地域としての価値を向上させると言う視

点から，観光地（伝説・景勝地・著名人など），特産品（農海産物・地場産業の加工品），行政（構造改革特区・コミュニティ・教育など）という3つの領域を地域ブランドの対象にあげている（http://www.hakuhodo.co.jp/news/pdf／20030306.pdf）．

確かに第1の観光地（京都や鎌倉など）は地域ブランドの大きな部分を占めることは間違いないわけであるが，本稿では，特にクラスターの視点から地域ブランド戦略を考えることを意図しているため，むしろ2つめの特産品に関わる地域ブランドに焦点を当てて分析を行う[2]．このような視点から地域ブランドを定義しているのが，産業構造審議会の小委員会報告書である（産業構造審議会知的財産政策部会商標制度小委員会報告書「地域ブランドの保護について」（案）http://www.kanto.meti.go.jp/seisaku/tokkyo/data/houkoku_3.pdf）．そこでは，地域ブランド化を，「地域が一体となって，地域で共通したブランドを用いて，当該地域と何らかの（自然的・歴史的・文化的・社会的等）関連性を有する特定の商品の生産またはサービスの提供を行う取り組み」のことと定義している．

そして，そのような地域ブランドの代表的なものとして以下の4つの類型をあげている（特に商標登録をしているものを中心に実例もあがっている）．

① 伝統工芸品…西陣織，大島紬，本場黄八丈，京くみひも，有田焼，南部鉄器，京仏壇・仏具，博多人形，駿河竹筋細工，熊野筆，甲州手彫印章，など．

② 農産品…松坂牛，比内地鶏，かごしま黒豚，浜名湖うなぎ，関あじ・関さば，夕張メロン，三ケ日みかん，宇治茶，壬生菜，など．

③ 伝統工芸品以外の工業製品や加工製品…笹野一刀彫，豊岡カバン，信州味噌，三輪素麺，稲庭うどん，小田原蒲鉾，草加せんべい，沖縄黒糖，など．

④ サービス（役務）…宇都宮餃子，喜多方ラーメン，中房温泉，など．

これらの4類型の特産品の地域ブランドは，特定地域において生産された

製品やサービスを販売することによって地域の活性化を図ろうとするものであり，本稿で取り上げた中関村科技園区などと同様に，クラスター論の枠組みの中で議論可能なものである．

そこで以下では，青森県の特産品のりんご産業の活性化という，地域ブランド論でもよく取り上げられるテーマに対して，クラスター論の視点から分析した藻谷（2002）を取り上げ，クラスター論から地域ブランド論への示唆を検討する．

(3) 青森県のりんごクラスターと地域ブランド

藻谷（2002）は，品質・価格とともに断然世界一と言われる青森県のりんご産業について，ポーターのクラスター論の枠組み（ダイヤモンド・モデル）から検討・分析している（用語は若干変えて，投入資源，厳しい地域内競争環境，需要特性，関連産業・支援産業，としている）．

まず，投入資源（①要素条件）については，高速道路網や低温倉庫と言った物流設備などの物理的インフラはある程度整備されている一方で，りんご産業に関わる専門人材（生産者・卸売業者・農協や関係公的機関職員など）については集積や循環があまり見られないとしている（またこれは日本の地場産業全般に共通する問題点だとも指摘している）．資金については，農協系金融機関の存在があるため通常の事業運営には不足はないが，新たな事業展開やイノベーションへ向けての再投資は見られないとしている．そして，最も大きな問題点として，知的インフラの弱さをあげている．栽培技術に関しては，農業試験場や弘前大学農学部などが一定の成果はあげているが，世界最高品質のりんご産地にふさわしい，世界最高の研究人材水準や研究体制を有しているとは言えないという．さらにマーケティングや経営戦略の分野では，農協が最低限の機能を果たしているに過ぎず，知的インフラとはとても言えないと結論づけている．

次に，厳しい地域内競争環境（②企業戦略と競争に関する環境）については，青森りんご業界は，生果の分野では，地域内事業者間の激しい競争が存

在していると言う．青森県の農協では地区ごとの単協が強く，独自ブランドや独自のチャネルの強化を目指して相互に競争している．また農協や卸売業者を通さずに消費者や生協への直販を行なう生産者も増加しており，こちらも独自ブランドの確立を目指して競争していると言う．特記すべきは，これらの競争形態が，低価格化でなく高品質化・高価格化を志向していると言うことであり，まさにポーターの言うイノベーションを目指した競争と捉えることができる（一方で，果汁を中心としたりんご加工品については，輸入品との激しい価格競争に直面し苦戦していると言う）．

続いて，需要特性（③需要条件）については，青森県の消費者は，りんごの味にうるさく常に新たな品種を試そうとする意欲的な消費者だと言う．その理由として，青森市民のりんご購入金額が全国平均の2.2倍であることや，地元で販売されるりんごの種類が豊富であることなどがあげられる．こうして，ポーターの言う高度で要求水準の高い地元顧客が，青森りんご産業の場合には存在するのである（但し，りんご生果を購入する層が高齢化しているという問題も指摘されている）．

最後に，関連産業・支援産業（④）は，袋掛け用の袋を独占的に生産するメーカーはあるものの，関連する農業機械産業やパッケージ産業の集積は見られないと言う．また，りんご産業のノウハウ向上を支援する，マーケティング・ロジスティクス・流通・コンサルティング・専門学校などの3次産業に至っては，その必要性すらまだ認識されていないのが現状だと言う．この点の集積の脆弱さが，青森のりんご産業のさらなる発展を阻害しているようである．

以上をまとめると，「青森のりんご」という地域ブランドの成功の秘密は，知的インフラなどの要素条件や，ノウハウ向上を支援する関連産業・支援産業に関しては依然として問題は残るものの，地域内における激しい競争環境と，高度で要求水準の高い地元消費者の存在によって達成されたものだと言うことが理解できる．

(4) クラスター論に基づく地域ブランド戦略

 以上，藻谷（2002）による，青森りんご産業のクラスター論からの分析を見てきたわけであるが，マーケティング分野における地域ブランド論からの分析とは明らかに異なる特徴がある．

 近年注目を浴びだしている，地域活性化のための地域ブランド論においては，アーカー（Aaker, D. A.）を初めとするマーケティングのブランド論を援用したものが多いと考えられる．例えば，ブランド・アイデンティティを消費者に伝える「ブランド大使」や，ブランド・アイデンティティを構築するための「ブランド・コミッティ」の設置などが議論される（日経流通新聞，04.7.6）．これらの説明からも窺われるように，地域ブランド論においては，地域ブランドのアイデンティティ（地域クラスターの統一的コンセプト）が重視される．すなわち，青森県のりんごクラスターで考えるなら，「青森のりんご」の品質や歴史や地域特性をいかに統一的コンセプトにまとめ上げ，「長野のりんご」や「アメリカのりんご」などとの競争に打ち勝っていくか，が主要な戦略課題となる．

 それに対して，ポーターのダイヤモンド・モデルは，もともと「地域の競争優位の源泉」として提示されているように，成功するクラスターになるための必要条件を示したものであるため，地域ブランドのアイデンティティなどと言った，クラスター全体のアイデンティティやコンセプトの開発については述べられていない．クラスターの全体としてのアイデンティティ開発が，クラスター内における各成員の意識を高め，クラスター外の消費者・企業・組織に対する当該クラスターの認知と理解・好意形成を促進するなら，この地域ブランド・アイデンティティの考え方は，地域ブランド論のクラスター論へのささやかな貢献と考えることができる．

 ただ，地域ブランド論においては，研究の歴史が浅いせいもあって，①の「要素条件」や④の「関連産業・支援産業」はある程度は分析するものの（但し，①に関しても知的インフラの分析は弱い），②の「企業戦略と競争に関する環境」や，③の「需要条件」については，ほとんど考察がなされていな

い．その意味では，これらの視点を地域ブランド論に組み込むことによって，地域内諸企業の競争環境のデザインや，要求水準の高い高度の消費者との関係づくり（これはカスタマー・コンピタンス・マーケティングと言えるものである．cf. 三浦 2002a, Praharad & Ramaswamy 2000），といった新たな戦略提案が可能になってくるものと考えられる．

こうして，ブランド・アイデンティティなどブランド論独自の視点に加え，クラスター論のダイヤモンド・モデルの枠組み（特に，域内競争や要求水準の高い消費者，知的インフラなど）を組み込むことによって，地域ブランド論は，現状の静態的な体系から，継続的なイノベーションを可能にする，よりダイナミックな体系へと理論的発展を遂げることが期待されることになるといえよう．

おわりに

以上，本稿では，近年発展の著しい北京郊外の中関村科技園区を題材に，まずポーターのクラスター論を中心に，地域活性化を考える際のクラスター論の有用性を検討した．続いて，青森県のりんご産業の活性化という，クラスター論でも地域ブランド論でも取りあげることのできるテーマに対し，クラスター論からの分析を検討することによって，地域ブランドを考える際のクラスター論の貢献の可能性を考察した．

経済地理学や国際貿易論，また経営戦略論の文脈の中から生まれてきたクラスター論と，それとはまったく異なるマーケティングの文脈から生み出されてきた地域ブランド論は，一見，分析の視点・次元が異なるようにも見受けられる（前者が供給側の効率を重視するのに対し，後者は需給のベストマッチを考える，など）．しかし，ポーターのクラスター論の中で，高度で要求水準の高い地元顧客（需要条件）がクラスターの成否に大いに関わっているという議論は，企業側視点に加えて消費者側視点を組み込むことによっ

て効果的な市場適応がなしとげられるというマーケティングの基本発想に通じるものであり，マーケティングのブランド論とも非常に親和性の高い考え方だと言える．こうして，ブランド論以外に有効な枠組みを持たない地域ブランド論に，需要条件まで考える包括的なクラスター論を組み込むことが出来れば，地域ブランド論は理論的にも実践的にも大いなる発展を遂げることが考えられる．反対から言えば，クラスター論に地域ブランド論を組み込むことによっても，新たな展開が期待される（例えば，クラスターとして順調な成長を遂げている中関村科技園区は，同時に地域ブランドにもなっているとも考えられる．実際，我々がインタビューした北京北大科技園の張佳利副総経理は，「北大科技園のインキュベーションセンターに入ると，北大科技園の名前の力で，入居企業の約8割は成功する」と述べていた）．今後の両理論の融合的発展が大いに期待される．

1) 前田（2003）は，自身の欧米先進クラスターの調査研究に基づき，クラスター形成・促進要素を10項目20要素にまとめている．

表 欧米先進クラスターの形成・促進要素

	10項目	20要素
形成要素	①特定エリア	1. 特定地域
		2. 特定産業
	②地域特性	3. 独自資源
		4. 対応意識
	③核機関	5. 核企業
		6. 研究開発機関
		7. 公共機関等
	④チャンピオン	8. ビジョナリー
促進要素	⑤学習	9. 産学官接触連携
	⑥連携・競合	10. コネクト機能
		11. 地域内競争
	⑦支援	12. VC・エンジェル
		13. ビジネス・サポート
	⑧融合	14. 他産業との融合
		15. 国際展開
	⑨新規事業	16. スピンオフ・ベンチャー
		17. 大企業との連携
		18. IPO達成
	⑩認知	19. 全国的認知
		20. 生活文化水準

出所：前田（2003），152ページ．

表の20要素に関して中関村を評価してみるなら，1.特定地域（5つの園区），2.特定産業（情報電子中心に特化），3.独自資源（秋葉原のような電気街の存在），4.対応意識（欧米に追いつき追い越せという意識），5.核企業（連想や北大方正など），6.研究開発機関（北京大学・精華大学・中国科学院などなど），7.公共機関等（市政府，北京大学校産管理委員会，清華大学科学技術開発部，中関村国際孵化器など），8.ビジョナリー（中国のシリコンバレーというビジョン），9.産官学接触連携（産官学の高い近接性），10.コネクト機能（−），11.地域内競争（北大科技園と精華大科技園の競争など），12.VC・エンジェル（ベンチャーキャピタル投資機関50−60社など），13.ビジネス・サポート（金融サービスなど），14.他産業との融合（園区内にバイオ産業など），15.国際展開（国際的企業の誘致），16.スピンオフ・ベンチャー（北大方正から多くの分社など），17.大企業との連携（内外の大企業が進出・連携），18.IPO達成（上場企業50社超），19.全国的認知（多くの成功企業による認知），20.生活文化水準（高い職場環境など），と表せるように，この枠組みにおいても，中関村科技園区は十分な競争力をもつクラスターであることが理解される．

2）ポーター（Porter 1998）が，ポルトガルの地域クラスターの分析の中で，特産品のクラスターとともに観光地のクラスターを複数あげているように，観光地もクラスター戦略の対象として検討していく必要はある．ただ，観光地は，ポーターがクラスターにおいて最も重視するイノベーションの考え方をそのままには適用しにくい領域であるため，その分析に際しては，先端産業や特産品などのクラスターとは異なる方法論が必要になってくることも考えられる．この点は今後の課題である．

参 考 文 献

Aaker, D. A. (1991), *Managing Brand Equity*, The Free Press.（陶山計介・中田善啓・尾崎久仁博・小林哲訳（1994），『ブランド・エクイティ戦略』ダイヤモンド社．）

_____(1996), *Building Strong Brands*, The Free Press.（陶山計介・小林哲・梅本春夫・石垣智徳訳（1997），『ブランド優位の戦略』ダイヤモンド社．）

アジアITビジネス研究会編（2002），『図解　中国「WTO加盟」と「ITビジネス」のすべてがわかる』，総合法令．

段永基（2001），「「中国のシリコンバレー」となるか−北京中関村の過去，現在と未来」寺島実郎監修『動き出した中国巨大IT市場』日本能率協会マネジメントセンター．

金井一頼（2003），「クラスター理論の検討と再構成−経営学の視点から」石塚・藤田・前田・金井・山崎共著『日本の産業クラスター戦略』有斐閣．

前田昇（2003），「欧米先進事例から見たクラスター形成・促進要素」石塚・藤田・前田・金井・山崎共著『日本の産業クラスター戦略』有斐閣．

三浦俊彦 (2002 a),「ビフォア・マーケティングの戦略原理「原田・三浦編著『e マーケティングの戦略原理』, 有斐閣.
＿＿＿＿ (2002 b),「日本の消費者はタフな消費者か？ 〜在日外資系企業の消費者認識とグローバル・マーケティング戦略〜」『マーケティング・ジャーナル』(第85号), 日本マーケティング協会, 4-18ページ.
藻谷浩介 (2002),「りんごクラスターの日米比較」山崎朗編『クラスター戦略』有斐閣.
Porter, M. E. (1990), *The Competitive Advantage of Nations*, The Free Press.（土岐・中辻・小野寺・戸成訳（1992）『国の競争優位［上］［下］』ダイヤモンド社.）
＿＿＿＿(1998), *On Competition*, Harvard Business School Press.（竹内弘高訳（1999）『競争戦略論Ⅰ・Ⅱ』ダイヤモンド社.）
Prahalad, C. K. and Venikatram Ramaswamy (2000), Co-opting Customer Competence, *Harvard Business Review*, January-February, pp.79-87.（中島訳(2000)「カスタマー・コンピタンス経営」『DIAMONDハーバード・ビジネス・レビュー』11月号, ダイヤモンド社.）
朱炎 (2001),「世界のPC生産基地・珠江デルタ地域−東莞市を中心に−「寺島実郎監修『動き出した中国巨大IT市場』日本能率協会マネジメントセンター.
角南篤 (2003),「中国の科学技術政策とイノベーション（技術革新）・システム−深化する中国流「産学研・合作」−」, *PRI Discussion Paper Series*, no. 03 A−17, 財務省財務総合政策研究所研究部.
Takeuchi, H. and M.E. Porter(1986), "Three Roles of International Marketing in Global Strategy," in M. E. Porter (ed.), *Competition in Global Industries*, Harvard Business School Press.（土岐・中辻・小野寺訳（1989）,『グローバル企業の競争戦略』ダイヤモンド社.）
山田耕嗣 (2000),「クラスター」高橋伸夫編『超企業・組織論』有斐閣.
山本健兒 (2005),『産業集積の経済地理学』法政大学出版局.

「地域ブランドの保護について」（案）（産業構造審議会知的財産政策部会商標制度小委員会報告書）
「中関村科学技術園区」資料（中関村科技園区管理委員会発行）
「中関村ハイテク・新技術産業発展政策についての紹介」資料（中関村科技園区発行）
中国情報局 http://news.searchina.ne.jp/

第 3 章

中国におけるドイツ自動車産業および下請産業

アンドレアス・メルケ

はじめに

　中国は，1979年の開放政策以来，世界経済における重要性を年々高めている．その変化の速さのみならず，市場の経済的発展の規模も注目に値し，世界の国々の経済的関心を集めているのは周知の通りである．今日，ドイツの企業経営者に対して，東アジアにおける企業戦略上の関心の対象を問えば，中国という国名が必ず聞かれる．前述の急速な成長に加え，将来の予測も含めその市場の大きさも理由の一つであろうと推察される[1]．

　本稿は，一般に入手できる統計資料，論文あるいは研究成果とともに，著者が独自に行った企業へのインタビュー調査を基にしている．すなわち，自動車産業とその下請産業は，ドイツ経済ならびに中国経済にとって非常に重要な産業であり，他の産業にとって先駆けとなる存在であるとの認識に立ち，同産業を対象として，中国におけるドイツ企業がどのような戦略を行っているかという点，ならびに直面している問題は何かという点について敷衍するものである．

　本稿は，以下のように構成される．まず，中国とドイツとの経済的な関係について概要を述べた後に（第 1 節），中国における自動車産業およびその

下請産業についての考察ならびに調査対象となったドイツ企業が活動する環境の特質について概説する（第2節）．その上で，独自に行ったインタビュー調査を基に，中国におけるドイツ企業の戦略と問題について検討を加えるものとする（第3節）．最後の節では，本稿で得られた考察に基づく日本と中国市場との関連性，すなわち中国における日本企業の状況について述べることとする．

1．中国の経済的脅威およびドイツ・中国間の経済関係

中国の国民経済の規模は今日では世界で6番目に大きいものとなり，同時に世界第4位の貿易国となった．国内総生産は常に上昇を続けており，ある時期において冷却期が予測あるいは期待されていたにもかかわらず，経済成長率も2004年においても9.5％に達すると予測されている[2]．ここ数年にわたり，中国は，国内総生産ならびに経済成長率の上昇という面からも，ドイツ企業の関心を集め続けている．この現象は，中国がドイツとの貿易相手国としても，投資先としても魅力ある市場であることを意味している．ドイツ連邦共和国の対外貿易の取引国のランキングにおいて，中国は輸入（ドイツから中国へ）が第6位，輸出（ドイツから中国へ）が第10位と，その他のアジア諸国よりもその取引規模の急拡大が確認されている．また，中国の対ドイツ貿易は何年にもわたり黒字となっており，その格差は縮まるどころか拡大していることが看取される（図1）．一方では，今後もこの輸出と輸入の不均衡が続くことが懸念されている．

ドイツの中国に対する投資は大きな利点も持つものであるが，他方ではマイナス面も存在する．図2が示すようにドイツの中国に対する直接投資額は，1999年以降減少しているものの，2004年には増加に転じている．

1998年の投資額が諸外国のそれと比較して伸びていることは注目に値する．その要因としては，アジア危機以前およびその期間にドイツと中国との

図1 中国の対ドイツ貿易黒字額

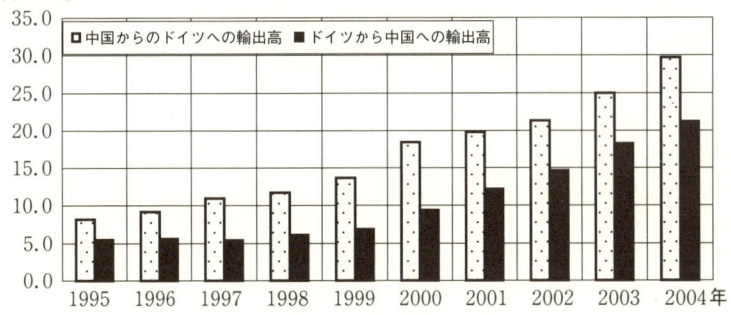

単位：10億ユーロ

□ 中国からのドイツへの輸出高　■ ドイツから中国への輸出高

*2004年は推定額.

出所：在北京ドイツ大使館 Wirtschaftsdaten kompakt. Stand 15. Dezember 2004. – Peking：Botschaft der Bundesrepublik Deutschland.2005：7.

図2 中国に対する直接投資額

単位：10億USドル　　　　　　　　　　単位：10億USドル

□ 諸外国から中国への直接投資額
◆ ドイツの対中国直接投資額

*2004年は推定額.

出所：在北京ドイツ大使館 Wirtschaftsdaten kompakt. Stand 15. Dezember 2004. – Peking：Botschaft der Bundesrepublik Deutschland.2005：3；8.

間で交わされた直接投資のあり方に関わる合意に基づき，同合意の発効後1年以内に投資が実行されなければならなかったこと，ならびに経済危機の時期においてもドイツが公正で確実な貿易相手国であることを明示する意図が働いたことが推察される[3]．

2．中国の自動車産業

　自動車産業およびその下請産業は中国で大きく発展した分野の一つである．今や中国は，自動車総生産台数でフランスを抜き，西ヨーロッパ，米国，日本の三大市場の発展動向とは異なる形で，今後もさらに拡大していくことが予想される．

　本節においては，自動車産業およびその下請産業分野の構造が持つ特徴および同分野の急成長の理由，ならびに将来発生しうる問題について検討を加える．さらに中国政府の政策についても触れながら，中国において自動車産業に関わるドイツ企業の活動の環境条件について考察する．

(1) 構造について

　中国においては，2000年初頭まで大型車両生産台数が多いという点が極めて特徴的であったが，現在では大衆の可処分所得の増加に伴い普通乗用車の市場が最も高い成長率を見込まれている．図3の自家用車と公共車両に分けた成長予想においては，将来的に中国市場は自家用車の分野が大きく伸びると明示されている．今後の個人消費[4]が，この産業分野の成長を牽引する鍵になると考えられる[5]．

　また，自動車産業が急速な成長を遂げるのと同時に，下請産業にも発展が見られるようになった．コンサルティング会社のKPMG社の報告によれば，1999年から2001年の成長率は年25％を超えると算出されており，2001年の自動車コンポーネントや自動車部品業界の売上高は178億USドルと見積もられている[6]．この成長率が今後も持続するならば，自動車部品市場の売上高は2005年には430億USドル以上にのぼると予測される．

　市場の輸出入をみると，中国の自動車産業およびその下請産業の関心は国内に向いていることが分かる．製品の10％弱しか輸出には回っておらず，輸

入による市場の売上もおよそ15％である[7]．この国内向けの姿勢は，それぞれの部品市場，製品市場というように市場が細分化され，市場が未だ統合的な形態になっていないことに起因している．中国の自動車産業は細分化が進んでおり，10大企業が市場での売上の約20％を占め，残りの80％の売上は2,000社以上の合計と考えられる[8]．

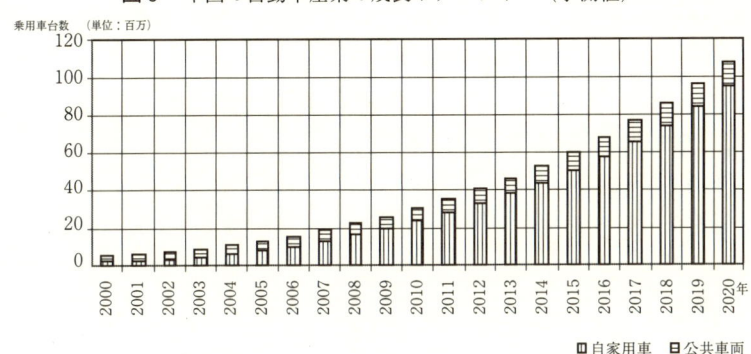

図3 中国の自動車産業の成長ポテンシャル（予測値）

出所：『FOURIN』(2004)：8-9の数値を参照に独自に算出．

中国の産業全体にわたって，中国の製造企業および下請企業は競争に勝ちうる大企業に比べ，生産性のレベルは極めて低い[9]が，大企業はすでに，例えば日本など他国の市場において見られる企業と同程度の競争力を有していると考えられる[10]．

(2) 問　題　点

発展に伴い，問題点も発生する．第一の問題として，メーカーは下請企業も含めて過剰生産の危険に晒されている[11]ことが挙げられる．自動車を買うことのできる国民層は厚くなってきてはいるものの[12]，世界中の自動車メーカーとその重要な下請企業との提携が進んだことにより，需要よりも高い供給能力が構築されてしまった．そのため，過剰生産となり，価格の引下げへの圧力が起こる．これが，第一の問題であり，今日の中国で見られる最も特徴的な現象である．WTOへの加盟は中国にとって重要な課題であったが，

関税の引下げにより,価格の安定に寄与するものではなかった.表1は,投資元の国にかかわらず全メーカーについて調査した値下げ率(%)を表している.ここにおいても現在中国市場において値下げが進んでいることが明示されている.

表1 中国における2003年1月から9月までの価格引下げ率トップ10 (thousand RMB)

By %	By Value	Date (月/日)	Maker	Model	Specification	Original Price	New Price	Reduction Value	Reduction Percentage
1	3	4/16	DaimlerChrysler	Cherokee	BJ 7250 EA	150.0	107.0	43.0	−28.67%
2	16	1/9	Suzuki	Alto	Chang'an Basis	51.8	39.8	12.0	−23.17%
3	5	1/11	Toyota	Platz	Charade 2000	120.0	97.0	23.0	−19.17%
4	4	6/10	FAW	Hongqi	Red Flag Shijixing	219.0	179.8	39.2	−17.90%
5	1	5/7	VW	Passat	2.8 V 6	352.0	299.0	53.0	−15.06%
6	22	1/2	FAW-Huali	Xingfu Shizhe	Move copy	59.8	50.8	9.0	−15.05%
7	12	3/22	Chery	Chery Fengyun	EX	116.8	99.8	17.0	−14.55%
8	2	1/5	Mitsubishi	Pajero V 33	V 6–3000 DX	348.0	298.0	50.0	−14.37%
9	10	1/7	Citroën	Citroën ZX	MT	127.8	109.8	18.0	−14.08%
10	6	8/5	Brilliance	HiAce	DX	191.8	169.3	22.5	−11.73%

出所:『FOURIN』2004:pp.17-19.

第二の問題は,この市場の特殊な提携のあり方である.中国の自動車産業はジョイント・ベンチャーの契約を,競合する複数の外国企業と結ぶ.この戦略は中国政府からも積極的に奨励されているものの,外国メーカー側の立場に立てば「知識の流出」は極めて留意せねばならない問題として認識されている.

(3) 中国政府の政策

中国政府は自動車産業を経済発展の重要な柱と位置づけており,今後も自動車産業を支援していくと考えられる.現在,中国政府は国内の自動車産業を奨励する政策を重要なものとして位置づけている.最近の例としては,2004年に採択された「中国自動車産業政策」が挙げられる[13].同政策には企業の所有に関する法体系の整備も含まれている.将来的には,外国の自

動車メーカーは，当該企業の支配権を握ることができないような形でのみ中国企業とジョイント・ベンチャーを結ぶことができるようになる．すなわち，原則として当該企業の持ち株割合が50％を超えないことが規定されるのである．しかし，この原則は下請企業には適用されない．

中国政府は今でも，外国企業と提携することによって国内企業の技術的な生産能力を向上させることが重要であると考えている．新しい法律では，中国企業の株式を10％以上所有している外国企業は，研究開発を中国で実施するか，あるいは中国側の提携企業と共同で行うことを定められている．これに伴い発生しうる「知識の流出」について，知的財産の保護の難しさは自明のため，ドイツ企業はこの点に関して非常に憂慮している[14]．

また，中国政府が国内の自動車産業およびその下請産業の分野の発展を促進していくことは，自動車部品の輸入に制限を設けたことによっても明らかである．特に取扱港の数を少数に制限したことによって，輸入量に自己抑制が働くこととなるであろう．

細分化されている市場を合併や買収によって整理することも考えられている．このように国内産業に競争力がつくにしたがって，将来中国は国外に向けて商品を提供できるようになる．中国政府は自動車部品の製造だけでも輸出を40％以上にすることを計画している．2005年の秋にフランクフルトで開かれた自動車見本市では，この目標に対する中国メーカーの真剣な取り組みの一端が確認された．例えばBMW社の提携企業である Brilliance 社（華晨中國汽車）は，2005年夏からドイツでの販売を開始する．また，Jiangling 社（江鈴汽車股分有限公司）は，オペル社のフロンテラと外観の似ているフィールド仕様車をすでに販売している．こうした状況を受け，中国は5年以内に大型自動車も輸出するようになるであろうと，メルサー経営コンサルティングは予測している[15]．

3. 中国におけるドイツの自動車産業および下請産業

(1) 中国のドイツ企業[16]

　従来中国は世界の工場として位置づけられてきたが，ドイツ企業は21世紀における中国を生産地としてのみならず，マーケットとしても位置づけている．しかし，これらドイツ企業の中国への進出に対する関心の度合いは業種によってかなり異なっている．最も高い関心を示しているのは，機械工業および他の製造業（特に自動車産業およびその下請産業），電気，エレクトロニクス分野の企業である．少数の例外を除いて[17]，ドイツ企業の中国市場における活動の歴史は浅く，中国のドイツ企業の3分の1はここ5年のうちに進出した企業である．多くの企業が新規参入したのは，進出した企業が比較的早い時期に損益分岐点を超えたためと推察される．在上海ドイツ商工会議所のアンケート調査に答えた企業の中では11％が市場参入の1年以内に，48％が3年以内に収益を上げている．少なくとも中国へ新規参入したドイツ企業が利益を上げるまでのスピードの点では，日本より優っている．ドイツ企業が，日本市場に新規参入した後3年以内に黒字となった企業は，同じ条件で中国市場に参入したドイツ企業のそれより12％少ない．

(2) 中国におけるドイツ自動車産業および下請産業の成功

　ドイツ自動車産業および下請産業は中国において成功を収めている．現在中国はドイツの自動車メーカーにとって，ドイツ，スペインに続く第三の重要生産拠点となっている[18]．2003年だけでも，中国におけるドイツのメーカーおよびジョイント・ベンチャー提携企業の生産台数は，70万8,000台にのぼる．主な生産拠点は以下の通りである．

・中国北東部：長春（FAW-VW）および瀋陽（BMW-Brilliance）
・北京（BAIC-DC）

・中国東部：揚州（Yaxing Benz）および上海（SAIC-VW）

・中国北部：包頭（North Benz）

さらに中国は，ドイツにとってアジアにおける最も重要な自動車輸出国となり，2003年には日本を抜き，アジア向け輸出台数の3分の1近くにのぼる11万2,800台が中国向けに輸出された[19]．つまり，中国はドイツの自動車産業にとって非常に重要な意味を持つ国なのである．

(3) 中国進出の歴史—先駆けはフォルクスワーゲン社

1978年は中国におけるドイツ自動車産業の歴史にとって重要な年となった．この年にフォルクスワーゲン社は中国において生産を行うという中国の提携企業とのジョイント・ベンチャーについて中国政府との交渉を始めた．その後1984年に Shanghai Automotive Industry Corp. 社（SAIC，上海汽车工业（集団）総公司）と共に共同企業体を設立し，翌1985年には Shanghai Volkswagen 社（SVW，上海大众汽车有限公司）がサンタナの生産を開始した[20]．15年間モデルチェンジのほとんどないサンタナだが，一大ヒットとなった．Gao によれば，サンタナを「中国で最も売れた車」と位置づけている[21]．また，フォルクスワーゲン社はコンツェルン子会社のアウディ社の中国進出を推し進めている．中国に進出したことによりフォルクスワーゲン社はドイツの自動車産業界においてその手腕が評価された．その理由としては，中国は未だリスクの高い市場として認識されていたためである．フォルクスワーゲン社は，税金，外国為替の取扱，原材料の入手において中国政府から優遇措置をうけることにより利益を得た[22]．早い時期に中国市場に進出したことに加え，外国の競合企業がこれに遅れたことから，フォルクスワーゲン社は中国において何年にもわたり高い市場占有率を有していた．しかし，現在この状況は明らかに変化し，今では GM 社が市場占有率と成長率においてフォルクスワーゲン社を追い越している．

BMW 社はかなり遅れての中国進出となった．10年以上の交渉の末，Brilliance China Automotive Holding 社（华晨中国汽车控股有限公司）とジョ

イント・ベンチャーの契約を締結した．この共同企業体は2003年に3シリーズと5シリーズの生産を開始した．BMW社は遅まきながらも中国市場に参入した理由として，今日では高級車を購入できる顧客層が充分に増えたため，と説明している[23]．

ダイムラー・クライスラー社もすでに1983年に中国における生産を開始していた．しかしクライスラー部門のみであり，Beijing Automotive Industry Holding Company社（BAIC，北京汽車工業控股有限責任公司）とのジョイント・ベンチャー形態の企業がジープを生産している．他の車種については，2003年秋に乗用車の生産についての枠組みを定めたBAIC社との契約が交わされている．

また，ドイツの下請産業にとっても中国は注目される国である[24]．すなわち，今後の中国市場に対する大きな成長予測に加え，上述のような自動車メーカーの中国市場参入に伴い，その取引相手となっている下請産業にも中国市場における積極的展開の可能性があると期待されている[25]．

(4) ドイツから見た中国市場の利点[26]

① 市場の大きさと経済発展

ドイツ企業が中国において経済活動を続ける上で重要な点は，市場の大きさと国民経済の発展，そして先駆者の成功にあることは間違いない．在上海ドイツ商工会議所が調査を行った企業の80％以上が中国への進出に満足であると理解される．このことは，中国に対する姿勢と当該企業のさらなる投資の意志にポジティブな影響を付与するであろう．

ドイツ企業はアジア進出への足掛かりは日本への輸出と考えていることが多いが，中国のドイツ企業は中国の国内市場に大きな期待を抱いている．調査に回答を寄せた企業のうち中国から欧州への輸出を考えているのは4分の1弱に過ぎず，39％の企業がアジアへの輸出を考えているという．インタビュー調査での回答において何度も耳にしたことは，「中国国内市場で十分に大きな発展が期待できるため，輸出の必要性は感じていない」という主旨

のものであった．すなわち，中国に期待という大きな負担がかかっていることは，忘れてはならない重要な点であろう．つまり，「ポテンシャル」という言葉がすでに将来性を示すものであり，これが投資の動機となりうるのである．また，ほぼすべての企業が将来の市場予測に基づいた活動の方向性を決めていると回答している．これは楽観主義，すなわちイメージや景気に影響されることを意味し，実際に予測通りに成長しなかった場合，大きな変化の起きる危険性を孕むことが指摘できる．

② 経済資源の獲得

中国において経済的資源が容易に入手できるということは，中国企業と経済活動を行う上での重要な論点である．一つには，ドイツ企業が原材料を入手できることが挙げられるが，さらに大きな要因として豊富な労働力が挙げられる．中国においては賃金費用や賃金付随費用が比較的安いため，ドイツと比較して極めて低いコストで大学卒業者など高学歴の人材を得ることができる．そのため，企業は研究や開発活動の場を中国に移転させたり，あるいは中国に同様の機関を設置したりしている．

③ コスト／物価

興味深いことに，低コストを理由に中国に進出したという企業は少なかった．在上海ドイツ商工会議所の調査によると46.2％の企業が低コストを期待して中国に投資したと回答している．低コストという意味について，これらのアンケートをより詳細に見ると以下のとおりである．

・一次製品の価格が安いことが投資の理由ではない（65.7％）．
・生産コストが低いことへの期待が理由ではない（53.8％）．
・欧州からの輸送費の節約が理由ではない（63.6％）．

この結果は経営学的な視座に立てば，いくつかの問題点を含んでいる．しかし，筆者らのインタビュー調査においては，物価レベルが投資の決定的要因であったことが明白であった．これには使用賃貸借料や土地の価格，賃金，賃金付随費用なども含まれている．

④　ブランド意識

すでに中国は，この国でなら何でも売れるというイメージを払拭している．そのため，今日では低価格戦略は成功しない．対照的に，ドイツ企業には高品質（それに相当して，高価格の）製品に力を入れることが勧められる．中国の消費者は高品質の商品に対して多額の支出を惜しまない．上述した在上海ドイツ商工会議所のアンケート調査によると79％の企業がブランドイメージと広告宣伝が功を奏したと回答している．

(5)　ドイツ企業から見た中国市場の弱点[27]

利点の裏には弱点もある．この節では中国市場の弱点について言及するものである．

①　法体制および知的財産権の保護

中国では法体系が確立されているものの，進出したドイツ企業の意見によると法の現実の実施状況にはまだ問題があるという．調査対象となった企業の37.8％は法律の不整備や法の遵守における問題に不満を示し，また26.9％の企業は汚職が企業活動の妨げになっていると回答した．ここで指摘したいのは，この数字が非常に高いことだけではなく，ドイツ企業の印象では前回の1999年のときのアンケート実施時より状況が悪化していることである．

②　知的財産権の保護

法を遵守するための解釈において，特に注意を払うのは知的財産の保護（知的財産権，IPRとも）についてである．自動車産業に関係するのは特に次のような権利である．

　・コピー権
　・商標
　・地理記号
　・工業デザイン
　・特許

知的財産権の扱い方は国民経済のあり方によって大きく左右される．つま

り，公式には中国においては誰も知的財産権の侵害を訴える者はいないとされる．また，知的財産権を巡っての係争のリストあるいは知的財産に関する懸念がなされるような国のリストが作成されているかとの筆者による問い合わせに対して，ドイツの経済・労働担当省庁はそもそもそうしたリスト自体が存在しないとの回答を寄せた．

　しかし，筆者が個人的に聞く事情はこれとは異なるものである．WTO加盟によって必要となった知的財産権に関する法律だが，現実的には，この法律によって製品模倣を防ぐのは難しいようである．環境保護関連のある企業は，中国で使用する機材は（中国のみの措置として）欧州からの社員あるいは中国側のごく限られた関係者のみが知る暗証コードを入力しなければ操作ができないように設計されているという．また，欧州の高級品産業が多大な損害を被ったブランド製品模倣の問題もあるが，製品模倣の問題に中国は充分に取り組んでいないと考える．

　この問題に関しては，品質規格の決定に国家機関が影響力を持っていることが問題点として考えられる．中国においては製品の規格に関する当局による認可が大きな問題点として挙げられる．このことは（産業内で合意が得られていないまま）規格の決定がされることに限らず，知的財産の保護に関しても言える．中国においてはスタンダードを決定する機関は国の機関かあるいは国との関係の強い機関のため，品質検査や申請すべてにおいて新しい技術に関する知識が国の機関を通じて（旧あるいは現在の）国営企業や中国市場に参入したいと考える競合企業に流出する．この問題は，国外の独立した検査機関[28]が製品安全規格や品質規格検査機関の半数以上の件を扱う可能性が得られるようにならない限り解決しないと考えられる．

　③　人的資源

　言うまでもなく，企業の成功の是非というのは従業員にかかっている．前述したように優秀な人材を得られることも中国への投資の魅力となっている．中国においては，およそ23％の企業が地方における労働力の確保が難しいとしている．しかし，筆者らのヒアリングから明らかになった点は，中国

の就労者は転職の意識が高く,人員の確保が難しいということであった.企業と従業員のつながりをどのように強化するかについて考えなければ,この問題は解決されない.人員の配置換えが非常に多くのコストを要することはこれまでも強く言われてきた.新入社員が雇用されるたびに仕事を覚えるまでの教育に高いコストがかかるためである.

④ インフラストラクチャーと販売活動

インフラに関することも中国が未だ抱える問題である.湾岸地域は内陸部に比べインフラが整っており,このことは湾岸地域に人口が集中していることからもわかる.前述したように,中国投資の成功の鍵は効果的な販売チャネルの構築にある.中国で活躍する数多くのドイツ企業は未だ販売チャネル上に問題があると見ており,21％の企業は,中国のインフラがよく機能していないと見ている.ヒアリングをした企業も同様の回答を寄せている.例えば,ドイツの通信販売会社 Quelle が中国市場から撤退したのは,この分野に必要とされるインフラがまだ整っていなかったためである[29].他方,インフラが整備されている香港や珠江デルタ地域は企業からの評判が高いと理解されている[30].

⑤ 確定,未確定料金上の障壁(関税)

関税などの確定されている障壁は,中国のWTO加盟によって近年低くなってきている.しかし,中国政府は上述のように輸入取扱いの港湾の数を制限する方向にはっきりと動いている.

おわりに

今や中国の重要性は世界経済にとって軽視できないものになっている.このことは日本にとってもドイツにとっても言えることである.中国－ドイツ間の経済的な結びつきはここ数年で強まってきている.しかしながら,日本－中国間のつながりや日本から中国への投資と比較すると,その規模は大き

いものではない.

　自動車産業および下請産業は流動的な状況にある．市場占有率でトップを占めていたフォルクスワーゲン社は今やその地位を失っており，"後発の" BMW 社とダイムラー・クライスラー社が日本のメーカーと市場占有率を争っている．競争の激化は，ドイツのメーカーにも日本のメーカーにも等しく影響を与え，自動車産業に関する中国政府の産業政策にも影響を与えるであろう．

　中国市場への進出の利点は，日本の企業もドイツ企業も変わらないようである．しかし，中国とドイツが地理的に，そして文化的に離れていることや，ドイツが欧州の他の国の企業と密接な経済交流がある[31]ことにより，ドイツ－中国間の関係は日本－中国間の密接な経済関係に及ぶものではない.

　一方，中国において直面している問題点は，日本企業もドイツ企業も共通している．つまり，知的財産の保護が不充分であること，能力の高い従業員の定着が難しいこと，とりわけ人材の確保が難しいことが挙げられる．特に日本企業にとっては人材を巡る問題がドイツ企業より大きな問題となっている．これには，中国人が日本企業で働くより，ドイツ企業あるいは他の欧州の企業で働くことに抵抗を感じていないという事情がある[32].

　中国の世界経済における重要性は今後も強まるであろう．また、このことをドイツ企業も中国進出において前提としている．

1) しかし，中国における投資はドイツ企業の間でいわゆるグループ効果によって規模が拡大しているように思われる．つまり，中国に進出するのは，競合相手が進出するためと考えられる．また，中国の市場は（その人口の多さから）非常に大きいと思われているが，その考え方には購買力の差異が考慮されていない．
2) Deutsche Botschaft Peking (2004): Wirtschaftsdaten kompakt. Stand 15. Dezember 2004. – Peking : Botschaft der Bundesrepublik Deutschland : S. 1.
3) bfai 社特派員ユルゲン・マウラーへのインタビューを基にしている．
4) 金融業界の発展や，自動車購入のための融資オプションのような商品が出たことも，成長に貢献している．Weider, Marc (2004): China – Automobilmarkt der Zukunft? Wie nachhaltig und zukunftsorientiert sind die Strategien der internationalen Automobilindustrie in China? WZB Discussion Paper SP III 2004–

105. – Berlin : Wissenschaftszentrum Berlin für Sozialforschung 参照.
5) Weider (2004) S.18参照.
6) KPMG=KPMG Transaction Service (2003) : *China Automotive and Components Market*. – Hong Kong : KPMG p.13参照.
7) 中国は輸出向けの生産を大幅に増やす方針を明確に打ち出している. BCG= The Boston Consulting Group (2003) : *China : The Pursuit of Competitive Advantage and Profitable Growth*. Shanghai : BCG 参照.
8) KPMG (2003) p.16 ; Weider (2004) S.21参照.
9) Veloso, Francisco ; Kumar, Rajiv (2002) : *The Automotive Supply Chain : Global Trends and Asian Perspectives*. Asian Development Working Paper ERD Working Paper Series No. 3. – Manila : Asian Development Bank. 参照.
10) Moerke, Andreas (2005) : "Japans Automobilzulieferindustrie im Wandel", in : Klaus Bellmann, René Haak (Hrsg.) : Management in Japan. Herausforderungen und Erfolgsfaktoren für deutsche Unternehmen in einer dynamischen Umwelt. Wiesbaden : Deutscher Universitäts-Verlag, S. 297-316. 参照.
11) KPMG (2003) p.11参照.
12) 前節参照.
13) 本節はすべて『FOURIN』(2004) ; KPMG (2003) ; Weider (2004) を参照.
14) 次節参照.
15) Trimborn, Marion (2005) : Hintergrund : Chinesen drängen auf den deutschenutomarkt. onkurrenzaus Asien. Internet-Dokument, http : //boerse.t-online.de/de/news/detail.html?newsid=dpaafx_lite_de：1114072111&dummy=.html（アクセス日07.06.2005）参照.
16) 統計に関する数値は在上海ドイツ商工会議所の調査による（DDWS 2002）. 日本との比較として引用されるデータは, 在日ドイツ商工会議所の行ったアンケート調査によるものである（DIHKJ 2003）. これに独自で行った聴き取り調査の結果を補足したものである.
17) 例としては, シーメンス社が挙げられる.
18) Verband der Automobilindustrie (2004) : Auto Jahresbericht 2004 - Frankfurt am Main : VDA S.44参照.
19) VDA (2004) S.48参照.
20) Weider (2004) S.26参照.
21) Gao, Paul (2002) : "A tune-up for China's auto industry." *The McKinsey Quarterly*, Vol. 2002, No. 1, p. 147参照.
22) Weider (2004) S.29参照.
23) Weider (2004) S.36参照.
24) VDA (2004) S.60参照.
25) このことは2003年秋に行ったBosch社とMercedes社への聴き取り調査でも確

認されている．
26) 統計の数値はすべて DDWS (2002), DIHKJ (2003)に基づく．考察等の記述に関しては，上記の2つ及び独自調査に基づくものである．
27) 統計の数値はすべて DDWS (2002), DIHKJ (2003)に基づく．考察等の記述に関しては，上記の2つ及び独自調査に基づくものである．
28) 例えばテュフ（TÜV）のような検査機関が挙げられる．
29) AsiaBridge 02／01.
30) GICH（発行年不明）．
31) このことには2004年5月の欧州連合の東方拡大も影響している．これによりユーロ市場が拡大し，中国欧州間に構築された経済的な結び付きは強くなった．
32) 東芝大連の前 CEO 中山武史氏との対談より．荒川（1998）『中国で製造業は復活する・東芝大連社の挑戦』東京：三田出版会も参照．

参 考 文 献

荒川　直樹（1998）『中国で製造業は復活する・東芝大連社の挑戦』東京：三田出版会．

AsiaBridge (2001), Heft 2. – Hamburg.

BCG = The Boston Consulting Group (2003): *China: The Pursuit of Competitive Advantage and Profitable Growth.* – Shanghai: BCG.

DBP = Deutsche Botschaft Peking (2004): Wirtschaftsdaten kompakt. Stand 15. Dezember 2004. – Peking: Botschaft der Bundesrepublik Deutschland.

DDWS = Delegiertenbüro der Deutschen Wirtschaft Shanghai (2002): China. Marktchancen für den Mittelstand. – Shanghai: DDWS.

DIHKJ = Deutsche Industrie- und Handelskammer Japan (2003): Making Money in Japan – Eine Studie zur Gewinnsituation deutscher Unternehmen in Japan. – Tokio: DIHKJ.

FOURIN (2004): *2010 China Automotive Market Forecast (Special Report)* – Tokyo: FOURIN.

Gao, Paul (2002): "A tune-up for China's auto industry." *The McKinsey Quarterly*, Vol. 2002, No. 1, pp. 144–155.

GICH = German Industry and Commerce in Hong Kong, South China, Vietnam (ohne Jahr): Erfolgreich investieren im Perlfluβ-Delta. – Hong Kong: GIC.

KPMG = KPMG Transaction Service (2003): *China Automotive and Components Market.* – Hong Kong: KPMG.

Moerke, Andreas (2005): "Japans Automobilzulieferindustrie im Wandel ", in: Klaus Bellmann, René Haak (Hrsg.): Management in Japan. Herausforderungen und Erfolgsfaktoren für deutsche Unternehmen in einer dynamischen Umwelt. – Wiesbaden: Deutscher Universitäts-Verlag, pp. 297–316.

Trimborn, Marion (2005): Hintergrund: Chinesen drängen auf den deutschen Automarkt. Konkurrenz aus Asien. Internet-Dokument, http://boerse.t-online.de/de/news/detail.html?newsid=dpaafx_lite_de:1114072111&dummy=.html（アクセス日07.06.2005）.

VDA = Verband der Automobilindustrie (2004): Auto Jahresbericht 2004 – Frankfurt am Main: VDA.

Veloso, Francisco; Kumar, Rajiv (2002): *The Automotive Supply Chain: Global Trends and Asian Perspectives*. Asian Development Working Paper ERD Working Paper Series No. 3. – Manila: Asian Development Bank.

Weider, Marc (2004): China – Automobilmarkt der Zukunft? Wie nachhaltig und zukunftsorientiert sind die Strategien der internationalen Automobilindustrie in China? WZB Discussion Paper SP III 2004-105. – Berlin: Wissenschaftszentrum Berlin für Sozialforschung.

＊ 筆者は，東芝大連の元社長中山武史氏との会談の機会に数多く恵まれた．これら会談の中で，同氏には中国の経済動向について貴重なご指摘を頂き，そのご指摘は極めて示唆に富むものであった．ここに記して深く感謝の意を表すものである．また言うまでもなく，本論文中における誤りは，すべて筆者に帰するものである．

第4章

中国における産学連携と校弁企業

李 建平

はじめに

　1978年に改革開放直後の中国において，鄧小平が全国科学会議で「科学技術は生産力」という観点を提起したことによって，中国政府は大学や研究機関の研究成果の迅速な産業化の重要性を認識するようになり，産学連携は急速に発展してきた．中国の産学連携の発展は大学や政府研究機関の財務状況の改善のみならず，中国の経済成長を促進する役割も果たしてきた．特に最近北大方正，清華紫光，交大昂立，復旦光華というような校弁企業（大学発ベンチャー企業）は成功した産学連携型ビジネスモデルとして英米や日本の実業家や学者に注目されている．
　現在，中国においては校弁企業の数は5,000社を超えているが，その大半は北京，天津，江蘇，上海などの沿海の大都会に集中している．売上高からみてみると，北京における校弁企業の売上高は全国の校弁企業の売上高の5割弱を占めている．北京における校弁企業はほとんど北京市の中関村に集中している．中国のシリコンバレーと呼ばれている北京市中関村の形成にはアメリカのシリコンバレーに負うところが多かった．いまでも，研究開発の面ではアメリカのシリコンバレーと比べて，北京市中関村の方が劣っている．

しかし，最近中国政府の優遇税制などの奨励政策によって，主要な先進国に散在して活躍している中国人科学技術者が中関村に集まり，中関村全体の研究開発力が確実に高まっている．

1992年に中国はスイスのビジネス・スクールの IMD（経営開発国際研究所）による国際競争力の評価に参加し，そこの国際競争力ランキングにおいては，1996年に中国は26位，そして2004年に24位となっている．それに対して，日本は1993年まで5年連続で1位を維持したが，1996年に4位に，2004年に23位に衰退してきた．しかし，日本の科学研究力は依然としてアメリカに次いで世界2位で高い水準を保っているが，産学連携は世界32位となっている．それゆえ，日本の競争力の後退は，産学連携による技術移転がうまく行かず，既存の大学や研究機関の研究成果の産業化が遅れていることに関連しているといわれている．また，中国各地域で大学と中国人留学経験者や外資企業と提携している産学連携型企業の育成を中心とする大学サイエンス・パークの展開が国際的頭脳集積，中国の国際競争力の上昇に役立っているとの考えから，日本が産学連携の面で中国にならうべきという声があがってきている．産学連携の面で日本が中国の経験にならう場合，地理的に近くかつ同じ東洋文化圏にあるという意味から便宜がよい面があるが，社会や政治のシステムが異なっているので，要注意の面もある．特に，最近産学連携の進展に伴って大学の教育・研究環境への悪影響，拝金主義の氾濫，混乱した所有関係などさまざまな問題点も現れた．したがって，中国にならう場合には，中国の産学連携の光と影を見極める必要があると考えられる．

そこで，本章は次の第1節でまず中国の産学連携の現状を概観し，第2節で中国の産学連携の展開過程を整理したうえで，第3節で中国の産学連携の長所および問題点を指摘する．最後に「おわりに」において今後の課題や展望を述べておく．

1. 中国の校弁企業の現状

　中国の校弁企業の現状に関する最新のデータは2001年国家教育部科学技術発展センターが全国32ヶ所の省レベル地域（自治区・直轄市などの省レベル行政区を含む）の575校の大学を対象に調査してまとめた『2001年度全国大学校弁企業統計報告』から取ってきたものである．それに基づいて，以下では，中国の校弁企業の総規模，収益，社会貢献（納税，大学への還元，雇用），地域分布，校弁企業のタイプなどの面から概観してみる．

(1) 概　　況

　2001年の時点の全国（575校）では，校弁企業は5,039社に達しており，日本の大学発ベンチャー企業（251社）の20倍となっている．全国の校弁企業は23.76万人の従業員を雇い，956.33億元の総資産（そのうち負債残高は475.07億元）を用いて，607.48億元の売上高を作り出し，そのうち，利潤が48.51億元，従業員に36.94億元の賃金を支払い，国に28.8億元の所得税を納付した．その利潤額は2001年の中国のGDP（9兆5933億元）と比べて，ごくわずかであるが，大学の教育費・研究費の補填，教職員の生活の改善にたいへん役立つと評価された．

(2) 最近5年間経営状況の推移

　表1によると，最近5年間において全国の校弁企業の社数は徐々に減少したが，売上高，利潤額，納税額などいずれも増えつつある傾向が明らかである．これらは，全体的に中国の校弁企業が長い間の試行錯誤を重ねて，経営効率性が絶えず高まってきていることを示しているものであろう．

表1　校弁企業経営状況の推移（1997～2001年）

年度	企業数	売上高	利潤額	納税額	大学への納付金
1997	6634	295.54	27.20	12.30	15.80
1998	5928	315.62	25.88	13.49	15.00
1999	5444	379.03	30.53	15.68	15.99
2000	5451	484.55	45.64	25.42	16.85
2001	5039	607.48	48.51	28.80	18.42

注：単位：億元．
出所：教育部科技発展中心『2001年度校弁企業報告』．

(3) 校弁企業の地域分布とその特徴

表2からは，中国の校弁企業はその大半が沿海地域に分布していることがわかる．とりわけ，経済が豊かである北京，天津，上海，江蘇，遼寧の地域においては，他の地域と比べて校弁企業数が多いうえ，科学技術型の校弁企業の比率も高い．これは中国の科学技術の人材が経済の豊かな沿海地域に集中していることを示唆している．

また，表3が示しているように，経済が豊かである北京，天津，上海，江蘇，遼寧の地域においては，他の地域と比べてそれらの校弁企業における科

表2　校弁企業の地域別分布（2001年）

地域	大学数	企業数	科技企業数（％）
黒竜江	16	155	65 (42)
吉林	17	168	69 (41)
遼寧	50	566	163 (29)
北京	45	490	215 (44)
天津	19	229	100 (44)
山東	17	198	73 (37)
江蘇	49	536	215 (40)
上海	23	624	295 (47)
浙江	21	181	60 (33)
福建	13	130	36 (28)
広東	22	198	56 (28)
広西	12	69	28 (41)
海南	4	22	6 (27)
合計	308	3566	1381 (39)

出所：教育部科技発展中心『2001年度校弁企業報告』．

学技術型企業の比率が高いうえに,それらの収益水準も高い.これは他の地域と比べてそれらの地域においては一人当たりのGDPおよび教育水準が高く,国家重点大学や教育・研究レベルが高い名門大学が多いことに大いに関連していると考えられる(表4,表5,6を参照).中国では,各地域の国家重点大学,特に清華大学,北京大学,復旦大学,上海交通大学,南京大学,天津大学,南開大学のような名門大学は政府から比較的多くの教育資金や研究プロジェクトが配分され,また,それらの校弁企業も政府から税制や土地使用における優遇政策を享受することができる.またそれらの大学は民間企業からも比較的多くの寄付金や委託研究を受けることができる.

表3 収益上位5の校弁企業の所在地域(2001年)

地域	売上高	利潤額
北京	261.85	15.53
上海	59.71	6.54
天津	32.60	2.98
江蘇	32.52	2.83
遼寧	32.46	2.60

注:単位:億元.
出所:教育部科技発展中心『2001年度校弁企業報告』.

表4 収益上位5の校弁企業の所在地域の一人当たりのGDP(2002年)

地域	GDP/1人(人民元)	順位
上海	32310.39	1
北京	23246.82	2
天津	20491.11	3
江蘇	14293.83	5
遼寧	12879.24	8

注:順位:全国31の行政区(省・直轄市・自治区)における順位.
出所:http://searchina.ne.jp/business/004.html 中国情報局.

表5　北京・天津における「211工程」国家重点大学リスト

地　域	大　学　名	所　　属	設立年	大学総合ランキング（2005年版）
北　京　市（全19校）	清華大学	教　育　部	1911	1
	北京大学	教　育　部	1898	2
	北京師範大学	教　育　部	1902	18
	北京航空航天大学	国防科工委	1952	25
	中国人民大学	教　育　部	1950	10
	中国農業大学	教　育　部	1949	31
	北京理工大学	国防科工委	1940	29
	北京科技大学	教　育　部	1952	44
	北京工業大学	北　京　市	1960	55
	北京化工大学	教　育　部	1958	
	北京交通大学	教　育　部	1909	49
	北京郵電大学	教　育　部	1955	38
	北京林業大学	教　育　部	1952	86
	北京中医薬大学	教　育　部	1956	
	北京外国語大学	教　育　部	1944	99
	中国メディア大学	教　育　部	1954	61
	対外経済貿易大学	教　育　部	1953	87
	中央民族大学	国家民委	1951	58
	中央音楽学院	教　育　部	1950	
天　津　市（全4校）	南開大学	教　育　部	1919	11
	天津大学	教　育　部	1895	19
	天津医科大学	天　津　市	1951	
	大連海事大学	交　通　部	1953	83

注：1)「211工程」とは2000年までに中央政府が「科教興国」の方針の下に21世紀の100校の重点大学を認定したことから，21世紀の21と100校の1とをあわせて呼ばれた21世紀の国家教育計画のことである．その詳細は中国教育部『「211工程」概況』を参照．
　　2)大学総合ランキングは中国管理科学研究院科学学研究所『中国大学評価』研究チームが中国の各大学の教育（学部教育と大学院教育）や，科学研究（自然科学と社会科学）など総合の成果を用いて評価したものであり，本表での大学のうち，上位100位以内の順位の情報を入手したが，100以下の順位の情報は不明である．
出所：Tom教育サイト http://edu.news.tom.com/1268/1807/2005331-35805.html

表6 上海・江蘇・遼寧における「211工程」国家重点大学リスト

地　域	大　学　名	所　　属	設　立　年	大学総合ランキング (2005年版)
上　海　市 (全10校)	復旦大学	教　育　部	1905	4
	上海交通大学	教　育　部	1896	8
	同済大学	教　育　部	1907	22
	華東師範大学	教　育　部	1951	37
	上海第二医科大学	上　海　市	1952	66
	華東理工大学	教　育　部	1952	34
	上海大学	上　海　市	1994	47
	上海財経大学	教　育　部	1917	63
	東華大学	教　育　部	1951	53
	上海外国語大学	教　育　部	1949	
江　蘇　省 (全11校)	南京大学	教　育　部	1902	5
	東南大学	教　育　部	1902	23
	蘇州大学	江　蘇　省	1901	64
	南京航空航天大学	国防科工委	1951	59
	南京理工大学	国防科工委	1960	60
	南京農業大学	教　育　部	1952	93
	南京師範大学	江　蘇　省	1952	57
	河海大学	教　育　部	1952	48
	中国薬科大学	教　育　部	1936	82
	中国鉱業大学	教　育　部	1911	42
	江南大学	教　育　部	1958	100
遼　寧　省 (全4校)	大連理工大学	教　育　部	1949	30
	東北大学	教　育　部	1923	28
	遼寧大学	遼　寧　省	1958	80
	大連海事大学	交　通　部	1953	83

注：表5の注を参照.
出所：表5に同じ

2．校弁企業の形成過程

　中国での大学の校弁企業の形成については，1950年代の大学の労働実習用の校弁工場にまで遡ることができる．校弁企業はそこから現在まで四つの時期を経て発展してきたと考えられる．第一期は1950年代初期～1970年代末の校弁企業のオリジンである校弁工場の時期，第二期は1980年代の校弁企業の目的の転換および産学連携のスタートの時期，第三期は1990年代の校弁企業の発展の時期，第四期は2000年～現在の校弁企業の転換期にあたる．こうした四つの時期に分けて考察すると，中国大学の校弁企業の形成過程の輪郭が浮き彫りになり，はっきりと読み取れるであろうと考えている．

(1) 校弁企業のオリジン―校弁工場

　1950年の中華人民共和国の建国から1970年代末までは第一期にあたる．現在の校弁企業は建国初期の校弁工場に遡ることができるが，注意すべきは当初の校弁工場が営利的目的のために作られたものではないことである．1950年代初期に，政府の「教育与生産労働相結合」（教育と生産労働を結び合う）との教育方針の下で，各大学（特に理工系大学）は学生の労働，実習の場を提供するために校弁工場を設立した．そこでの労働は学生の勤労意欲を育てるためのものであり，無報酬であった．ただし，そこでの実習は必修科目として設定されたものである．それは校弁工場の実習を通じて，教科書上の理論知識を確認できるだけでなく，学生の実践能力をも磨けるという考えによるものであった．このような校弁工場は純粋な労働実習用のものとしてずっと1970年代末まで運営された．

(2) 校弁企業の目的の転換および産学連携のスタート

　第二期は1980年代である．1978年の全国科学者代表会議（3月）および中国共産党第11回第三次中央委員会議（12月）では，国家指導方針をイデオロ

第4章 中国における産学連携と校弁企業 73

ギーおよび階級闘争の優先から科学研究および経済建設の優先へ，経済体制を「計画経済」から「市場経済」へ転換することが決定された．1978年を転換点として，中国では統制経済システムを改革し，鎖国体制を止め対外開放政策をとるという「改革・開放」の新しい時代が始まった．1980年代の初期に，10年間も継続した文化大革命の破壊によって，大学や政府の科学研究機関が資金不足の状態に陥ってしまった．以前の統制経済システムにおいては，研究・開発が大学および政府の研究機関で，生産活動が企業で行われるという分業体制がとられており，ほとんどの国有企業にはR&D部門がなかった．

　1978年に実権を手にした鄧小平はすぐその年の10月に日本を，その翌年にアメリカを訪問し，科学技術や経済の発展において中国が先進国と比べていかに遅れていたかを痛感した．鄧小平を代表とする中央指導部は教育や研究の資金不足問題を解決し，科学技術が遅れている状態から早めに脱出するために，アメリカにならい，産学連携の道を選んだ．1980年10月政府の研究機関としての中国科学院の陳春先教授など数人の研究者はアメリカのシリコンバレーを視察した後，中国でもそのような「技術拡散」モデルを実行すべきという考えを中央指導部に報告した．中国科学院物理研究所は中央政府の許可を得て，「北京プラズマ学会技術発展サービス部」を創設した[1]．その後，大勢の中国科学院の研究者は相次いで公職を辞め，他の政府機関の力を借りてハイテク企業を創設した．例えば，有名な「四通公司」は中国科学院計算センターの数人の研究者が北京市海淀区四季青郷政府から2万元を借りて創設した企業である．

　それと同時に，一部の大学は元の校弁工場を基盤に，科学技術型の企業を創設し始めた．1980年に清華大学は最初の大学の科学技術型の企業として清華技術サービス公司を創設した．このような1980年代初期の大学発の企業は，大学の科学技術の研究成果の迅速な産業化を促進するために作られたものであり，いわゆる四つの技術サービス事業を行っていた．その四つの技術サービス事業とは技術開発，技術移転，技術コンサルティング，その他の技

術関連サービスのことである．このような四つの技術サービスの提供を契機に中国式の産学連携が芽生えた．

1985年の全国科学技術会議をきっかけに，中国の科学技術研究体制は根本的に転換され始めた．そこでは鄧小平は科学研究および科学研究者を尊重し，科学技術を生産と結ぶべきという観点を提起した．鄧小平の指示に基づいてまとめられた『科学技術体制改革の決定』はその会議で承認された．その決定によると，以前の科学技術研究体制の大きな欠点はその体制が科学技術と生産との関連性が欠け，科学技術の研究成果から生産能力への転化を妨げることにある．さらに1986年3月に鄧小平は直接に全国へ「ハイテクを開発し，それの産業化を実現しよう」と呼びかけた．それ以後，北京大学，清華大学をはじめとする多くの大学では創業ブームが巻き起こされ，科学技術型の校弁企業が次から次へと現れ，大学の科学技術の研究成果の産業化を中心とする産学連携が中国では全面的に展開されてきた．例えば，1986年に北京大学は電子・計算機などの開発を強みとする北京大学新技術公司を，1988年に清華大学は通信や情報技術の開発を強みとする清華大学科技開発総公司を創設した．

しかし，このころ企業経営の経験不足によって財務や人事管理の面で混乱の現象が現れた．これは教育界において大学が企業を直接経営することが適切かどうかという議論を引き起こした．それに対して，国家教育委員会・国家科学技術委員会・中国共産党中央研究室の三者によって北京・上海・南京などの大学の校弁企業を対象に共同調査が行われた．その結果，健全に経営するように努力する必要があるが，大学の校弁企業それ自体の存続は認められた（角南2003）．その理由は，大学の校弁企業の発展によって政府の教育予算不足を補塡し，教職員の福祉厚生を改善すると同時に，中国ハイテク産業の育成を促進しうると認識されたことにある．

(3) 政府の奨励政策と校弁企業の発展

第三期は1990年代である．6・4天安門事件が収まり1990年代に入ってか

ら中国において反自由化や計画経済の回復を主張する勢力が台頭した．1992年に鄧小平はそれを抑えるために，武漢・深圳・上海など改革が進んでいた南の主要な地域を視察した際に，中国での改革開放路線を100年も堅持し，全面的に市場経済化することを公式に宣言した．このような鄧小平の「南巡講話」は，1992年3月の中国共産党の正式文書（2号文献）となり，それによって1992年10月の党の第14回全国大会で社会主義市場経済路線を確立させた．この南巡講話により事態は一変した．世の動きに敏感な幹部も国民も一挙に市場経済へと走り出したのである．

　鄧小平の「南巡講話」をバックに国務院は校弁企業の発展を促進する姿勢を明確にとり始めた．その目的は，校弁企業の発展によって迅速な技術移転・ハイテク産業の育成を促進するという政府の期待にあった．1993年および1996年の全国人民代表大会で，それぞれ「科学技術進歩法」，および「科学技術成果の転換促進法」が可決された．これらの法律の制定は，科学研究者の研究活動への奨励，知的所有権への保護を通じて大学から企業への技術移転，大学などの研究機関の研究成果の産業化を大いに促進した．こうした一連の政府の政策によって大学は以前と比べてより活発に校弁企業の設立・経営に乗り出した．教育部科技発展中心の統計報告によると，全国の校弁企業の売上高は，1992年の29億元であったが，1997年に296億元に増大し，さらに1999年に379億元にまで伸びた．また，1999年に全国の校弁企業の数は5,444社にのぼった．

　このような校弁企業の急成長の背景には，所得税の免除など税制上の優遇政策による効果があったと考えられる．1994年3月に財政部・国家税務総局が発布した『財政部・国家税務総局の企業所得税若干優遇政策の通達』は，校弁企業の所得に対してしばらくの間所得税を徴収しないと税制優遇政策を明確にした．また，1994年7月に国家税務総局は『国家税務総局の校弁企業に対する流転税徴収の通達』を発布した．流転税は主に付加価値税，消費税，営業税を指す．その通達で具体的に校弁企業に対する免税の内容や範囲を決めた．主要な内容は次の3点である．第一に，学校の教育や研究のため

に校弁企業によって作られた製品に対して付加価値税を徴収しない．第二に，学校の教育や研究のために校弁企業によって提供されたサービス（飲食や娯楽を除く）に対して営業税を徴収しない．第三に，学校の教育や研究のためではないものを免税の対象としない．この一連の税制優遇政策によって，全国的に校弁企業の設立・経営は盛んになり，大学の教育研究経費不足問題が緩和された．例えば，上海同済大学の傘下の校弁企業は1990年代前半に毎年大学に1,000万元，1990年代後半に毎年大学に2,000万元以上を還元した．この校弁企業からの還元金は教育や研究のみならず，教職員の賞与や大学の福祉設備の改善にも使われた．税制優遇は校弁企業の特権とみなされている．中国では校弁企業の関係者の中ではその特権が1990年代の校弁企業の発展を促進する役割を大いに果たしたことは一般の認識となっている（許凱 2004）．

　1994年7月に「会社法」の公布によって企業法人をめぐる法的な環境が整い始めたが，校弁企業の所有権に関しては，国有資産を管理する法制度が未整備であるため不明瞭な点が多い．9割近くの大学の校弁企業は大学の全額出資（国有独資）によって創立されたものであるが，大学の所有する財産の管理および校弁企業の経営体制が曖昧であった．1990年代後半に北京大学，清華大学など代表的な大学は零細の校弁企業に対して閉鎖や合併による経営資源の集中管理を行い，同時に「会社法」に基づいて校弁企業に対して「規範管理」による改革を始めた．しかし，それら以外の大学の校弁企業に対する改革は遅れていた[2]．

　他方，北京大学，清華大学など代表的な大学では1990年代前半に，現在全国で展開されている研究成果の産業化や科学技術型企業の育成を目的とする大学サイエンス・パークが芽生えた．例えば現在の北大科技園の前身である北大科学園は1992年に北大資源集団によって作られたものであり，1999年に国家科学技術部および教育部によって試験的国家サイエンス・パークと指定された．1993年に清華大学の科学園を建設する構想も教育部および北京市によって許可され，1994年に現在の清華科技園の前身である清華科技園発展セ

ンターが創立され，1999年に北京市中関村科技園区の一員とされ，政府から特別な優遇政策を受け始めた．しかし，大学サイエンス・パークに対する規範的管理や国家による正式の認定は2000年以後のことである．

(4) 校弁企業の体制転換および国家級の大学サイエンス・パークの誕生

第四期は2000年から現在までである．2000年以後，校弁企業の所有関係や人事関係の混乱，校弁企業の無責任経営問題が目立つようになり，それらに関する議論が盛んになった．大学の校弁企業に関するさまざまな議論において，大学が企業を直接に経営することが本当に適切かが中心的な問題となっていた．それに対して中央政府は本格的に重視し始めた．

最初にこの問題を提起したのは中国杭州の浙江大学の学長潘雲鶴[3)]教授である．2001年7月23日付の『経済観察報』[4)]の王鋭記者の記事によると，浙江大学の200社以上の校弁企業のうち，ほとんどは大学の全額出資で創立されたものであり，それらの校弁企業の董事長（代表取締役）を兼任している潘雲鶴教授は，校弁企業の債務問題に巻き込まれ，裁判所に呼ばれたこともある．そもそも学内の行政でとても忙しいうえに校弁企業の経営やトラブルの処理に余計に時間が取られている．そのため，潘雲鶴教授が大学の出資で企業を創ることを危惧し，反対し始めたのであろうと推測された．

中国の校弁企業の中に，北大方正，清華紫光，交大昂立，復旦復華というような経営業績が良好なものは確かにあるが，多くは赤字経営である．ある大学の校弁企業の経理（社長）を兼任している大学教員の話によると，校弁企業の経営者の考え方が基本的に民間企業の経営者のそれと異なっており，校弁企業には国有企業と同じように無責任な経営問題が存在している．例えば，夏休み中，上述した王鋭記者が浙大企業集団有限会社に取材に行ったとき，いくつかの部署のオフィスのドアに鍵がかかっており，理由を聞くと，そこの職員が「いまは夏休みなので，責任者は皆いないんだ！」と答えた．大学関係者によると，夏休みを取るという慣行が多くの校弁企業，特にキャンパス内の校弁企業に普遍的に存在している．キャンパス内の多くのビルに

分散している校弁企業は大学の勤務時間表と同様に運営されている．なぜなら，校弁企業の従業員もほかの教員と同様に教員の身分で大学の人事課から給料が支払われており，ほかの教員が夏休みを取るなら，校弁企業の従業員も夏休みを取るのが当然であると考えているからである．

校弁企業の経営上の共通の問題は以下の4点にまとめられる．

① 大学資産に対する管理の混乱である．全国では88％の校弁企業は大学が全額出資して創立されたものである（表7を参照）．しかし，大学資産の運用にあたって大学が校弁企業の経営者と請負契約を交わした際に，経営者としての教員のほとんどは担保資本を出していないか，また出したとしても大学が出資した資本のわずか一部分に過ぎない．経営が失敗した際に経営者は学内の行政的処罰か，または名誉の損失だけを受けるにとどまり，それによる経済的損失は最終的に学校法人に帰してしまう．このような大学資産の管理に対する無責任な問題は普遍的に存在している（王鋭 2001）．

表7　校弁企業の所有構造（2000年度）

分　　類	企業数（％）
大学の完全所有	4,793（88）
国内企業との共同出資	556（10）
外国企業との共同出資	102（2）
合　　計	5,451

注：単位：億元．
出所：教育部科技発展中心『2001年度校弁企業統計報告』．

② 一部の校弁企業の所有関係の混乱である．それらの企業においては学内の教職員の個人出資，地方政府や国内民間企業の出資，または銀行の借入によって創立されたものが混在している．名目上，大学の教員はそれらの校弁企業の社長となっているが，校弁企業と正式な請負契約を交わさなかったため，誰がそれらの校弁企業の法人代表であるかは明確にされていない．しかし，大学の名義で創立されたことから，実際に大学はその法律上の責任をとり，経営リスクを抱えている．

③　人事関係における混乱の問題である．校弁企業の多くの経営者や従業員の多くは大学の教員を務めながら，校弁企業を経営している．校弁企業が儲かっても損をしても大学の人事課からの給料には変わりがない．したがって校弁企業の経営者も従業員も努力するインセンティブを持っていない．

④　国有企業と同様に政企（行政と企業経営）が分離していない問題である．校弁企業は学校からの行政関与を受けているので，現代企業として運営されていない．

このような校弁企業の経営問題について，2001年年末に中央政府は真剣に対応し始め，工商総局，教育部，科学技術部，人事部などの関係部門の意見を踏まえて校弁企業の経営体制に対する改革を決めた．ただし，校弁企業が中国に独特なものであり，他国にならうところがないので，中央政府は慎重な改革の姿勢から，まず中国の代表的な大学である北京大学および清華大学を試験的な改革の対象と指定した．2001年11月に中国国務院は『北京大学・清華大学に対する校弁企業の経営を規範化する指導意見』（以下，『指導意見』）を発布した．『指導意見』は大学の研究成果の産業化や教育経費不足への補塡における校弁企業の貢献を評価したと同時に，上述した経営問題も指摘した．

『指導意見』の主な内容は3点である．

①　大学と企業の分離

　国有資産管理会社の設立によって，校弁企業を一括管理し，大学の他の部署が企業を直接経営することを禁止する．『会社法』に沿って所有関係を整理し，経営責任を明確化する．大学教職員（学長を含む）の校弁企業での兼任を禁止する．また，国有資産管理会社以外の校弁企業は原則として大学名を使用してはならない．

②　大学の国有資産管理会社の経営範囲

　主要な経営範囲は科学技術の研究成果の産業化やハイテク企業のインキュベーションであり，各大学の研究成果に関連しない企業への投資・経

営を禁止する．

③　優遇税制

　　国有資産管理会社の配当や株式の売却などによる収益において，大学の教育や研究のために大学へ還元した部分のみに対して免税する．

　北京大学・清華大学は『指導意見』を受けて校弁企業の資産評価，科学技術型でない校弁企業への撤退・合併による整理を行った．また，持株有限会社を設立し校弁企業の管理を統一すると同時に，持株有限会社の経営陣を専任化する措置を取った．大学も持株有限会社の株主総会に校弁企業が大学名を使用しないことを提案した．

　こうした一連の改革によって，両者の校弁企業の所有関係や人事関係は明確になり，それぞれの規模はスリムになった．北京大学，清華大学はそれぞれ校弁企業の「三階管理モデル」を創った．第一階は校弁企業に投入した大学資産を管理する大学の国有資産事務所，第二階は校弁企業を管理する持株有限会社，第三階は校弁企業となっている．現在，清華大学の場合，設立された清華持株有限会社は6社の校弁企業を管理し，北京大学の北大方正持株有限会社も6社の校弁企業を管理している．それぞれの持株有限会社は大学本部との資本関係のみが残っているが，大学側からの行政的関与を受けなくなった．このような「三階管理モデル」によって，大学と校弁企業の間で防火壁が立てられた．校弁企業の経営が順調である場合には，大学は所有株式による配当などの収益を得られるが，校弁企業の経営が不振となった場合には大学が被った損失を最小にとどめることができる．このような校弁企業の管理システムの形成から，清華大学陳希書記は校有企業の概念を提出した．つまり，国有企業と同様に，校有企業と大学の間では資本的・技術的紐帯のみが残っており，企業経営に対する大学の行政関与がもはやできなくなったということである．

　北京大学，清華大学の改革の波は南の上海にも波及した．上海交通大学は比較的早い段階で校弁企業の直接経営から手を引いた．例えば，その傘下の有名な校弁企業交大昂立株式会社は2002年に大学から独立した．大学は所有

した交大昂立の株式の大半を上場した交大南洋株式会社に譲渡し，交大昂立の発行済み株式における大学の持株比率はわずか1％となった．

　上海同済大学は校弁企業の株式を所有せず，校弁企業を市場の主体として自己責任で経営させる方針をとっている．大学は以前の200以上の校弁企業について統一的に資産評価を行い，閉鎖，操業停止，合併，売却などの措置を通じて100社以上を処分した．残りの校弁企業を単なる民間企業として手放した．

　上海復旦大学は大学と校弁企業との関係を明確化するために「産業化事務所」を設立し，2000年からすでに校弁企業に対して現代企業制度に沿って改革し始めた．大学の研究成果の産業化を担当する楊玉良副学長は『外灘画報』の記者に対して大学の重点は企業経営ではなく科学研究および教育に置くべきという観点を主張し，また大学がただ無形資産（研究成果）および技術のみを校弁企業に投入し，各校弁企業の株式において占めるシェアが高くてもせいぜい10％に過ぎないという復旦大学とその校弁企業との関係を表明した．したがって大学に及ぼす校弁企業の経営リスクは大きくない（許凱 2004）．

　他方，1995年5月の全国科学技術会議では江沢民は正式に「科教興国」戦略を提起した．1999年8月の全国技術創造会議では江沢民は「科教興国」戦略を実現するための科学技術の進歩，ハイテク産業化の重要性を強調した．アメリカやイギリスなどの先進国の国際競争力が強い背景には，大学を中心とするサイエンス・パークは重要な役割を果たしているとみなされている．アメリカのシリコンバレーおよびイギリスのケンブリッジの大学街はそのサイエンス・パークにあたる[5]．

　2000年以降，国家科学技術部および教育部は，国家の「科教興国」戦略を実現するために，英米などの先進国の経験を踏まえて，大学サイエンス・パークの重要性を再認識し，国家級の大学サイエンス・パークの認定を始めた．中国の大学サイエンス・パークの建設は，大学の科学技術の研究成果，特にハイテク分野の研究成果の産業化，技術移転などの促進，科学技術型企

業およびその経営者のインキュベーションがその主要な狙いである．国家級の大学サイエンス・パークと認定されるなら，中央政府のみならず，また地方政府からも特別な予算，税制や融資の面での優遇政策を受けることができる．2001年5月に北大，清華，復旦，上海交大など15ヶ所の大学サイエンス・パークに「国家大学科技園」との称号を与えられた．その中で，北大サイエンス・パークは10万平米の利用面積を持ち，その規模が最も大きい．そこでインキュベーションを受けている企業の産業分野は，電子情報，バイオ，製薬，光学・機械・電気の一体化，ニューエネルギー・環境科学などに及んでいる．現在，そこのインキュベーションを受けた企業は400社近くにのぼっている．清華サイエンス・パークの中の創業園は8,800平米の利用面積を持ち北京大学のそれに次いで2位になる．現在，そこでインキュベーションされている科学技術型企業は33社，それらの創立者の大半は清華大学のOBや在学中の学生である．すでに6社がそこのインキュベーションを終えた．

3．中国の産学連携・校弁企業への評価

この節では，まず，入手できるデータから産学連携・校弁企業が教育経費の補塡や技術移転において果たした役割をみる．次に，中国国内のマスコミの報道や校弁企業の経営者の議論から大学による校弁企業の経営に伴う問題点を指摘する．

(1) 産学連携および校弁企業の貢献

表8では「政府」は政府の教育予算，「企業」は研究成果の企業への有償譲渡や民間企業の委託研究に伴う収入および校弁企業からの配当などの収入の合計，「その他」は華僑や国内・外国の企業家からの寄付金を示している．まず，国家教育部に所属している重点大学は地方政府に所属している地

表8　大学の研究費の財源の分布（2002）

大学のタイプ	大学数	政府（％）	企業（％）	その他（％）
国家教育部	27	48	44	8
地方政府	58	54	37	9
その他	612	64	30	6
総　合	72	55	37	8
理工系	227	45	47	8
農林系	46	82	11	7
医薬系	91	76	11	13
師範大学	189	68	20	12
その他	72	57	26	17

出所：国家教育部科技司編『2003年高等学校科技統計資料集』．

方大学と比べると，「企業」からの研究費のシェアが高い．これは国家教育部重点大学の科学技術の研究成果が比較的多いことや校弁企業の収益が比較的よいことを示唆していると考えられる．次に，理工系の大学は総合大学またはそれ以外の大学と比べて「企業」からの研究費のシェアが高い．これは理工系大学においては産業に直接に関連する研究成果および科学技術型の校弁企業が多いことに関係しているであろう．

　表9は中国の四つのトップの大学の研究費の財源を示している．そこでは総合大学としての北京大学・復旦大学は理工系の清華大学・上海交通大学と比べて政府からの研究費が端的に少なかった．これは教育予算を経済成長やハイテク産業の育成に直接に関連している中国のトップ理工系大学の研究に傾斜する政府の政策によるものであろうと考えられる．他方，表9では表8と同様に，企業からの研究費においても理工系大学のほうが多かった．

表9　主要大学の研究費の財源（2002，単位：億元）

大学名	政府	企業	その他
北京大学	3.18	0.11	0.25
清華大学	3.66	4.03	1.31
復旦大学	1.88	0.74	0.09
上海交通大学	3.89	2.28	0.75

出所：表8に同じ．

表8と表9を合わせてみると，大学の研究費の財源においては企業の委託研究や校弁企業の経営によって稼いだ研究費のシェアが確かに大きかった．特に理工系の大学においてはそのシェアは政府予算をも上回った．したがって産学連携や校弁企業の経営は大学の研究費不足問題の解決に大きな貢献をしたといえるであろう．

表10は2001年に中国の国家ハイテク産業開発区に進出していた校弁企業の状況を示している．全体的に国家ハイテク産業開発区においては，企業数では校弁企業はわずか11％のシェアを占めていたが，総収入と利潤では校弁企業はそれぞれ54％，42％のシェアを占めていて，他の企業と比べてはるかに高かったことがわかる．

その中で特に清華大学の校弁企業の業績は優れていた．清華科技開発会社は1991年，1992年と2年連続して北京市のハイテク産業開発試験区によって「優秀ハイテク企業」と表彰された．1997年に上海証券取引所に上場した清華同方は株式市場で募集した3,000万元の資金を大型コンテナー・チェック・システムの開発に投入し，そしてその開発を行う同方威視子会社を創立した．1999年に同方威視は中国ではじめてとなるそのシステムの開発に成功し，またそのシステムは天津東港税関によって採用された．現在，同方威視はすでにそのシステムを世界の各国に104セット販売し，売上高で世界一となっている．2000年6月に清華大学宇航技術センターは「航天清華一号」というミニ衛星の打ち上げに成功し，世界各地の数百枚の価値あるリモートセ

表10　国家ハイテク産業開発区への進出（単位：億元）

分　類	企業数(%)	総収入(%)	利潤(%)	大学への還元(%)
校弁企業	560(11)	324.8(54)	20.0(42)	3.3(18)
その他	4479(89)	278.2(46)	28.1(58)	15.0(82)

注：全国575校の5039社校弁企業を対象にした統計．
出所：表7に同じ．

ンシング写真を送ってきた．「航天清華一号」というミニ衛星はわずか50キロで，環境，資源，地理，気象などの分野で広く使用され，小さく安いというメリットを持っている．2000年7月に中国航天科工集団会社は清華大学と提携して航天清華衛星技術有限会社を創立し，「航天清華一号」よりも小さく機能がよいミニ衛星の開発を行ってきた．2002年11月清華大学維信諾会社は中国で初代のフルカラーの有機発光ダイオード（OLED[6]）ディスプレイの開発に成功した（宋軍・王涛2005）．したがって他の企業と比べて校弁企業，特に清華大学の校弁企業が中国のハイテク産業の発展により大きな貢献をしたといえるであろう．

(2) 大学による校弁企業の経営における問題点

中国では師範系の大学は主に高校の教員（理系，文系，および芸術や体育などを含む）を育てる教育機関である．また普通の総合大学と同様に，そこの大学院や研究所において教育研究や他の分野の基礎研究も行われている．しかし，表11では政府の予算から取得した師範系の大学の研究費は他のタイプの大学，特に総合大学と比べて少なかったことが明らかになっている．

中国では大学による校弁企業の経営は大学の経費不足問題の解決に役立ったことが確かであるが，それと同時に，大学の教員の校弁企業の兼職や短期的に商品化しやすい応用分野の研究が優先されることから，大学の教育や基

表11 大学のタイプ別の研究費に対する政府予算の配分

大学のタイプ	学校数	政府予算（千元）	対政府予算比（％）	一校当たり政府予算（千元）
総合大学	72	2,970,634	26	41,258.81
理工系	227	5,928,199	52	26,115.41
農林系	46	941,006	8.0	20,456.65
医薬系	91	880,035	8.0	9,670.71
師範系	189	624,730	5.0	3,305.45
その他	72	100,274	1.0	1,392.69
合計	697	11,444,878	100	

出所：『2003年高等学校科技統計資料編』．

礎研究がおろそかにされる問題が現れた．亜洲時報の陳穎慈記者はフィールズ賞受賞者・ハーバード大学の丘成桐教授にインタビューしたときに，次のような中国の大学の教員に関するエピソードを聞いた．中国のある名門大学の代表および数人の中国の官僚はハーバード大学を訪問した際に丘成桐教授にハーバード大学が儲かる方法を尋ねた．丘成桐教授が教育でお金を儲けてはいけないと答えたので，彼らはがっかりした．現在の中国大学の状況について丘成桐教授は中国では文化大革命によって優秀な伝統文化が破壊され，中国の大学が金儲けばかりを考えており，政府も大学も長期的に中国の産業発展に重要な基礎研究をおろそかにした結果，基礎研究における予算が少な過ぎたと厳しく批判した（陳穎慈2005）．

　2004年3月に筆者は中央大学の数人の教員とともに中国の上海および南京の大学校弁企業を調査に行った．われわれと会見した上海交通大学科技園有限会社の銭振英社長，および南京富士通南大ソフト技術有限会社の潘金貴副社長の両者とも大学の教授を務めている．毎日企業の経営や企業の来客の接待に多くの時間を取られているので，学生の指導や自分の研究にどれぐらいの時間を配分することができるかと尋ねると，彼らは何とかしているというだけで，明確に答えてくれなかった．前述した浙江大学学長潘雲鶴教授も多くの校弁企業の代表取締役を兼任しており，行政業務にも時間がかなり取られているので，学生の指導には時間が十分に割り当てられるかが疑問になるであろう．このような状況から，丘成桐教授が指摘した中国の大学の教授は平日自分の指導している学生とめったに会わないことが想像できるであろう．

　また，理工系の大学においては実験室が校弁企業のオフィスとして兼用されていることが多く，直接に大学の教育や研究に支障をもたらしていることが，時々新聞などのメディアに批判された．このほかに，清華大学企業集団，清華紫光集団，清華科技園発展中心の三大校弁企業は他に清華大学が出資した無限責任会社であり，そのような校弁企業は他の大学においても多く見られている．このような大学が出資する無限責任会社の経営リスクは，大

学の教育システムに直接に悪い影響を及ぼしていることも指摘された（宋軍・王涛2005）．

おわりに

　1970年代末までに中国の大学，特に理工系の大学には労働や実習用の校弁工場があった．1980年代初期に鄧小平を代表とする中央指導部は，大学の経費不足の補塡や大学から企業への技術移転の促進というような目的から，大学の校弁工場から営利的な校弁企業への転換を許した．しかし，1980年代後半に校弁企業の経営において財務や人事管理の面で混乱の現象が現れ，大学が企業を直接経営することが適切かどうかという議論があったが，中央政府は教育予算不足を補塡し，ハイテク産業の育成を促進しうると考えて校弁企業の経営体制に対する改革を重視しなかった．

　6・4天安門事件が収まった1990年代の初期に，鄧小平の「南巡講話」によって中央政府」は校弁企業の発展を促進する姿勢を明確にした．また，「科学技術進歩法」，および「科学技術成果の転換促進法」の制定，校弁企業に対する所得税などの免除などの税制優遇という一連の政府の奨励政策によって大学はより活発に校弁企業の設立・経営に乗り出し，1990年代後半には校弁企業の数は急増した．それと同時に，北京大学，清華大学など代表的な大学は零細な校弁企業に対して閉鎖や合併による経営資源の集中管理を行い，「会社法」に基づいて校弁企業に対して「規範管理」による改革を始めたが，それら以外の大学の校弁企業に対する改革は遅れていた．他方，1990年代前半に大学サイエンス・パークはすでに芽生えた．例えば，北大科学園や清華科技園発展センターは創立されたが，それらはただ試験的なものであった．

　2000年以降，校弁企業の所有関係や人事関係の混乱，無責任経営問題が目立つようになったため，中央政府は校弁企業に対する本格的改革の姿勢をと

り始めた．2001年11月に中国国務院は北京大学・清華大学を試験的な改革の対象として『北京大学・清華大学に対する校弁企業の経営を規範化する指導意見』を出した．その『指導意見』は主に大学を企業経営から分離させ，校弁企業の経営範囲を大学の研究成果の産業化，ハイテク企業のインキュベーションなどに絞り，税制優遇の対象を校弁企業からの収益のうちの大学の教育や研究に使われた部分に限定するというものである．北京大学・清華大学はその『指導意見』に基づいて，科学技術型でない企業に対して撤退・合併による整理を行ったと同時に，国有資産事務所，持株有限会社，校弁企業という三階管理モデルを作り，大学と校弁企業の間で防火壁を立てた．他方，中央政府は，「科教興国」戦略を実現するために，大学のサイエンス・パークの重要性を認識し，2001年に15ヶ所の大学サイエンス・パークを国家級の大学サイエンス・パークと認定した．

　20年以上の中国の大学の校弁企業の発展の軌跡を溯ってみると，校弁企業は，教育予算不足の補塡，大学の研究成果の産業化，ハイテク産業の育成などには大きな貢献をしたことは確かであるが，大学による校弁企業の直接経営がもたらした大学の教育や研究への支障，基礎研究の軽視，拝金主義の氾濫などの問題点もあった．いままでの経験を踏まえて，今後中国政府は，大学を校弁企業の経営から分離させるだけでなく，校弁企業に対する資本保有のシェアをより低く限定する一方，研究成果の産業化やハイテク産業の育成を目的とする大学のサイエンス・パークの建設をより重視するであろうと思われる．

1) 詳細は沈（2002）を参照．
2) 角南（2003）および宋軍・王涛（2005）を参照．
3) 浙江大学潘学長は中国工程院院士である．中国のアカデミー会員は「院士」と呼ばれ，中国科学院院士（基礎研究）と中国工程院院士（応用技術研究）の二種類に分けられる．双方のアカデミー会員を兼任する科学者が「両院院士」と呼ばれる．院士は終身制であるが，満80歳になると「資深院士」（名誉アカデミー会員）の称号を与えられ，第一線を退く．このほかに外国人科学者に与えられる「外籍院士」もある．「両院院士」は，中国の科学者にとって最高の名誉である

だけに，毎年行う補選は学会の注目度が高く，競争も年々激しくなっている．
4) 中国語の「報」は日本語の新聞にあたる．
5) 曹斌・侯天偉・尹余生（2005）を参照．
6) OLED（Organic Light-Emitting Diode，日本語：有機発光ダイオード）は1979年に華人科学者鄧青雲博士によって発見されたものである．OLED ディスプレイは LCD（液晶ディスプレイ）と比べて自己発光するため，バックライトが不要で非常に薄く作ることができ，また柔軟である．よって巻き取り可能なディスプレイなども開発可能といわれる．1987年にアメリカの Kodak 会社の研究実験室の研究員として鄧青雲博士は陳金鑫・石建民との2人の華人科学者との共同研究を通じてその実用化の開発に成功した（艾琳（2003）および「鄧青雲博士簡介」『OLED 中国』http://wwww.olight.com.cn を参照）．

参 考 文 献

艾琳（2003）「OLED 産業発展剖析」『電子資訊時報』2003年5月13日．

陳穎慈（2005）「華人数学大師丘成桐 一語点破中国学術死穴」亜洲時報2005年6月6日．

沈　才彬（2002）「日本より先を行く中国の産学連携」鮫島敬治編『中国の世紀 日本の戦略』日本経済新聞社，127-149頁．

栄　泳霖（2003）「在清華控股有限公司成立大会上的講話」．

許凱（2004）「上海高校企業走向何方」『経済学家』2004年2月11日 http://www.jjxj.com.cn.

王鋭（2001）「浙大放暑假海納想単飛」『経済観察報』2001年7月23日．

辛承偉（2004）「改革校企産権制度勢在必行」『中国高校科技与産業化』2004年第8号，48-49頁．

宋軍・王涛（2005）「高校産学互動的実践」『中国高校科技与産業化』2005年第4号，24-26頁．

曹斌・侯天偉・尹余生（2005）「大学科技園発展戦略研究」『廣東科技網』2005年6月10日．

角南　篤（2003）「中国の産学研「合作」と大学企業（校弁企業）」RIETI Discussion Paper Series 04-J-026．

中国教育部　http://www.moe.edu.cn/
中国教育部科技発展中心　http://www.cutech.edu.cn/
中国情報局　http://searchina.ne.jp/business/004.html
中国高校網　http://www.china-school.net

第5章

中国企業における流通側面の構造的変化とその課題

陳　海　権

はじめに

　近年，中国は世界の工場としてだけではなく，消費市場としての魅力が急速に高まっている．中国市場の魅力といえば，他には類を見ない市場規模の大きさであろうが，13億人というマーケットはまた，これまで誰もが経験しなかった壮大なマーケットである．こうした巨大市場を背景に，中国はいま急激な変貌を遂げている．

　その中で，中国企業は，政府によるさまざまな制度変更，社会経済の内的成長，外資の活発な流入などに活発に対応しながら，非常にダイナミックな展開を見せている．特に，2001年の世界貿易機構（WTO）への加盟以降，段階的に外資参入規制の緩和と市場の開放が進み，法律や会計制度などの変更もめまぐるしい昨今，中国でのビジネスを成功へと導くためには，地盤となる「流通戦略」を固めることが必須と思われる．ちなみに，メーカーとしても，チェーンストア経営を軸にした大型流通企業が急成長している中，より綿密なチャネル政策を策定することが不可欠になると思われる．

　実際上，1990年代後半，中国の家電メーカーは，チャネル政策の革新などを通して，外資メーカーとの激しい競争の中で勝利を勝ち取った．例えば，

携帯電話について，1999年以前，中国本土メーカーの市場シェアはわずか1％前後に過ぎなかった．2003年になると，そのシェアは50％にまで拡大した[1]．その理由は，多くの中国家電メーカーが地方都市の目標顧客市場を定め，中国人好みのデザイン，低価格の設定，伝統家電チャネルの利用といったイノベーションを展開し，外資企業との激しい競争の中で勝利を収めたためと思われる．

他方，近年，中国における物流合理化に大きな関心が寄せられ，多くの中国大手メーカーにも在庫管理の徹底と物流改革により物流コストを削減する積極的な動きが見られるようになった．例えば，家電大手のハイアール・グループが2001年3月に「ハイアール国際物流センター」をスタートさせた．同センターを核に国内42ヵ所に設置した配送センターにより主要都市については48時間で配送する．そして，調達物流と大手小売企業との契約と受発注・商品の情報をネット上で処理するなどの物流情報システムを構築している[2]．

本章では，中国企業の変貌を促した原動力の1つである「流通戦略」について，流通システムの変容と物流改革の視点から具体的な事例を挙げながら中国企業急成長のダイナミクスを明らかにする．以下はまず，マクロ的な視点から中国における流通システムの構造的変化とその背景を論じることにしよう．

1．中国型流通システムの構造的変化とその背景
——家電チャネルの変革を中心に

(1) 流通システムの特質とその変化の本質

周知のように，すべての商品は，流通を経由して生産から消費に至る．流通システムはこの商品流通の仕組みであるが，流通チャネルはその具体的あらわれである．流通システムは流通する商品，流通活動およびその担当者

と，これらをシステムに編成する調整機構から構成されている．流通システムがうまく動かないと，市場経済は円滑に機能しない．その意味において，流通システムは市場経済の命運を握っているといえよう．

しかし，一国の流通システムには，その国の歴史的，社会的に規定された固有の構造があり，それは時間軸にしたがい変化する．ちなみに，田村（2001）によると，流通システムは，生産，消費，そして流通技術の動向と極めて密接な相互作用関係にある．この相互作用の中から，流通の動態的発展が生まれる．流通商品が質量ともに変わり，流通活動の遂行様式が変わり，流通担当者の性格が変わる．さらに，商品，活動，担当者を調整し，流通システム全体へと編成する調整機構そのものが変わる．

つまり，流通システムを構成する消費者，小売，卸売，生産者が相互に関連性を持つということであり，その中で1つのサブシステムの変化が他のサブシステムの変化を引き起こす，あるいは取引関係に変化をもたらすのである．他方，嶋口（1984）によると，一般に，流通システムの変化を取り巻く4つの環境特性，つまり，流通システムの自体の内的特性，供給サイドの特性，消費者サイド上の特性が考えられる．

このように，流通システムの発展は，経済発展に伴う商品特性，市場範囲，技術などの流通課業条件の変化との相互作用の中から生まれる．しかしこの相互作用様式は，流通システムの複合市場性を構成する単純市場の異質性を反映して多様である．ここから流通システムのもう1つの基本的性質が生まれる．それは構成市場間での経済発展の不均等性を反映して，流通システムの発展が重層的に行われるということである．重層的発展とは，生業的な零細小売商と近代的なチェーンストアの並存のように，古い発展地層の一部を残しながら，新しい発展がその上に部分的に積み重なるということである．ある一時点の流通システムを見ると，過去の物語と現在の物語が常に同居している．つまり，重層的発展は，複合市場性の動態的表現に他ならない[3]．

(2) 家電流通チャネルの歴史的変遷とその背景

1978年まで，中国における流通システムは計画経済を支える硬直的な配給システムであった[4]．1979年以降は，計画経済という「鳥かご」の中で，市場メカニズムを利用する流通システム改革がさまざまな形で模索された．1980年代，流通システム改革は，開放と引き締めが繰り返される中で進められた．1992年に「社会主義市場経済」が公式に認められてから，流通分野への外資導入，国有商業の改革，チェーンストア経営の推進など政策が矢継ぎ早に実施された．

過去の十数年間，中国の流通システムは世界の歴史にも例のないほどの実にダイナミックな変化を遂げてきた．その中で，特に目立ったのは，家電製品チャネルの変革である．中国における家電製品チャネルの変革は主に次の4段階に分けることができる．

第1段階は，独占的な家電流通チャネルの時代（1980年代後半まで）．この時期において，中国の家電市場は「売方市場」市場であり，製品が供給不足な状態にあった．多くの家電メーカーは，流通の仕事に参加しておらず，主に技術革新，生産の再拡大などに専念していた．そして，製品の販売チャネルは各地の卸売企業（供銷社），百貨商店，五金商店および少数の家電商店である．ちなみに，李穎生・林三卓（2005）によると，当時の国営五金商店，百貨商店の販売シェアが80%～90%もあった．しかし，製品が供給不足の中で，メーカーと卸売企業ならびに小売商も強い市場意識がなかったが，チャネルメンバーではそれぞれ利益を獲得する空間が存在しているためチャネル衝突はあまり発生しなかった．

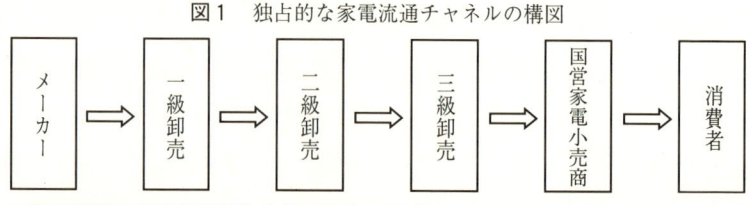

図1 独占的な家電流通チャネルの構図

メーカー ⇒ 一級卸売 ⇒ 二級卸売 ⇒ 三級卸売 ⇒ 国営家電小売商 ⇒ 消費者

注：李穎生　林三卓（2005）などに基づいて作成．

第2段階は，チャネルの多元化と大型卸売企業（あるいは大型専門代理商）の出現（1980年代後半から90年代前半）である．改革開放および市場経済改革の深化につれて，そして家電技術の進歩などによって，一定規模ある程度の実力の家電メーカーが生まれた．これらの企業は，企業規模および市場シェアを拡大するために，従来の販売チャネルに依存するだけではなく，より柔軟な販売チャネルを構築するようになった．その中で，一部の家電メーカーは，自分の製品が全国市場に出回るように，販売能力が強い卸売企業また大型専門代理商を選別するようになった．この時期において，家電メーカーと販売力の強い卸売企業との利害衝突も見られるようになった．それは，販売力の強い大型専門代理商が流通チャネルの中で比較的重要な地位にあることを示し，特に家電メーカーとの価格交渉においてより主導的な立場に立ったのである．

図2　大型代理商が主導する家電流通チャネルの構図

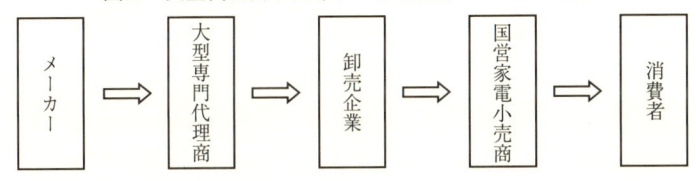

メーカー ⇒ 大型専門代理商 ⇒ 卸売企業 ⇒ 国営家電小売商 ⇒ 消費者

注：張燁（2004）などに基づいて作成．

　第3段階は，家電メーカーによる直営販売チャネルを構築する時期である（主に1990年代半ばから90年代後半）．1994年ごろから，家電の消費市場では，これまでの「売り市場」から「買い市場」に変わるようになり，より強い企業力を持つ一部の有力家電メーカーは，激しい競争に勝ち残るため，自ら家電製品を販売するネットワークを構築するようになった．それは，小売の末端を建設することによって，生産，流通，販売を一体化とする家電流通チャネルを構築することであった．メーカーにとって，こうした系列化的なやり方が，販売規模，末端価格のコントロールを容易にし，やがて市場の把握にも有効になった[5]．他方，メーカーがこうした流通チャネルの構築を可能にした背景は，中国家電消費市場の急速な拡大と中国本土家電企業の急成

長であるが，家電産業の生存および利潤空間が比較的に大きく，そのため，家電メーカーは，自らチャネルを構築するのにそれなりの能力を持っていたと推察することができる．

しかし，家電技術の拡散などにより，国内家電メーカーの生産規模と生産能力が絶えず拡大され，新製品を含む製品供給のスピードがより迅速になる一方で，製品の「同質化」が顕著になったため，メーカー間の競争がより一層激しくなった．激しい価格競争につれて，企業の利潤空間が縮小され，流通コストの向上が顕著になり，家電メーカーは「微利の時代」（低利潤の時代）に入ったのである．

図3　家電メーカーによる直営販売チャネルの構図

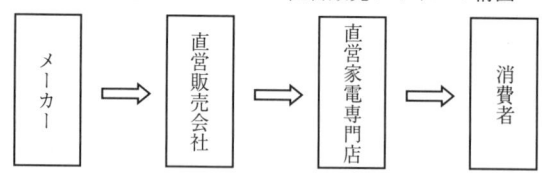

メーカー ⇒ 直営販売会社 ⇒ 直営家電専門店 ⇒ 消費者

注：ハイアール，TCLなど家電専門店の現地調査，李穎生・林三卓（2005）などにより作成．

こうした中で，家電流通システムは，第4段階に入り，家電専門店を経営する大規模家電専門チェーンが登場することであった．1990年代後半から，家電販売市場では，主に家電製品を販売する家電チェーンが脚光を浴びるようになった（表1，表2）．国美電器，蘇寧電器，永楽電器，三聯電器，大中電器などの大規模家電チェーン（大部分の民営資本）は，本部が一括仕入，一括販売を原則とするチェーンストア理論を導入し，規模経済の実現を通して，より低価格な販売を可能にし，チャネルの主導権を握るようになった．こうした経営主導権を握るようになったのは，チェーンストア経営を遂行したこと以外に，家電製品の多元化と中国消費者のニーズが多様化したことが大きな背景になっている．ちなみに，メーカーによる直営家電専門店の品揃えおよびブランドの集客力が限界になってきたと考えられる．

国営通信社である新華社の報道（2005年6月3日）によると，2000年から2004年までの5年間，主要家電チェーン（ランキングの7位までの企業）の

平均成長率は172%であった．表2は，家電チェーンが家電販売総額に占める比率の推移であるが，1998年の5％から2004年には38％に引き上げられている．そして，中国マーケティング伝播ネットワーク（http://www.emkt.com.cn）によると，一部の大都市では,80％以上の家電販売はこうした家電

表1　2004年中国主要家電チェーンの発展概況

企業名＼項目	2004年販売額（万元）	店舗数
国美電器	2,387,886	227
蘇寧電器	2,210,764	193
永楽電器	1,584,910	108
三聯電器	1,325,580	254
五星電器	937,890	120
大中電器	640,000	70
武漢工貿家電	200,000	16
ハルビン黒天鵝	150,000	13
長沙通程電器	150,000	9
鄭州八方電器	128,000	47

出所：中国チェーンストア協会のホームページ（2005年2月17日発表の公開資料）による．

表2　上位家電チェーンが全国家電販売総額に占める比率の推移

項目＼年	1998	1999	2000	2001	2003	2004
比例(%)	5%	9.20%	15.70%	23%	30%	38%

出所：漢彬州顧問公司の調査結果による（『中国経営報』，2005年1月17日）．

図4　家電チェーンが主導する流通チャネルの構図

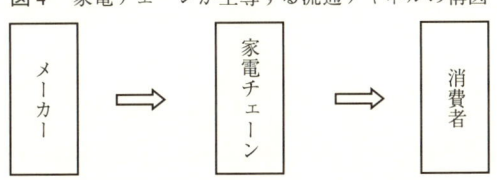

メーカー ⇒ 家電チェーン ⇒ 消費者

注：任興洲（2003），張燁（2004）などに基づいて作成．

チェーンを通して消費者に売られるという推測もある．実際上，近年，国美電器などの家電チェーンは新しい販売チャネル統合の中で価格手段をうまく用いて，メーカーの利益を少しずつそぎとり，かつて高値であった家電品と消費者との距離を縮め，家電製品を急速に大衆化させたのである．

(3) 中国における家電流通チャネル変革の特徴

　以上は，改革開放後中国家電チャネル変革の事例分析を通して中国型流通システムの歴史的変遷を明らかにした．そこからは次のような顕著な特徴を見出すことができる．

　第1に，家電小売末端の競争は多元化しているが，大型家電チェーンなど革新的存続業態の出現により流通チャネルの短縮傾向がより顕著になったことである．家電メーカーの製品の多元化，家電製品生命周期の短縮化，消費者ニーズの多様化など，外的環境が大きく変化する中で，従来の家電流通チャネルはもはや市場拡大ならびに競争優位の確立に限界が見えてきた．家電チェーンの出現は，ある程度それを緩和し，流通コストの削減を可能にしただけではなく，流通チャネルの重要な部分である販売後のサービスにも充実することができる．しかし，現時点において，家電チェーンによる独占的販売シェアまたは支配的販売ルートを確立していない．実際に，中国の家電流通システムは，百貨店のような古い小売末端と大型スーパーマーケット，大型家電チェーン，メーカーの家電専門店のような新しい小売末端が混在している（李穎生・林三卓，2005）．それは，前述した流通システム一般特徴の1つである重層的発展のあらわれであるといえるが，家電製品の小売末端の競争は多元化している．

　第2に，家電メーカーにとって，チャネルは戦術的なものから戦略的資源に変わったことである．製品が「同質化」する中で，製品そのものの競争が弱化される．そして，価格競争がある程度まで発展すれば必然的に価格大戦（価格競争）を引き起こす．その意味において，価格大戦（価格競争）は企業に長期的な利益をもたらすことができない．企業独自の核心技術などが欠

落する中で，流通チャネル，特に消費者と密接関係にある小売の末端が重要な戦略資源（競争に勝ち取るための重要な資源）になったのである．冒頭で触れた国内メーカーが，携帯電話分野において，短期間で50％近い市場シェアを獲得したのも，チャネル戦略を展開したことが主因の1つであったと考えられる．

第3に，新しい流通システムの形成は社会制度変革の一環であったことである．石井（1998）によると，流通システムにおけるイノベーションは，「誰かの発明や発見にとどまるものではない」．それはまた，一時の1つの出来事をもって完成するものではなく，システマティックな動きが不可欠であった．幾度の中国家電チャネルの変革も実にかなりの時間がかかり，そして，多くの関係者が参画し，さらに多くの内外環境要因が相互作用した結果，そのような形で展開されたことはそれを証明したのである．つまり，流通システムの変革は社会制度変革の一環として捉えることができる．

第4に，伝統的小売業が近代的流通システムに進化する中で，メーカーと大規模流通企業の間で激しい主導権争いが見られた．実際，家電チャネルの中で，こうした競争が日々新聞，雑誌の紙面に紹介される．多くの研究者もこうした話題に関心を寄せるようになった．節を改めて，こうした競合の視点から中国企業における流通側面の構造的変化のもう1つの側面を論じることにしよう．

2．大型流通企業の誕生と流通チャネルの衝突およびその課題

(1) 大型流通企業の誕生と流通チャンネルの衝突

1995年以降，中国流通領域の目立った特徴は，チェーンストア経営の発展と多様な小売業態の同時発生である．ちなみに，1994年以降，チェーンストア経営の推進が中国の流通改革の主要な点となり，1995年に国内貿易部が

『全国連鎖店経営発展計画』を公表し，35の都市でチェーンストア経営の実験を開始した．1999年末にチェーンストア企業が約1,800社，店舗総数が26,000店を超え，販売総額が1,500億元となり，約5％の市場シェアを占めるようになった[6]．また，主要都市では，新しい業態の発展も目覚しく，総合スーパー（GMS），コンビニエンスストア（CVS），大型専門店，ショッピングセンター（SC），ウェアハウスストア（WH），大型ホームセンター（HC），郊外型商業集積などの新業態が各地に次々と出現した．

他方，近年，所得の拡大などに伴い，社会消費品の売上高が堅調に拡大するなか，外資系流通企業と本土の流通企業の活躍が顕著になり，近代的な流通市場の整備が急ピッチで進んでいると同時に，中国国内にも大規模な近代的流通企業が誕生するようになった．

外資系の中で，例えば，フランスのカルフールは1995年に中国市場に参入

表3　2004年中国百強チェーンのトップ10の発展概況

	企業名	資本形態	主要業態	販売額（万元）	店舗数
1位	百聯（集団）	国有独資，持株	百/GMS/CVS/専	6,762,714	5,493
2位	北京国美電器	民営企業	家電専門店	2,387,886	227
3位	大連大商集団	国有独資，持株	食品スーパー／百／その他	2,308,492	120
4位	蘇寧電器	民営企業	家電専門店	2,210,764	193
5位	カルフール	中外合資／合作	HM	1,624,250	62
6位	北京華聯集団	国有独資，持株	食品スーパー／GMS/CVS	1,600,000	70
7位	上海永楽電器	民営企業	家電専門店	1,584,910	108
8位	蘇果超市	中外合資／合作	食品スーパー／GMS/CVS	1,388,000	1,345
9位	農工商超市	国有独資，持株	食品スーパー／GMS/CVS	1,370,300	1,232
10位	北京物美	民営企業	食品スーパー／GMS/CVS	1,327,674	608

出所：中国チェーンストア協会のホームページ（2005年2月17日発表の公開資料）により作成．

して以来，各地の主要都市に大型スーパーを展開し，2004年末時点で62店の店舗網を築き上げた．売上高も160億元を達成，中国の全流通チェーンのなかで5位に浮上した（表3）．同社は進出地域ごとに異なる合弁相手と提携し，地元の状況に柔軟に対応した店舗運営をする一方で，物流や調達の権限を統括会社に集約し，大量仕入を実現することによって規模の経済を追求する戦略をとっている．

　本土流通企業の中では，前節で分析した家電チェーンである国美電器，蘇寧電器，永楽電器（ともに民営企業である）がともに2004年度全国流通チェーンランキングトップ10位にランクされている．そして，2004年全国流通チェーンランキング一位にランクされている百聯集団（グループ）は，総店舗数が5,493店，売上が67億2,714万元に達する．百聯集団は，外資系流通企業と対抗できる本土流通企業グループを育成する一環として，2003年4月に国内最大手のスーパーを傘下に持つ上海友誼集団，国内2位の流通グループである華聯集団，百貨店・卸大手の上海一百集団，そして自動車販売など生産財流通大手の上海物資集団が経営統合し，総店舗数4,000店，総売上高約700億元（約1兆円）の巨大流通グループ「上海百聯集団」が誕生した[7]．グループでは，第一百貨，華聯商廈，華聯超市，友誼，聯華超市，物貿易センター，などの上場企業が揃えているが，業態では百貨店，GMS，食品スーパー，コンビニエンスストア，専門店などが含まれている．百聯の誕生から分かるように，これまで日本においても考えられないほど，わずか数年間の流通変革を経て1兆円の大規模流通企業が中国においても出現したのである．

　百聯集団だけはなく，中国におけるほかの流通チェーンの経営規模も急速に拡大している．表4から分かるように，2004年中国百強チェーントップ10の販売額の小計は百強チェーン販売額総計の45％以上を占め，平均店舗数は304店に達する．そして，流通チェーン百強企業に入る最低販売額は2001年の2.68億元から2004年の4.8億元に，わずか3年で2倍になった．それは，中国における流通チェーンが集中化，大型化の特徴を現していることを示し

ている．

表4　中国上位流通チェーンの集中化と大型化の状況

項　目 年	百強企業の 平均販売額 （億元）	百強企業の 平均店舗数	トップ10の 販売額小計 （億元）	トップ10の 販売額が占 める割合	百強企業に 入る最低販 売額 （億元）
2001	16.20	131.20	718.4	44.00%	2.680
2002	26.65	169.86	1050.7961	42.63%	3.6480
2003	35.80	204.24	1507.6322	42.11%	4.0727
2004	49.68	304.16	2256.4784	45.42%	4.8000

出所：陳海権（2005），4ページ．

　外資系流通企業また本土大型流通企業が誕生する中で，流通企業がメーカーとの間でのチャネルパワーを争うゲームが展開されるようになった．例えば，前節においても明らかにしたように，長年統一的に販売をしていた卸売企業や百貨店などが競争の過酷な家電市場を去り始め，流通チャネルは迅速に幾つかの家電チェーン経営企業へと集まっている．このチャネルの変化において，国美電器は家電チェーン経営をメジャーなチャネルにしただけではなく，さらに重要なこととして，このチャネル革命を起こすことによって，ある程度の価格決定権をメーカーから取り上げたことである．

　こうした流通企業とメーカーとの格闘の中で，2004年国美電器とクーラーのメーカーである格力電器との間に取引関係を中止したことがチャネル衝突（メーカーと小売商の対立）の象徴的な出来事であった．この新旧チャネルの変革の中で，メーカーと販売企業との不協和音を緩和できるのは利益であるが，家電チェーンの強力な販売力[8]と情報力（顧客情報の収集能力）を背景に，中国内外のメーカーは次々と国美の出す厳しい注文，例えば，進場費（Slotting allowances），商品陳列費（product placement fees），新店・店舗新装の祝儀，販売促進費などの支払いと販売価格の決定などに屈服せざるを得ず，国美電器も次から次へと決定権と取引先に要求を強めている．そのためか，国美電器などの家電チェーンに対して，マスコミやメーカーから絶え

ず批判の声が出されている．

(2) チャネルメンバーにおける共生の必要性とその展開

批判の声を浴びる中で，最近，国美電器などの大手家電チェーンは，自らをも反省しながら，よりよい協力方法を模索し始めている．ちなみに，国美電器は発展を念頭に置いてパートナー関係を広く長期的に保てるよう，相互支援，相互サービス，資源の共有を通じた専業分業や，お互いのすぐれた部分で相手を補い，最終的には同じ戦略で共存共栄を図れるように転換し始めている．

事実，製造と流通は産業チェーンにおいて異なる分野であるが，長い目で見ると，互いに制約し合い，分割不可分で，共同で価値を創造していける存在である．メーカーであろうと小売店であろうと市場発展の大きな波には逆らえず，追従していくしかない．いかに自身の効率を高め，そして，消費者が求める製品（商品）を提供するかが，メーカーと流通企業の共通の課題である．

しかしながら，グローバル化によって，特に国外のメガチェーン店が攻勢をかけてきているため，国美電器などの本土家電チェーンは怠ることもなく陣地を固め，中国家電業界で特徴のあるチャンネル連携と販売後のサービスを「防護壁」として築くことが急務となっている．

実際上，2003年，国美電器は経営モデルとして相互マーケティングを行い，メーカー，メディア，市場調査機関，消費者などの他方面の資源を統合し，相互に有機的に動くことで巨大な市場エネルギーを発揮できるようにした．そして，国美電器は経営活動において，メーカーと密接な関係をつくり，サービス，情報などの方面でも資源の共有を図っている．

ちなみに，2003年，国美電器と中国内外の有名メーカーとの大口顧客制度を確立し，最初にこれらの大口顧客に情報資源を提供し，市場情報の正確性と迅速性を保証している．そして，2004年2月，国美電器は中国全土でレインボープロジェクトを展開し，ハイアール，海信，志高，A. O. Smithなど

9社をこのプロジェクトに加え，中国家電市場で初めてメーカーと販売会社双方によるアフターサービス体制を整えた．業界内関係者は，この種の中国的色彩を帯びたサービスが国美電器と国外メガチェーン店の競争における重要な手段となり得ると考えている．さらに，2005年1月，国美電器が「戦略合作部」を新設し，1,000以上を超えるメーカーとの間に本格的に戦略的提携関係を構築することになったのである[9]．

　もちろん，こうした国美電器とメーカーとの戦略的関係の構築について，共存共栄精神かそれとも市場支配かのいずれかの静態的な，両者択一的イメージとして捉えることが多い．しかし，新しいチャネル関係の構築は，それまでのチャネルの歴史的ダイナミクスの線上で，中国版流通革命を迎えて改めて創造的適応の手順を踏んでいる動態的，相互作用的な過程であることを指摘することができよう．

　ともあれ，国美電器などの大型流通チェーンは相対的なチャネルパワーがあるものの，顧客の満足度と忠誠心を引き上げるためには，今後，製品を販売するような契約的な関係だけではなく，情報化などを通して相互依存関係なり互恵的な関係によって製販同盟（メーカーと小売商との間に戦略的提携関係を結ぶ）のような取引ネットワークを形成する必要があろう．

3．中国企業における物流システムの合理化とその課題

(1) 物流業界の構造的特徴と合理化の背景

　物流問題は，長年にわたり中国の経済発展と企業経営の制約条件となってきたが，1990年代以降のインフラ整備過程において各種物流専門企業が大量に出現することによって，輸送や保管など基礎的な物流サービスの供給能力を急速に高めてきた．こうした中で，ハイアールと宝供物流など先端技術を学習し物流近代化を進める企業が出てきたのである．また，海外から物流技術や管理ノウハウを持ち込んで進出した外資系物流専門企業も数多く存在す

るようになってきたのである[10]．

　しかし，物流産業の供給能力の拡大および近代化への努力が行われているにもかかわらず，物流市場は依然として小規模で未成熟な段階にとどまっている一方で，供給過剰と過当競争という様相さえ見られるようになっている．これは，荷主企業の過剰な自社物流依存と，物流専門企業の低質なサービス内容に原因を求めることができよう．実際上，中国企業が自社物流に拘ることは，かつて社会的物流能力が欠乏していたことに起因するものと考えられる．特に計画経済時代に，限られた物流能力が優先的に重要物資の計画輸送と計画保管に割り当てられ，一般企業の商業輸送や商業保管に残された余力は極めて少なかった．そのため，大小を問わずほとんどの企業は自社内に物流手段を確保すべく，自己完結型の体制をとらざるを得なかった．その結果，大抵の企業は相当の物流アセットを内部に抱えるようになったのである．

　しかし，一方において，近年，物流は中国において「第3の利益源」と言われ，多くの企業の注目を集めている．各業界・各分野において，中国本土企業から外資系企業まで，中国の巨大な消費市場を目指して数多くの企業が進出を続けている．海外の技術や設備を中国国内に移転し，安い労働力や豊富な天然資源を利用して，国際市場におけるコスト競争力をつけようとする試みは，すでにどこの企業でも実践している常識となり，他社よりコストや利益で優位に立つのは，もはや困難になりつつある．

　そのような中，生産と流通とを結ぶ「物流コスト」の引き下げが，安い労働力，天然資源の獲得による「人件費」や「原材料コスト」に次ぐ，"第3の利益源"として注目を集めているのである．李（2004）などによれば，中国における大半の製造業企業の総コストに占める物流コストはおよそ20～40％であり，商品の生産・流通の全工程所要時間における90％程度もの割合が物流活動に費やされるという．また，物流活動の非効率性は，企業に過剰な在庫や低い資本回転率といった問題をもたらした．ちなみに，1999年度末，製造業企業の棚卸総額は4兆元にのぼり，この金額は当年GDPの50％

にも相当する．

　一方，上海対外経済貿易委員会服務貿易処および華博管理諮詢公司が，上海の外資系貿易会社に対して行った調査によると，調査対象企業の多くが中国の物流コストは他の国より割高であると感じていることがわかった[11]．また，コストが高い割に，上海のような大都市においても，一定の規模を持ち，なおかつ信頼のおける物流会社を探すのは困難であり，特に倉庫管理や貨物の安全保証などの面で懸念が残ると話している．実際，梱包の欠陥などによる損失，積みおろし及び運送中に発生する損失，保管段階で発生する損失は，年間でかなりの額に達しているといわれている．

　実際上，中国にはすでに数多くの物流企業が存在しているが，その技術やノウハウ，設備のレベルは依然として低い水準にある．70％以上の企業は倉庫，運搬用車両，クレーン設備ともに，品質や設計水準の低いものを使用しており，その業務効率は極めて低いといわれている．また，物流に関するあらゆるサービスを一括して取り扱うことのできる企業や，物流に関わる施設・設備を完備している企業は非常に少ない．

　「物流」ブームとインフラが急速に整備されたことを背景に，中国の物流業界では社名に「物流」の2文字の入った会社が，この数年の間に中国全土に無数に誕生したが，これら物流企業の収益の大部分は，運送業務，倉庫管理業務など，物流の基礎サービスに頼って得られており，そこから得られる利益はさほど大きくない．また，一部の利益率が高いといわれる分野も，速達便サービス，航空運輸，保税区内での物流など，寡占業界に限られているのが現状である．メーカーや小売業者など，物流のユーザーである各企業にとって，こうした中国の物流の現状は，彼らの物流コストを大幅に増加させる原因となっている[12]．

(2) 流通合理化への挑戦と 3 PL の登場

　しかし一方では，物流産業の未発達状態にもかかわらず，在庫を減らしながら全国商圏でタイムリーな配送を実現し，効率的な物流システムを構築し

ている物流先進企業が近年において少なからず出現してきた．そして，「物流」ブームを背景に，大手メーカーが相次いで全社的な物流管理部門を新設し，これまでの大量生産方式を改め，SCMによる在庫の圧縮と物流コスト削減に動いている．

例えば，電器メーカーのハイアールは1998年から1999年にかけて大規模な組織改革を行った．従来の商品別縦割り組織を改め，新たに物流推進本部・商流本部・資金本部・海外本部の4本部制を敷いた．物流推進本部の主な仕事は，それまで製品別事業部門に分散していた物流組織を全社的に一元化したことであるが，それまでハイアール社内には在庫や物流コストに関する意識があまりなかった．どれだけのコストが物流に費やされているのか，把握することもできない状態だった．物流推進本部の設立と同時に，「調達」「生産」「販売」という各業務プロセスに応じた3つの物流子会社を新設した．発生した物流費を子会社が各事業部門に請求する体制にして，コストを明確化した[13]．

ハイアールはまた，それまでの大量生産方式を改め，実需に応じた生産・調達と納品リードタイムの削減を図った（生産方法も多品種少量型に変更した）．そして，調達ではまずサプライヤーの数を2,336から840に絞った．同時に電子調達をも開始した．さらに，中国の招商銀行と手を組み，受発注から決済までインターネット上で処理できる体制を整えた（ハイアール・グループの基幹システムは，2000年10月にERP最大手のSAPから導入している）．全社的物流統制と物流情報システム運用を自前で行う一方で，ハイアールはまた，幹線輸送と末端配送はそれぞれ中鉄快運と中郵物流に一括委託することにした．

ハイアールのこうした一連の改革の結果，注文を受けてから生産し，納品するまでのリードタイムは従来の30日から10日に短縮した．そして，全国に42ヶ所の配送センターを設け，2,500件の取引先に対し大都市圏では8時間以内，また農村部では4日以内のスピーディな配送を実現している．同時に在庫は平均40日分（1997年）から現在は7日分（2002年）へと劇的に削減さ

せてきた (改革によって同社の中央倉庫の面積は15万平方メートルから2万平方メートルに縮小された).

　他方，新設された3つの物流子会社のうち，販売プロセスを担う青島ハイアール物流は2000年を機に本格的な3PL (サードパーティロジスティクス) にも乗り出している．同社はハイアール・グループの販売物流インフラとして中国国内に42カ所の配送拠点を持ち，自社車両300台を含め計16,000台のトラックを供給する能力を持っている．そして，配送するリードタイムは平均で4日．沿岸部の大都市なら当日配達も可能だという．この供給インフラを親会社だけでなく，中国国内市場におけるビジネス展開を狙う外資系企業にも提供する．すでにハイテク機器メーカーのヒューレット・パッカード (HP)，食品メーカーのネスレ，マレーシア系の大手グロサリーメーカー・AFP などの有力外資を荷主として獲得した．

　一方，零細過多の民間業者の中から，競争力の強い近代的な物流企業がすでに出現している点は注目に値する．広州の宝供物流企業集団有限公司，天津の大田集団有限責任公司，南方物流有限公司，保運物流有限公司，上海炎黄在線物流有限公司，珠海九川物流有限公司なども注目を集めている．

　その中で，宝供物流は，1992年に広州駅の元職員によって設立された当初小さな貨物運送取次会社であったが，2005年5月現在では，全国50を超える都市において支社または営業所を擁し，52社の多国籍企業中国法人と20社余の中国現地系大型メーカーに総合的な物流サービスを提供するに至った[14]．

　宝供物流に大発展をもたらしたきっかけは，1994年に米 P&G 社広州法人と取引を開始したことである[15]．P&G に運送サービスを提供する過程で，絶えず改善を要求されると同時に，さまざまな技術指導も受けてきたという．一例を挙げると，現業部門ではまず現実の物流の流れに基づく標準工程 (SOP) を策定し，これを基盤としてそれぞれの作業標準を定め，それを従業員に徹底させる．この方法は他の顧客企業の物流業務にも適用され，物流サービスの安定性強化に大きく寄与した．また品質管理についても，P&G の要求する厳しい基準を満たすために，品質管理のシステム化を図った．ま

ず19項目のチェックポイントを抽出して，各項目の具体的な基準を明記する『品質管理ハンドブック』を作成し，全員に配布する．これにより，すべての業務の品質を最初から最後まで厳格にコントロール下に置くことを目指している．

その結果，宝供物流は2002年の貨物破損率を0.01％以下まで低下させることに成功した．宝供物流は，P&Gとの付き合いを通じて獲得した能力をテコに業容の拡大に邁進し，利用運送業者から3PL型物流企業に進化することに成功した．つまり，運送・保管といった基礎サービスを提供するのみならず，顧客企業の物流システムの企画や改善策の提案までを含めたトータル物流業務を一括で遂行できるようになったのである．P&G以外に，電器メーカーのTCLは，かつて支払物流費が売上高の2.7％を占めていたが，宝供物流に包括的に物流業務を委託し，宝供物流の改善提案を受け入れたため，その比率を2.2％に引き下げることに成功したという（李2004）．

宝供物流の発展過程について特筆すべき点は，情報システムの構築である．P&Gから物流情報の提供が不十分とたびたび指摘された．宝供は，1997年から巨額を投じて段階的に情報システムの整備を行ってきた．現在，内部にイントラネットを布設し，さらに9割以上の顧客企業との間で，EDI（電子情報交換）を実現するまでになっている．宝供内部の関係者に限らず，顧客を含めた情報共有化を進め，顧客は24時間いつでも貨物を追跡することが可能となっている（李2004）．

以上，ハイアールと宝供物流による物流合理化の挑戦について考察したが，外部資源の活用が非常に重要であることがわかった．それはまた，荷主企業にせよ，物流専門企業にせよ，よりよい協働関係を確立することは，中国における物流戦略の成功のカギを握るといえよう．実際上，在中国日系製造業企業は，親会社から物流技術やノウハウを移転するとともに，外部の物流現業能力を積極的に活用して，日本国内のそれと比べ圧縮する形で企業の物流システムを形成しつつある．その中で，日系物流専門企業と連携して外部の物流能力を活用し管理する傾向が顕著に現れている（李2004）．

(3) 物流変革の阻害要因と中国企業の課題

これまで，中国において，社会的に物流資源が蓄積され，物流機能を行使できる多大な物流能力が形成されてきたが，他方で荷主企業の求める高度な一貫物流サービスを提供できる物流専門企業はまだ少なく，安心して物流業務をアウトソーシングできる環境は整えられていないのである．こうした需要と供給の構造的ミスマッチは，中国物流市場の供給過剰の本質と言える．このような物流市場における構造的特徴は，社会全体の物流効率の向上を大きく阻害しているものと思われる．

こうした構造的な要因以外に，政府主管部門の体制が物流改革を阻害する要因の1つになっている．過去計画経済の体制下で，各業界・部門間で利益を分割し，各部門では部門ごとに上から下まで，自分の物流体系，物流施設，および物流資源を持っていた．しかし，今日なお，物流に関する所管部門は不明確で，ある地方では計画委員会が主管部門であれば，ある地方では地方経済委員会，地方商業委員会が兼ねる所もあれば，地方交通部門が主管部門を兼務するケースもある．それらは全体的な協調や提携に欠けている．

このため，各部門は自己部門の利益のため物流の力を合わすことすらできず，統一協調，しかも実施できる物流発展戦略のことはもちろんできなかったのである．さらに地方保護主義（地方政府主義）も人的要因によって正常な物流発展にすら障害をもたらした．

そして，人材需給の不均衡は中国物流業の発展にとって，1つの大きな阻害要因になっている．2002年中国物流発展報告には，現在中国物流専門についての教育規模は約6.5万人である．しかし，中国物流の高速発展状況によって，今後国内物流専門人材の需要量は600万人を超えると示されている．

同時に，物流管理の高等教育を受けた人材も日増しに需要が増えている．予測では，2010年に，全国で高等教育を受けた物流人材の需要量は20万から30万人にまで達する．しかし，物流専門人材の学歴教育，職業訓練，および就職資格取得活動が普遍的，かつ有効的に行われていないため，現段階で物

流人材不足をもたらし，現代物流の発展を制約する問題になりつつある．さらに，加えておかなければならないのは，物流ブームと物流人材不足の中で，職業訓練市場の需要も広がっているが，各業種の組織，各種学校や研究機構，及び企業は各種のセミナー，フォーラム，資格証書セミナーなどが行われ，数が氾濫する一方，レベルが低いものも少なくない．こうしたことも物流のさらなる発展を阻害している．

他方，本格的な情報ネットワークの整備が立ち遅れていることも中国企業の物流変革を阻害している．周知のように，現代物流と伝統的物流の間には，現代物流は高速発展してきた情報技術を物流過程の全体において応用していること．情報技術は伝統的物流業界をレベルアップし，製造から小売までの過程中配送センターの役割をさらに拡大し，倉庫在庫を減少させ，新たな流通モデルを形成する．つまり，有効な情報技術の応用によって，JUST-IN-TIME，ゼロ在庫，多品目小ロット，そして共同配送など新しい企業物流戦略も機運に応じて生まれる可能性がある．しかし，多くの中国本土企業は依然として情報ネットワークを整えていない．そして，情報技術を活用するノウハウおよび情報化の本質に関しては十分理解していない．

いずれにせよ，中国において，「第3の利益源」であると言われる物流業界はこの数年急速に発展してきた．しかし直面する経営メカニズム，人材不足，情報ネットワークの立ち遅れ，そして体制障害などの難題を抱えている．中国企業にとって，以下のような課題を超えなければならないと指摘する．

まず指摘されなければならないのは，一般企業による意識転換の重要性である．前にも指摘したように，近年，物流は中国において「第3の利益源」と言われ，多くの企業の注目を集めている．物流変革について，一部の企業は，在庫削減またはコストを削減するというより「儲かる」という観念が強い．しかし，企業経営にとって，物流変革は利益の向上につながる源泉の1つであっても，利益そのものではないはずである．今後，中国企業は，物流の本質に関する再認識をしなければならないと言える．そして，物流変革

は，企業内部の問題ではなく，多くの企業と利害関係を有し，1つの苦痛を伴う転換過程であることも認識すべきであろう．

そして，物流業務を展開する物流企業に関しては，伝統的なフォワーダー運送業務から現代物流企業に転換する必要がある．広い中国において，企業による全方向的な総合物流サービスの提供は難しい．ゆえに中国の物流企業もニーズに応じて市場を分け，柔軟な経営メカニズムによってサービス業務を提供しなければならないと思われる．

さらに，企業自身による努力以外に，政府も重要な役割を果たさなければならないと思われる．中国の流通システムは1978年の改革・開放政策以来，経済計画時代の非効率なシステムからの脱皮を図りつつある．しかしながら，地方政府による省間交易の阻害，輸送能力の慢性的な不足等多くの問題が依然として未解決である．今後は流通システムへの行政の介入をなくすとともに，物流面でのインフラの整備を進め，外資の持つ流通ノウハウを吸収することにより，流通システムの近代化を実現することが必要であろう．

おわりに

本章では，中国企業の変貌を促した原動力の1つである「流通戦略」について，流通システム変容と物流改革の視点から具体的な事例を挙げながら中国企業急成長のダイナミクスを明らかにした．

分析を通して，われわれはまず，中国の家電流通チャネルについて次のような特徴を見出した．ちなみに，第1の特徴は，家電小売末端競争は多元化する一方，大型家電チェーンの出現により流通チャネルの短縮傾向がより顕著になったことである．第2の特徴は，家電メーカーにとってチャネルは戦術的なものから戦略的資源に変わったことである．第3の特徴は，新しい流通システムの形成は社会制度変革の一環であったことである．そして，第4の特徴は，伝統的小売業が近代的流通システムに進化する中で，メーカー

が大規模流通企業の間で激しい主導権争いが見られた．

　そして，本章はまた，メーカーと大規模流通企業との間の激しい主導権の争いに対して，中国における大型流通企業の概況を論じた上で，国美電器の取り組みを考察した．最近の国美電器とメーカーとの戦略的関係の構築について，共存共栄精神かそれとも市場支配かのいずれかの静態的な，両者択一的イメージとして捉えずに，それまでのチャネルの歴史的ダイナミクスの線上で，中国版流通革命を迎えて改めて創造的適応の手順を踏む動態的，相互作用的な過程であると指摘した．

　さらに，本章では，中国企業が躍進した重要な要因の１つである物流の側面も研究した．まず，明らかにしたのは，中国において，物流産業の未発達状態にもかかわらず，在庫を減らしながら全国商圏でタイムリーな配送を実現し，効率的な物流システムを構築している物流先進企業が近年において少なからず出現していることである．そして，「物流」ブームを背景に，大手メーカーが相次いで全社的な物流管理部門を新設し，これまでの大量生産方式を改め，SCMによる在庫の圧縮と物流コスト削減に動いている．ハイアールと宝供物流は上述した企業の代表格的な存在であるが，本章の分析から明らかにしたのは，荷主企業にせよ，物流専門企業にせよ，よりよい協働関係を確立することは，中国における物流戦略の成功のカギである．

　しかし，中国ではいまなお，物流環境やインフラも完璧とはいえず，また，本当の"サードパーティロジスティクス（3PL）"サービス意識や能力を持つ企業もそれほど多くない．それどころか，中国の物流業は，人材不足，情報ネットワークの立ち遅れ，そして体制障害などの難題を抱えている．本章の最後では，企業自身が物流に対する観念更新の必要性，新ビジネスモデル構築の重要性，そして，政府による制度革新などの視点から今後中国企業における物流変革の今後の課題を指摘した．

1) ただし，2004年に入ると，中国国産携帯電話の市場シェアが低下し始め，2004年6月は46％であった（販売額は全国携帯電話販売総額の37％を占めている（『通

信信息報』，2004年11月3日による）．
2) 詳細は，本章第4節部分の「物流合理化への挑戦と3PLの勃興」を参照されたい．
3) ここは主に田村（2001）を参照した．
4) 中国の流通業は，1978年まで計画経済を遂行するために，縦割りと横割りにされた多段階の流通機構によって構成されていた．流通経路は商品（消費財）と物資（生産財），国内流通と国際貿易，都市部と農村部に分けられ，行政的に商業部，物資部，各工業部，対外貿易部などの系統に分割されていた．82年からこのような行政機構の改革が進められ，93年には商業部と物資部が統合，国内貿易部が新設された．98年に国内貿易部が廃止され国家経済貿易委員会傘下の国家国内貿易局となった．なお，改革開放以前の計画配給システムについては，黄（2002）の第2章が詳しい．
5) 任興洲（2003）（http：//www.chinabt.net/guandian/zgjdcp.html）．
6) 黄（2000），101頁．
7) 百聯集団の合併経緯などに関しては，『東方企業家』，2003年8月号の特集が詳しい．
8) 例えば，2004年全国クーラーの販売台数は約2,000万台だったが，約520万台が国美電器，蘇寧電器，永楽電器などの大型家電チェーンの販売チャネルを通して消費者の手に渡ったのである（南方都市報，2005年5月27日による）．そして，中国において，メーカーに対して，進場費，新店・店舗新装のお祝い金などを要求した流通企業は，フランスのカルフールであると言われている．その後，多くの中国本土流通企業はそのような制度を導入している．また，こうした費用の徴収は合理的なのか，非合理的なのかに関しては，マスコミまたは学術界にも大きな関心を寄せた話題である．
9) 『第一財経報』，2005年2月17日．
10) 不完全な統計であるが，現在，中国には約51万社の物流企業があり，そのうち外資系の企業は約680社で全体のわずか0.13％であるが，その市場シェアは8％に達すると言われている．
11) 全国規模の中間流通業者がほとんど存在しない中国では，これまでメーカーは商物一体型の自家配送を余儀なくされてきた．しかし，上海や広州などの大消費地ならともかく，他の地方都市ともなると，一社単独では一定の物量を確保することができない．それだけインフラの維持負担がかさんでしまう．そのため世界ブランドを持つ外資系メーカーといえども中国全土にビジネスを拡大することは難しかった．
12) 中国における製品の生産コストに占められる物流コストの割合は，平均で20％〜40％に達しており，先進国と比較すると2倍〜4倍の値となっていると言われている．
13) ハイアールの物流システムについてインターネット・サイト『中国物流網』

(http://www.china-logisticsnet.com/classroom/Place.asp）に掲載されている以下の論文を参照した．「海爾現代物流創造的奇跡」，「海爾物流—面向21世紀的企業物流集成管理系統」，「海爾為什麼自己発展物流」，「海爾創造"一流三網同歩模式"」．
14) 宝供物流のホームページ（http://www.pgl-world.com/cn/index.asp）による．
15) 宝供という社名は，P&G社（中国語の表記：「宝潔」）の商品を供給するという意味から来たという．

参考文献

陳海権（2005）「近年中国おける上位百強小売チェーンの発展情況分析」（『江蘇商論』No. 249：中国語）．

張煒（2004）「中国家電企業流通チャネルの変革と革新」（『商業経済と管理』No. 14 Vol. 1150：中国語）．

萩原彰（1995）「中国の流通システムの現状と今後の展望」（『アジア・エコノミック・レビュー』秋号）．

石井淳蔵（1998）「流通と営業のシステム革新」嶋口充輝　竹内弘高　片平秀貴　石井淳蔵編『営業・流通革新』，東京：有斐閣，1-28ページ．

任興洲（2003）「中国家電製品の流通チャネルの変革」（『価格理論と実践』，http://www.chinabt.net/guandian/zgjdcp.html：中国語）．

胡左浩（2004）「日本家電企業販売チャネルの動態的変遷とその特徴—メーカーによるコントロール関係からパートナーシップ関係へ」（『中国工業経済』No. 9：中国語）．

李穎生・林三卓（2005）『中国市場終端報告』，北京：企業管理出版社．

李瑞雪（2004）「中国の物流産業と物流市場の構造的変化に関する一考察」（『国際開発研究フォーラム』25）．

黄磷編著（2003）『WTO加盟後の中国市場—流通と物流がこう変わる』，東京：蒼々社．

嶋口充輝（1984）『戦略的マーケティングの論理』，東京：誠文堂新光社．

崔相鐵（2004）『家電流通—家電メーカーと家電商人の対立と協力』石原武政・矢作敏行編『日本の流通100年』有斐閣．

田村正紀（2001）『流通原理』，東京：千倉書房．

第6章

グローバル企業の対中国市場戦略
──チャイナ・リスクの脅威と機会──

林　昇一

はじめに──チャイナ・リスクの脅威と機会

　中国の経済大国に向けた発展は目覚しい．しかしその裏のチャイナ・リスクという暗黒のダイナミクスにも注意しなければならない．その必要性を裏付けるかのように，2005年，突如として中国各地で「反日デモ」が起こった．原因は複雑だが，日本企業に対するイメージの損傷，同時に日本企業にとっての精神的ダメージは大きく，チャイナ・リスクの深刻さを暗示している．もちろん中国側にも言い分はある．だが，歴史教科書問題や小泉首相の靖国参拝問題など日本史上の汚点だけを一方的にえぐり出すデモ形式による過激な問題提起は，グローバル時代のアジア共同体創設に向かう両国にとってよいのか悪いのかはよく検討すべきである[1]．製品の不買運動や労働争議のリスク，政府に対しては国連常任理事国入り不適格の反対声明を出すなど，予想を超えた日中関係の突発的な亀裂には懸念が残される．対中国戦略を見直さなければならないとする日本の声は，東アジア共同体を協力して構築しなければならない時期に，やはり不幸なことといわねばならない．加えて韓国も中国・北朝鮮に配慮して，中国に声援を送り同調する動きを見せた．そうなるとチャイナ・リスクが，東アジア・リスクに拡大する可能性も

ないわけではない[2]．発展する中国経済は企業のダイナミクスがもたらすものであるが，同時にそのダイナミクスはグローバル時代の国家と企業の戦略的関係に強く影響されている．この現実こそが暗黒のチャイナ・リスクと複雑に絡んでいるからである．

いずれにしても，中国現地における先進国系企業が本国の意向とは異なる行動を取れるほど，中国の市場経済の基盤は健全に安定しているとはいえないし，現地の政治的・文化的な要因によって高まるチャイナ・リスクの不確実性ゆえに先進国系企業が投下した経営資源を引き上げれば（実際そのようなことにならないと考えるが），自律経済が確立していない中国は大混乱に陥ってしまう．以下論じるように，外資との合作ないし外資依存による不安定さが中国の現状であり，同時に現地進出の外国企業のポジションを不安定なものにしている．現地と本国との連携戦略は今後もリスク・マネジメントの上で重要なものである．

ところが日本では，田中角栄首相（当時）と周恩来との間で結んだ日中国交正常化（1972年）のもとに良好な関係が続いているものと確信し，巨額の投資と生産技術供与など経済発展に必要な経営資源を投下して，やっと利益が出てきた段階だから，思わぬ反日デモの高まりに，チャイナ・リスクの存在の大きさに戸惑ったのも当然である[3]．かなりの日本企業がショックを受け，ビジネス・リスク分散の必要性について考えている事実が報じられた．リスク分散の候補にはインドやヴェトナムやインドネシア，遠くはブラジルや東欧まで名が挙がった[4]．

このようなチャイナ・リスクに対する戸惑い，しかも日本全体を覆っている不安から，早く脱出する必要がある．日本全体のバックアップがなければ，日系企業は中国市場の開拓に真剣に取り組めないからだ．本論文の主眼はここ，つまりチャイナ・リスクの深さと構造を究明し，グローバル企業の視点から，中国における企業組織のダイナミクスを考察することにある[5]．

チャイナ・リスクへの対応はいたずらに戸惑うのではなく，科学的方法による本質の解明を前提にしなければならない．戦前のような現実逃避から侵

略戦争に走るのではなく，現実を直視し戦略の論理に従って科学的に挑戦・撤退を含めて論ずべきテーマとしなければならない．反日デモにみる中国側の問題解決アプローチは，過去偏向の歴史的アプローチである．過去の失敗を繰り返してはならないという視点は重要である．しかし同時に，モノゴトを捉えるアプローチはそれだけではない．未来から現在を考えるアプローチも必要だ．「猟師，木を見て森を見ず」のたとえのように，入り口から迷路に入り込んでしまうと出られなくなる．より次元の高い所から全体を見下ろすのがよい．将来の中国や中国市場をより高い次元で総合的に捉え，また中国市場における企業をグローバルな視点で捉えるのである．このアプローチは，迷路の入り口から参入するのではなく，出口を考え，逆に入り口に向かって道を尋ねることがいかに効率性が高く，むだなエネルギーの節約になるかを教えてくれるからである[6]．

　このような視点に立てば，中国市場における日本企業のダイナミクスは，日本本社の対中国戦略と深く関わること，同じように，中国における欧米企業のダイナミクスも，欧米企業の対中国戦略と深い関わりがあること，したがって中国における企業のダイナミクスの研究は，これら先進国系企業を中心とする韓国，台湾など東アジア経済圏の関係企業の対中国戦略を総合的に考察することが重要となる．欧米諸国もそれぞれの優良企業の経営資源と政府の多様な援助をつぎ込んで中国市場を育成してきたのであるから，それぞれの今後の対中国戦略を考えることは，中国における企業組織のダイナミクスの解明に欠かせない課題なのである．言い換えれば，このようなグローバルな問題を抱える中国において，日本企業はどのような成長ベクトルを描き，競争と協調の経営を展開したらよいか．この企業組織のダイナミクスの解明が本稿の課題である．そのために本稿では，グローバル企業の戦略論の視点から，対中国市場戦略を実証的に考察し，もってチャイナ・リスクの本質を解明しようとするものである．

1. 問題の設定と分析的枠組み
――価値観の転換と経営戦略

　仮説1:「歴史を調べれば理解できるように，文明は進化する．革新的な技術を支配できる社会は，古い技術に縛られた社会に対し，競争優位に立ち，富を支配する．この支配と被支配の関係を決定づける要因は，自由主義に基づく企業家精神である．権威主義や縁故主義の社会では，技術革新が起こりにくいからである．文明の進化に遅れた国が，それに気づき，新しい技術を導入するとき，価値観の転換が必要になる．古い柵から抜け出るには，相当の痛み（切り換えコスト）をともなうのである．ここにチャイナ・リスクの本質がある．」

(1) 「改革期の経営戦略」論

　改革期の経営戦略は特異な戦略である．その意味するところは，時代が変わるから経営戦略を必要とするのではなく，むしろ時代を変えるためにこそ経営戦略があるのだというものである．つまり，「適応の戦略」ではなく，「創造の戦略」だからである．現代の戦略思想家P．F．ドラッカーもM．ポーターも，また先駆的な戦略思想家J．シュンペーターも，ともに戦略的リーダーシップによる環境の創造的破壊こそ世の中の常態と捉えてきた．それは時代や環境という大きな状況の変革の中で，モノゴトが決定されていくという認識に立っている．それはマクロ的な意思決定アプローチである．歴史を見れば明らかなように，時代は不可逆的に進み，常に定点としての文明が永続したためしはない．過去に拘って何もしないことは，安全なのではなく，無になることを意味している．この無常なる歴史観とその歴史を動かす人間の性を総合的に捉えるところに偉大なる戦略思想家の功績がある．

　かれらに共通する組織行動の戦略的ダイナミクスを捉える分析的枠組み

は，分析軸として時間と空間と生存意思の三つから成っていると考えられる．平易な表現を用いれば，勝利は，時の利，地の利，強烈な生存の意思によってもたらされるということである．これら三つの要因を総合的に立体化すれば，そこには三つの要因で切り取られた「戦略空間」なる概念が形成できる．そこで戦略的リーダーは，この戦略空間の存在を認知し，経営資源をそこに集中する能力があると定義しなければならない．三つの要因を総合的に統合する能力が最高レベルの認知能力といわねばならない．ただ漠然と時の流れにまかせて経営資源の配分を行い続ければ，いつか，いかなる組織も資源欠乏に襲われ衰退し，時代環境から取り残される．現代という時の流れは，自由主義の世界的拡大によって加速的だ．それゆえに「戦略空間の認識能力」がとくに求められるのである．

そこで，この戦略空間の概念から説明しよう．図1はその全体像を描いたものである．戦略空間は，時間軸と空間軸で仕切られた特定の空間である．このなかに，二つの価値系列が描かれている．価値系列は，特定の価値の特定空間における価値普及度を表しており，特定の寿命をもっている．価値系列の一つは古い価値系列，他はそれに代位しようとする新しい価値系列であ

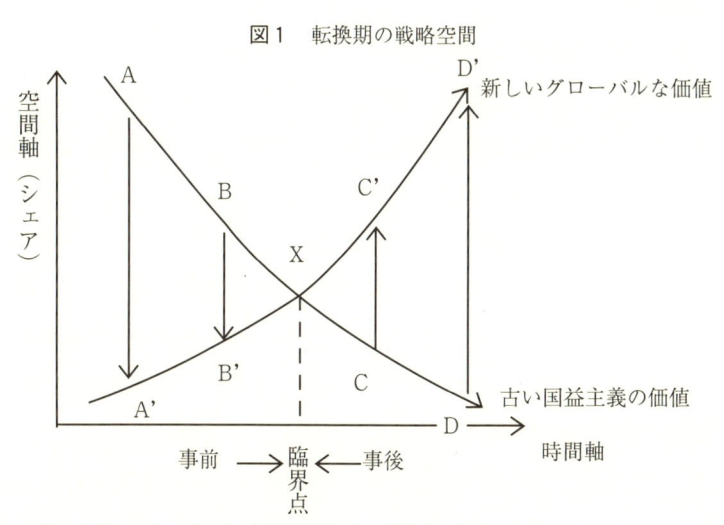

図1　転換期の戦略空間

注：価値のスタンダード（常識価値）は，臨界点で決定される．

る．新旧の入れ替わりを演出するのは，この空間を認知し取り仕切るプレイヤーの競争戦略である．

　価値系列上にプロットしてある点A，B，X，C，Dは，戦略リーダーの意思決定点を表している．Aは，古い価値の衰退過程においてはじめに出てくる意思決定点であるが，戦略的リーダーが，早いうちから古い価値の柵から抜け出て，新しい価値の創造に参加しようと決意する点で，成長ベクトルをA'点に定めている．AとA'とでは価値の普及度が違う．社会的に認知されていないレベルの新しい価値がA'点であるから，社会的常識からするとこの戦略リーダーの行動は，非常識に見える．B点は，新しい価値の普及が進んだことを認知した戦略リーダーが，古い価値系列を離脱し，新しい価値系列に参加しようとする点である．BとB'では，古い価値と新しい価値の普及度はAとA'と比べかなり縮まっている．社会的にみて，この戦略的リーダーの行動は，それほど非常識ではないとみられるであろう．

　X点は，臨界点である．旧価値を支持する勢力と新価値を支持する勢力との力の分岐点である．旧勢力のうち元気のいい企業（AやB点におけるプレイヤー）が離脱してしまった旧価値系列には，明日が見えないCやDのプレイヤーしか残されていない．このため，新勢力が旧勢力に代位する瞬間の点が訪れる．それが価値の臨界点である．この点を超えると，しだいに旧価値の社会的認知度は落ちていく．旧価値の供給者数の減少が目に見えてくるからである．逆に，新価値の社会的魅力度（社会構成員の高い満足度）は認知の輪を広げ，やがて社会の新しい標準・常識（スタンダード）とみなされ，旧価値の方は社会的に棄却されるのである．

　つぎに戦略空間を仕切る時間軸と空間軸について概略説明しよう．まず，時間軸を横軸とすれば，その時間の関数としての特定の製品・技術の価値の盛衰が描かれる．時間とはパワーの寿命であるからだ．ある地理的空間における製品・技術の価値の総体は，文明であるから，文明は時間とともに盛衰するイノベーション・プロセスということになる．ある文明が衰退するのは，新しい文明を創造し，成長させ，やがてその空間を占拠してしまうパ

ワーがあるからである．それは古いものが新しいものにとって代わられるという流転の思想に従っている．古いものが必ずしも消去されてしまうということを意味しない．流転とは，新しい技術のもたらす利用価値が古い技術の利用価値を凌駕するからであり，利用価値に無関心な場合，古い価値を護り続けることは理論的に可能である．この価値の相克を「創造的破壊」とよび，改革期の経営戦略を解明するキーワードである．これは何が，だれが価値のスタンダードを支配するかを争う転換期に特徴的である．イノベーションが興され，普及され，そしてまた新たなイノベーションが生まれる．これが文明流転の摂理である．したがって，時間軸をイノベーション軸とよびかえることで文明の生態の研究が可能となる．製品やサービスは文明を形づくる要因であるから，その寿命の運命を握る企業戦略は，文明形成上重要である．その意味で，活発な技術革新の波が社会全体に及んでいる時代の典型的な現象である製品価値のライフサイクルの短縮化を演出する企業戦略の研究は，文明の生態研究にとって有意義である．この時間の速度に影響を与える別の要因としては，産業空間(業界)の構造がある．それは，つぎの空間軸の問題でもある．

　時間軸を横軸とすれば，縦軸は地理的空間軸である．自然条件は地理的空間の重要な要素であるが，そのすべてではない．人工的なものが加わるからである．自然を活かした人工的空間としては，都市空間やその他の多様な社会構造などが現代の地理空間として認識されよう．それらを束ねているのが国家である．つまり，地理空間とは人間の生活空間を意味しており，人間が自然を活かし，知恵によって人間と自然とを結合させた人間満足の空間なのである．この人間満足の具体的な指標が，空間シェア，企業の場合は市場シェアである．空間を共有するプレイヤーの勢力が均衡しているか，不均衡かは空間構造の特徴である．この構造を決定する要因が，プレイヤーの数と行動パワーの規模である．この変化が均衡・不均衡を決定する．プレイヤーのパワーは，その保有する資源価値の大きさに依存する．プレイヤーが資本主義企業である場合，価値はキャッシュフローで代理される．キャッシュフ

ローが欠乏すれば,経営資源が集められない.ヒトもモノも資金も情報ですら集められない.したがって,製品やサービスも生産できないわけだから,市場(価値の取引の場)とは隔離された空間で生存するしかない.しかしそれは持続的生存の条件ではない.政府というプレイヤーも基本は同じである.ポーターは価値連鎖とクラスターという概念で,生存の条件を説明し,シェアと協力密度の重要性を提唱する[7].

　第三の要素は,生存の意思の強さである.生存意思の欠落は,戦略空間の認識力が無であることを意味するから,いかなる組織も特定の生存ポジションを獲得することはできない.戦略的リーダーシップの強さは,この生存意思の強さと深い関係がある.それは生存の価値を創造的に破壊する力と言い換えることができる.シュンペーター流に言えば,新結合と表現できる.戦略的リーダーは,時間軸のイノベーションと地理的空間軸の勢力関係を総合的に認識し,旧い競争のモデルに従った経営資源の束(ないし事業構造)を破壊する.そして,その資源を総合的に認識された特定の戦略空間の占拠のために新たな経営資源の組み合わせに向けてシフトさせ,選択した戦略空間において新価値を創造するのである.日産自動車の再生に成功したカルロス・ゴーンは,現代の優れた戦略的リーダーである.彼は,旧日産のシステムを破壊し,そこに閉じ込められていたさまざまな経営資源を解放し,新たな資源の組み合わせをグローバルな視点で創造し成功した希有な人材である.ゴーン氏は時の利,地の利を活かした特定の戦略空間を認識できたことが成功者になりえた条件と考えることができる.

　戦略的リーダーが選択した特定の戦略空間が,結果として優れた成果を企業にもたらせばいいのだが,失敗して成果をもたらすどころか,マイナスの成果になってしまったとすれば不幸である.そこでかれの行為の成否は,何によって決定されるかが解明されなくてはならなくなる.とくに時代の転換期,すなわち旧システムの改革開放の高まる時期における戦略空間の選択は重要である.この空間選択の操作概念としては,切り換えコスト概念(Switching Cost)が有効である.この概念を定式化すれば次のように表せ

るであろう．

切り換えコスト＝［新システムの導入コスト］プラス［旧システムの残存価値］

切り換えの成功条件……新システムの期待価値＞切り換えコスト

　このように改革期の経営戦略は，受け入れる社会的・組織的観点からの切り換えコスト概念が絡んでくる．切り換えコストは，古いシステムを捨てさせ，新しいシステムに転換することを推進する際に付帯して生じるさまざまな障害（例えば，固定設備や固定雇用者，新たな学習努力）の総体を意味する．この障害をいかに乗り越えるか，漸進的に乗り越えようとする中国に対して，ロシアのように性急に乗り越えようとするのがいいのか．企業が開発した新しい製品・技術がすばらしいと自認しても，顧客がそれを受け入れなければ，新しい製品・技術の価値は，実現しない．企業組織のリーダーである戦略経営者は，顧客の満足のメカニズムを理解し，そのメカニズムを使って，自社の製品・技術の便益を理解し，受容してもらうしか自己の存在価値を社会的に認知させる方法はない．このように切り換えコストは，機会コスト概念であり，切り換えに際し捨てられるものすべてを埋没コスト，新しい製品・技術を学習し導入するコストの総合である．新しい価値の視点に立って見れば，切り換えに躊躇し，旧システムに安住する企業や経営者は抵抗勢力と認識される．したがって，改革期の経営戦略には，旧システム側の抵抗エネルギーをいかに弱め，かつ新システムの学習・導入コストを低く抑えるかの方法と手順が明確にされていなくてはならない．性急な切り換えのロシアより漸進的切り換えの中国の方が，時間はかかるが成功率が高いのは，切り換えコスト概念に従った秩序が明確だったとみることができる．

　戦略的リーダーは，この困難なシステム・シフトの任務を果たさなければならない．かれの立場は決して安定的なものではない．なぜなら，戦いは，将来便益の不確実性と現在便益の確実性との衝突であり，不確実性は確実性より顧客満足は低いからである．リスクの高い将来価値とリスクのほとんどない現在とではどちらがいいか，勝敗は明らかである．それにも拘わらず，

改革を進めようとする戦略的リーダーは，高度な構想力と説得のコミュニケーション能力が要求される．

改革期の経営戦略は，不確実性のなかでの抵抗勢力との競争になるから，ハイリスクである．しかし成功すれば，古い価値に連鎖する経営資源のすべて，ないしかなりの部分を支配できるという意味でハイリスクだが，ハイリターンの経営戦略なのである．その戦略は，戦略的リーダーが現代という時空間の中で，命運をかけて切り取った戦略空間のなかでハイリスクを背負って，ハイリターンを求めるという特異性がある．ここが「平時の経営戦略」とは全く様相を異にするのだ．

今日，インターネットの発達で，ネット空間など新しい戦略空間が生まれている．地球をまるごとネット空間化している．この戦略空間の拡大が，近年急激であり，地球規模化しており，ますますビジネス機会が増えている．したがって，グローバリゼーション概念は現代世界の機会と脅威を解明するキーワードなのである[8]．

(2) 「新しい価値創造のメカニズム」論

インターネットの発達にみるように，現代文明は政治・経済・文化からなるあらゆる活動単位や制度間の相互依存性を高め，双方向コミュニケーションを加速化することで，ヒト，物，金，情報の経営資源が従来にないスピードで分散と集中を繰り返すよう働きかけている．とくにIT技術はパソコンや携帯電話のようにその成果が人の目につきやすいし，海外に伝播する速度も速いという特徴がある．IT革新が，産業・金融革新に連鎖し，さらに地理空間として最大の地球全体にまで連鎖し波及の速度を上げている．それがまたIT革新を加速するという具合に連鎖的に新しいモノや知識が生まれ，それに付随して各革新の総体としての文明の思想や形態が進化していくのである．ニュースをはじめあらゆる情報が24時間絶え間無く流れ，情報の共有化が進み，新たな科学技術の進歩を促進する．中国の市場・企業・国家・社会も例外ではない．

この働きかけの戦略主体・組織が何かは次節で詳述するが，それにしてもなぜ，文明はこうもスピードを緩めないのか．そのエネルギーとスピードを生み出す原因となる戦略主体の実像は何なのだろうか．結論から言えば，その実体は企業という組織であると考えている．その先端をいくのがグローバル企業である．

　企業とは文字通り業（ビジネス）を企てる有機的なエネルギー体である．19世紀には，国家が自らの競争力を高めるために企業を生み育て，20世紀には，その企業が多国籍企業化して国際関係に働きかけ同盟国家群（パクス・ブリタニカやパクス・アメリカーナ）を生み出し，国家間の相互依存関係を複雑に高めた．自由主義経済圏を形成した資本主義企業は，19世紀型の国家主導による社会主義企業をはるかに凌駕する競争優位性をもったことで，社会主義経済圏を劣化させ勝利した[9]．

　では，なぜ自由主義企業は競争優位なのか．これを理解することができれば，現代文明の特質が理解でき，その中に包摂される中国の政治・経済制度のポジションも明らかになるはずである．実際のところ，自由主義企業の強みは，経営資源の集合体（プール）としての企業の分割，あるいは統合が，企業家（アントレプレナー）の創造力や構想力によってすばやく実現され，そこから次々と新しい価値（技術革新）が社会に供給されるところにあると考える．政府規制などにより自由に経営資源の分割・結合ができなかった社会主義型企業は，企業家の才能である創造力や構想力を活かしきれず，むしろ秩序・序列重視の政府や官僚の政治力・権力の介入に依存してしまう傾向が強かった．図2は，自由主義企業の強みを生み出す新価値創造のメカニズムを提示している．

　この図のキーワードは，資本，技術，市場，企業家の4つである．図の意味は，資本があっても新価値は生まれず，技術があっても新価値は生まれない．市場があってもそれだけでは新価値は生まれず，また企業家だけでも新価値は生まれない，ということである．崩壊した社会主義圏の盟主であったソ連は，技術的には史上初の有人衛星の打ち上げに成功したのに，追撃する

図2 新価値創造のメカニズム

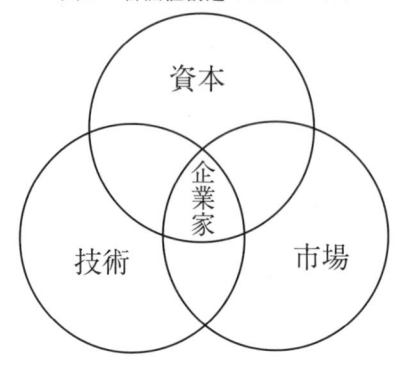

（資本・技術・市場の三つの円が重なり、中央に「企業家」）

米国の自由な競争力に圧倒された．金持ち日本も，金の使い方で失敗した．人口が多く，巨大な潜在的市場があるにもかかわらず，中国，インド，ブラジルからグローバルな新しい価値は創造されなかった．いくら優れた企業家がいても金や技術や市場がなければ，ただの空想家に終わってしまう．つまりこの図は，4つの要素が結合した点で，新しい価値が創造されるメカニズムを説明しているのである．統制経済では，これらの要素が自由に結合され，新価値が創造される可能性は薄い．カルロス・ゴーンの成功は，自由な結合ができるインフラに恵まれたからである．

　21世紀は，自由主義企業の一層の拡大が，グローバル経済ないしネットワーク経済などをインフラとして促進されるであろう．企業の対象とする市場は，もはや閉ざされた国内市場ではなく，開かれた世界市場になり，世界的視点から効率的・効果的な経営資源の分割，結合を推し進める．税金や規制をかけ過ぎる国からは企業は逃避するだろう．新価値（富）を創造する企業の数は，国にとって存続の条件になり，国家間で企業誘致競争に拍車がかかる．企業集積のメリットが認識されるにつれ，都市間での企業誘致競争も激しくなり，逆に過疎地はますます過疎化するだろう．政府は国家の生存能力を高めるために，ますます小さくなり，民営化（プライバタイゼーション）を進めることになる．国有企業の売却や行政の民営化（PFI）は，20世紀に肥大化し，身動きがとれなくなったケインズ型政府の減量化に貢献する

であろう．こうして21世紀は，グローバル市場経済がグローバルな視野の企業によって実現され，20世紀の閉ざされた国民経済は，広域経済化し，ヨーロッパでは EU の成立，アメリカ大陸では NAFTA を成立させた．残るは，東アジア，中東，インド，ユーラシアということになり，地球の東側の政治経済の統合を目指すことがグローバル企業の戦略構想となってきている．こうした流れの中で，かつての民族的大中華圏も広域経済の一要素に過ぎなくなっていく．中国が古き栄華を夢見ることに明日を賭けるとしたら，時代錯誤になる．むしろ地球全体としての観点から，新しい政治経済共同体の創造に参加する方向で，旧体制を創造的に破壊しなければ，グローバル企業は中国に魅力を感じなくなることは明らかである．はたして中国政府がグローバル企業に身をゆだねることができるかどうか[10]．

2．現代中国の成長ジレンマ

　仮説 2：「現代中国の驚異的成長は，内的要因による自律した成長ではなく，外部資源に依存した他律型成長であり，不安定な基盤に基づいている．それは自由主義経済の勝利と社会主義経済の敗北という歴史認識に基づく危機感を起点にしており，経済発展への取り組みは真剣である．しかし，真剣であるがゆえに，ともすると外部資源依存の成長という現実を忘れてしまうところに脅威が見られる．改革開放政策は，自由主義経済を支える諸政府や企業群との暗黙のバーゲニングだったのだから，そのバーゲニングの内容の履行を進めなくてはならない．また，先進国政府・企業に対し機会に溢れる中国市場を演出し続けなければならない．それが中国経済の安定的発展基盤を強め，しかも外部との摩擦（切り換え）コストを最小にする道である．改革期の組織運営（経営戦略）は，新しい明日への価値創造であって，けっして過去の価値の順守を志向するものでないからである．中国の指導者にとって悩ましいこの成長のジレンマの解決は，自国中心主義では無理である」

2004年の中国は，GDP世界6位，貿易総額世界3位という驚異の成長を達成した．世界の輸出全体の6％のシェアを超え，日米欧という3つの主要市場では19％，米ハイテク市場でも18％と世界経済は中国経済抜きでは考えられなくなっている．「ジャパン　アズ　ナンバーワン」で有名なE．ボーゲル教授の著書『中国の実験（改革下の広東）の成功』[11]にみるように，実験は中国全体に広がりをみせ，人民元の対ドル相場の事実上の固定化と集中豪雨的輸出により，貿易黒字は巨大化した．2005年になると，日本に次ぐ世界第二位の米国債保有国になり，金融面でもチャイナ・リスクは脅威として認識されるに至った．人民元の切り上げを求める米国の声は日増しに大きくなり，2005年7月には2％のわずかな切り上げだが変動相場制に移行させた．ただ，この通貨に対する外圧はかなり持続的なものになることは，日本の円高・ドル安を求めた20年前のプラザ合意（1985年）以降の米欧の行動が参考になる．米欧先進国から日本は強烈な円の切り上げ圧力を受けざるを得なくなったことを想起されたい．このように中国のさらなる発展は困難なジレンマに直面するであろう．

　中国にとって今重要なのは，世界の工場（製品製造基地）として発展中であることは喜ぶべきことではあるが，安定した発展基盤ができていないということである．とくにその生産物の販売（輸出）先の管理ノウハウがない．つまり出口の見えない入り口の発展段階にとどまっている．今日，世界最大の投資受け入れ国としての中国の発展は外部資源依存型であり，合弁，独資の違いはあっても，外国企業の資本投資や製造技術，経営管理技術，マーケティング技術，企業家精神など見えざる資産（invisible assets）をレバレッジとして高い生産性と輸出競争力を得ているのが現状である．このままの経済発展が可能であるには，国内における外国企業の不平・不満が高まらないこと，国外については輸出先国市場との間で経済摩擦が高まらないこと，この二つの条件を満たさなければならない．成長のジレンマとは，問題解決のための経済発展が次の新しい困難な問題を生み出してしまうことを意味する．本音は，純粋な中国企業の国際競争力を高めなければならないのである

が，それは同時に既存の共産党独裁体制の国際化（国営企業・金融機関の民営化）を引き換えにしなければならない．大変なジレンマに直面しているのが現代の中国なのである．

このような成長のジレンマをどう解決すべきかを考えるとき，現代中国の成長過程のダイナミクスをみておかなくてはならない．戦後，毛沢東が文化大革命（1966年）以降，「専」よりも「紅」を重んじ，土地を没収し経済成長を犠牲にしてまで教義の実現を求め，紅衛兵の乱（1967年）において知識人を攻撃し，階級闘争の永続を公言した時代が長く続いた．しかし，毛沢東死去（1976年）後四人組が失脚し，改革派の鄧小平時代[12]が始まり，それまでの権威主義から成果主義へと路線を変更し，旧制度の改革と市場の開放を進めた．その背景には，時代が中国を中心に回っている（伝統的な大中華思想）のではなく，むしろ中国は時代に取り残されていることに気づいたという時代背景がある．

1979年の米国の中国承認後，改革開放は加速的になった．同時に，毛沢東主義的世界観は崩壊し，物質的豊かさの容認が現代中国の合法的目標に変わっていった．しかし，国民はそれまでの価値観を転換するのに多大の苦痛を強いられた．西欧資本主義の成功が優れた徳行や勤勉によって得られたものとは考え難かったが，少なくとも自らのプライドを抑制し，自分たち周囲の現実を認め，時代の大きな流れを受け入れなければならなかった．

1980年代は，海外の華僑や香港を通じて資本主義経済の思想や方法が，まず広東省に，そして大陸沿岸部へと伝播した．テレビは一般化し，海外の情報を国民が直接驚きをもって触れることができるようになった．しかし，政府は産業・金融の改革プログラム全体像を作ろうとはしなかった．米国を模倣するにも新価値創造の知識も経験もなかったからで，それを政府も省も自覚し，慎重に学習を重ねることを選択した[13]．模索に模索を重ね，実験という言葉が最も適しているかのように，政策になりそうなガイドラインから逐次的に作っていった．国営企業の活性化は，もっとも困難な課題であった．なぜなら，国営企業は事実上，国家経済官僚機構の最下層に位置し，その組

織活力は低く意思決定の多くが企業単位でなされるのではなく,政治的な上層レベルによって行われていたから生産性が著しく低かった.そこで改革では自律性の向上を目指すことになった.

1990年,深圳と上海に証券取引所を創設し,国営企業の経営再建のための上場と資金調達問題にも取り組んだ[14].さらに国営企業への刺激策としては,米欧企業が国営企業をM&Aすることも厭わず,むしろ改革のスピードを上げる戦略手段として歓迎した.権限の大幅な委譲と名声や報酬の引き上げも必要だった.新しい市場機会を活用する企業家の重要性が強調された.労働観も変えなければならなかった.一所懸命に働くことに価値があると考えられてきたからである.それを効率的に経営された企業にこそ価値があると価値観の転換を行わなければならなかった.終身雇用制から契約労働者制への切り換えも試みられた.さらに資本と技術を持ち込む外国企業の誘致がなければ,輸出型製造業の改革を迅速に推進できないと認識していたので,政府は沿岸部に経済特別区を設置し,外国企業優遇を改革開放政策の柱にした.

天安門事件(1989年)は,政府の新しい政策である改革開放が本格化していくことが次第にはっきり見えてきた1980年代の締めくくりとして,新旧勢力の激突(臨界点)として捉えることができよう.同じ頃西側では,東西冷戦の象徴であったベルリンの壁が崩壊したのである.内外の圧力を受けて,守旧派は方向性と力を失った.

1990年代は発展期である.英国から香港返還を,ポルトガルからマカオの返還を実現すること,つまり資本主義の香港,マカオの中国大陸への組み込みが現実におこなわれた時期なのである.特に香港は世界への貿易港であり,中国が海外に進出する拠点として必要性が高いと認識された.当時のサッチャー英国首相が,ゆるやかな香港返還を要請したのに対し,中国政府は断固として断ったいきさつからみても,遅れを取り戻す急速な中国の経済発展がいかに政府の固い意思に基づくものであったかを理解することができよう.

第6章 グローバル企業の対中国市場戦略 133

　2000年代に入ると，人民元の切り上げが国際問題になった．中国が「世界の工場」といわれるまでに経済発展を遂げてローテクからハイテクまでのフルセット型輸出競争力が顕著に高まったからである．実に輸出は繊維などの軽工業から，機械・電気製品に重点が移り，これが輸出全体に占める割合は52％となり主力産業になったのである．製品別でみても，携帯電話・部品，DVDなどの電子製品，レーザープリンター，ディスプレーなどハイテク製品が増加していることが注目される[15]．ただ，外資系企業による対外貿易の割合が55.5％で，そのうち輸出は54.8％，輸入は56.2％であり，成長のエンジンが外資であり，外資に先導された国内産業のハイテク化であること，つまりイニシアティブの問題が中国成長のジレンマになってきた．なお，主要な貿易相手先別貿易総額の順位は，日本，米国，EU，香港，韓国，台湾となっており，日本の存在感が中国全体で高まったことに注目しなければならない．

　「庇を貸して母屋を取られる」という言葉があるが，現在の中国人の複雑な心境はここにあると考えられる．重要でないところ（広州沿岸部）を貸したつもりが，いつの間にか重要なところ（中国沿岸部全域）に入り込んで居座ってしまうということは世間ではよく見かける．しかしそれは中国政府も企業もよくわかっていることだと考えられる．資本も技術も市場も企業家精神もない中でイノベーションが起きるはずはないからだ．世界の工場，世界の貿易立国の地位を獲得できたのは，外国企業とそれを支援する外国政府であったことぐらいは，よく理解できているはずだ[16]．

　母屋を失うリスクを賭けて，市場開放と外資受け入れの制度改革を進めてきたはずである．リターンはグローバル化の遅れを一挙に取り戻し，再び世界に覇を唱えるチャンスと中国は考えてきた．ただ，このハイリスク・ハイリターンのゲームを持続的発展につなぐことができるのか．成長のジレンマは簡単に解決可能なのか．この考察を深めることからチャイナ・リスクの脅威と機会がみえてくる．

　そのカギは，高まる各国との通商摩擦の顕在化の意味を考えることにあ

る．とくに米国では議会に制裁措置の要請まで出されている．また米欧は連合して，WTO 加盟議定書の履行状況のチェックを厳格に行うべきとの要請を出している．近年の中国の法令整備努力などは評価するものの，加盟時の約束通りの市場開放が進んでいないこと，知的財産権の保護，価格・費用の設定に政府介入が強いことなど，不公正な取引の多発を強く懸念している．とくに EU は，中国を「市場経済圏」として認定できないと判定（2004年6月）し，一層の改革開放を求める動きが目立つ．そこでの重点項目として挙げられているのは，①国家介入の削減，②透明な企業統治，③知的財産権の厳守，④金融改革の推進である．これらの改革がなされなければ，中国を「外国為替操縦国」として認定し，人民元の切り上げ，ないし段階的な変動幅の拡大を迫ることで米欧が協調戦略をとることが確認されている．ここから超大国米欧の外圧が開始されたのである．2004年度には対中貿易赤字が膨れ上がり，米国経済は巨額な経常赤字（年間6,660億ドル）に陥る[17]．この黒字によって中国は日本に次いで世界第2位の米国債保有国になった．これは中国が世界の工場としての地位を確立したことを物語っている．しかし，生産基地としての中国だけでは覇権国家にはなれないことに気づくのもこの頃からである．過去の日米摩擦を教訓として，中国はそれに対処すべき知識と経験を学んだ．そして市場を握るものが強者であることを知るのだった．つまり売れない物をいくら作っても価値がないことに気づいたわけである．台湾併合や「東アジア共同体」に関心を向けてきている背景には，そうした生産からマーケティングや市場開発へと経営能力の拡充を意識したものと思われる．その実，全国主要大学で続々と大規模なビジネス・スクールが開設されている．その勢いは日本の比ではない．

　このように中国の市場経済はいまだ未成熟であることは確かだ．自らのエンジンでグローバル路線を走れるまでになっていない．しかし，鄧小平が蒔いた改革開放路線はかなり先までを考えて着実にシステム的に進化を遂げている．また，毛沢東が民間資本を国有化した膨大な財産もある．つまり国有財産という膨大な自己資本を保有しているという余裕が中国政府にはある．

市場主義への価値観の転換という困難なカオスの壁をブレークスルーし，国際レベルでの輸出競争力を高めている中国の潜在力はあなどれない．その脅威とどう付き合うのか，先進国企業の主体性は何かを明確にした新たな戦略が待たれるのである．次にこの点をグローバル企業の戦略論の観点から考察する．

3．グローバル企業の世界戦略

　仮説3：「米英のグローバル企業群は，崩壊した社会主義経済圏の経営資源の囲い込み戦略を推進するであろう．それは戦後の荒廃した西ヨーロッパと日本を巨額な援助によって立ち直らせ，支配下においた成功体験をもつ米英両国にとって世界政治・経済の覇権（パックス・アメリカーナ体制）の持続を保証してくれるからだ．したがって両国家は，アングロサクソン系列のグローバル企業の競争力を活用するために積極的な支援をおこなうはずである．国家予算や軍事力ばかりではない．世界最大の高付加価値製品マーケットと先端技術という競争優位の二大源泉に政府規制をかけること（相互主義戦略）で，アングロサクソン系グローバル企業の対中国市場戦略を後方支援することが可能になるからだ．」[18]

　第1節の問題の設定と分析の枠組み，第2節の現代中国の成長ジレンマに続いて，本節では現代のグローバル時代の演出者として世界のトップに君臨する高株価企業の勢力とその分布に基づいて中国市場を考察する．そこからは圧倒的な力の米英系グローバル企業の実像が浮かび上がってくる．中国市場は，そのターゲット（「戦略空間」）として魅力的である．とくに米州ではNAFTA，欧州ではEU，アジア太平洋ではAPECを創設し，残るは巨大な中国，ロシア，インド，ブラジル（いわゆるBRICs）の組み込みが企業戦略上の焦点に移っているからである．グローバル企業は地球規模の政治経済再編

の演出者として，また改革開放を迫られる国や企業にとってはグローバル企業＝現代の「黒船」として，その存在の圧力や影響力が注目度を増している．

　グローバル企業の成長の源泉は，グローバル市場であることはいうまでもない．したがってグローバル市場の創設・開発・制度化が基本戦略とされているのであるが，その背景には，技術革新の覇権競争があることを見落としてはならない．第1節でみたように，戦略空間に的を絞るグローバル企業は，技術革新と市場開発をバラバラに進めるのではなく，両者を一体として取り上げ，さらにそこに資本を集中的に投下するのである．コンピュータにはじまりインターネットまでに発展したデジタル関連ビジネスの成功は，この典型的なモデルである．その技術の源流が，米国のマンハッタン（原子爆弾）計画からNASAの宇宙計画に至る軍事技術の民需化・市場経済化にあることはよく知られている．

　企業の競争優位が，企業の規模にあるという仮説はすでに過去のものとなっている．今日では，技術と市場と資本の三大要素の新結合を実現する企業家精神が競争優位の源泉であると考えられる．まさに企業家は現代の黒船を操るキャプテンなのである．この企業家に活躍の場を提供できるのは，これまでの黒船，つまり外国という国家パワーである．これまでという表現を選んだのは，今日の先進国は社会保障や軍事に足かせを嵌められ海外諸国の市場や財産に介入する余裕がなくなっているからである．その代理として期待をかけられているのがグローバル企業である．ただ弱体化したとは言っても規制緩和によってグローバル企業育成のための市場開放や軍事技術の民需化を操る力は残されている．古い文明から新しい文明へのシフトに協力するだけの力は残されている．

　さて，現代の世界再編の演出者であるグローバル企業の実像に迫ろう．表1は，ビジネス・ウィーク誌に掲載のグローバル企業の世界分布表である．ここでは米国の抱えるグローバル企業数は抜群に多く，その業種には先端性がみられる．

表1　グローバル企業の勢力分布（株価は2004年5月末）

グローバル平均		社数1,000社	ROE 18.1%	P/E 17倍	P/B 2.8倍
1位	アメリカ	423	19.2	22	2.9
2	日本	137	8.3	29	1.9
3	英国	73	32.8	16	−1.6
4	フランス	44	12.8	26	2.7
5	カナダ	37	13.9	27	2.4
6	ドイツ	35	12.9	21	2.6
7	イタリー	23	12.4	25	2.5
8	オーストラリア	21	16.8	17	2.9
9	台湾	18	17.9	14	2.4
10	スペイン	17	18.7	16	3.1

資料：2004年7月26日『ビジネス・ウイーク』誌　ビジネス・ウイーク誌は，毎年，企業価値（株価総額）に基づいて世界企業の各国別ランキングを発表している．
注：1）　ROEは，株主資本利益率（％）．
　　2）　P/Eは，株価と一株当たりの利益率（倍率）．
　　3）　P/Bは，株価と総資産の比率（倍率）．

　この表からわかるように，アングロサクソン系グローバル企業（米国，英国，カナダ，オーストラリアの合計とする）の世界に占める割合は，実に55.4％である．これに同盟国の日本が加担すれば，ほぼ世界の70％を支配していることになる．このグローバル企業の戦略構想力に各国政府の支援が加わる状況を想定することで，中国市場の将来をかなり見通すことが可能になる．社会主義経済圏の崩壊後，中国に改革開放を迫ったのは，グローバル企業群とそれを抱える先進諸国だったからである．
　アングロサクソン系の中核である米国系グローバル企業は，対中国戦略の展開にあたって，いきなり本土に攻め込むのではなく，まず台湾，香港に拠点を定めた．とくに今日話題の中台戦争の危機は，米国が拠点にしている宝島（台湾）の攻防戦と考えられる．今日の中国の情報機器輸出の40−80％が台湾資本の中国工場で製造されたものであり，また，ハイテク製品を含む外国資本による輸出の割合は中国の輸出全体の70％にも上ると推定されてい

る．生産技術だけではない．経営全般管理やマーケティング技術についてもほとんどが台湾人（100万人が中国で働いている）によるものといわれている．この台湾パワーの蔭の演出者は，米国IT企業群なのである．実に米国系グローバル企業は，台湾に世界最大級のハイテク人材基地を構築したのである．台湾人のタフな精神とスピードは，顧客の要望に応える卓越した能力があると米系企業は満足している．この台湾から製造部門を中国本土に移管させ，台湾企業には，新たにハードからソフトに及ぶハイテク技術に集中させる戦略を促進している．このように米国にとって台湾は，IT基地なのであるから，中台戦争は米国にとって核戦争にも匹敵する巨大リスクと認識されている[19]．

これに対し，純粋中国系企業の成長とグローバル化についても考察しておかねばならない[20]．すでに見たように，中国は，改革開放によって，技術，資本，エネルギーを初めとするあらゆる資源，人材，情報をグローバル企業を中心とする外国企業から受け入れてきた．外国企業との合弁，提携，アライアンスの形成によって国内企業は実力をつけてきた．有力企業として，宝山鋼鉄，上海汽車，海爾，寧波波導，海天機械，万向集団，雅戈爾，好孩子，聯想などはいずれもグローバル企業の候補に成長してきた[21]．

これらの業種をみると，それぞれ鉄鋼，自動車，家電，携帯電話機，射出成型機，自動車部品，アパレル，育児用品，パソコンであり，国内のトップレベルのシェアを握るまでになっている．技術力，ブランド力，品質力，コスト・パフォーマンス，経営管理力など総合的に国際競争力を形成してきており，これをベースに中国経済は労働集約型からハイテク産業までをカバーしたフルセット型産業構造をバックに海外市場進出に積極的であり，将来は戦略的連携によるチャイナ・ブランドの構築に向かう段階にある．

例えば聯想集団（レノボ・グループ）を事例に見てみよう．同社（Lenovo Group Ltd.）は，中国におけるパソコン最大手である．2005年，米国IBMからパソコン事業を全面買収すると発表した．世界第3位のパソコン・メーカーとして浮上する可能性が高まった．その買収金額は，12億5,000万ドル

(1,300億円：この決済は半分は現金，残り半分はレノボ自社株）にも上る過去最大規模の外国企業買収となった．聯想集団の設立は，1984年，中国政府系研究機関「中国科学院」の出資によるもので，社員11人のベンチャー企業として発足した．その後，香港市場に上場し，2004年3月期の売上高231億香港ドル（約3,070億円），従業員数1万人規模の巨大企業に成長しており，中国PC市場の30％のシェアを押さえている．なお2005年には日本現地法人を設立した．

　以上のほか，日本では家電のTCL集団は有名である．仏トムソンとのテレビの合弁事業，仏アルカテルとの携帯電話機の合弁事業がTCLの成長を導いてきた．とくに2004年のテレビ販売台数では世界トップの座についた．ただ，ブラウン管テレビが大半であること，また仏アルカテルとの提携の難航からアルカテル保有株式を株式交換で買収することを余儀なくされていること，など自律したグローバル企業への成長の実現には，多くの困難が横たわっていることを見逃すわけにはいかない．

　以上の事例からも分かるように，中国企業の成長は，既存のグローバル企業にとって脅威になってきたことは確かである．しかし，その成長分野は，先進国内では成熟市場であり，先進国のグローバル企業にとって魅力の少ない産業・技術分野が多い．戦後の日本企業が米国企業から奪取した市場をターゲットにしていると言っても過言ではない．そのため中国企業は，日本企業をライバルと見て追撃の野心を描いている．これに対し，米国企業は，まだまだ先行者としての地位を維持し続けている．この点を理解するために，日米比較を考察しておこう（表2参照）．

　世界最大のグローバル企業保有国である米国のポジションをみるために，日米それぞれの上位10社の収益力比較をしてみよう．(A)どれだけの経営資源を投下して，(B)どれだけの企業価値（株価）が達成されたのかの実績をみるのである．Aの代理変数として売上高を使う．企業価値は，将来のキャッシュフローの現在価値を反映する株価と考える．B/Aの倍率が高いほど，高付加価値企業といえるだろう．日米を比較すると，米国企業の方は売上の割

表2　日米企業の競争力比較（2004年）

米国（金融機関を除く）			日本（同左）		
1位	ＧＥ	2.44倍	1位	トヨタ自動車	0.83
2	マイクロソフト	8.83	2	NTTドコモ	2.01
3	エクソンモービル	1.27	3	ＮＴＴ	0.78
4	ファイザー	5.96	4	日産自動車	0.67
5	ウォルマート	0.93	5	キヤノン	1.50
6	インテル	6.12	6	ホンダ	0.57
7	J＆J	3.95	7	ヤフーJapan	57.18
8	シスコシステム	8.06	8	武田薬品	3.74
9	ＩＢＭ	1.69	9	ソニー	0.49
10	Ｐ＆Ｇ	3.21	10	松下電器	0.49

注：1）倍率は$\frac{企業価値総額}{売上高}$，順位は企業価値総額の規模を表す．
　　2）資料出所は，表1に同じ．

に株価が高い．それは高収益事業に資源を集中させているからだと考えられる．つまり，米国企業の競争優位性が指摘できると考える．このように，グローバル企業の保有数でみても，またここでの競争優位性でみても，米国系企業のパワーは抜群なのである．

　日本側は，ヤフーを除くと，全体的に米国に比べて倍率が低い．これは売上努力にも拘わらず，株式市場が事業経営を高く評価していないことを意味している．これに対して，米国側はグローバル市場の将来の成長をにらみ，差別化戦略を考えて高付加価値分野に経営資源を選択・集中していることが窺える．「戦略空間」の定義を前提にヒト，モノ，カネ，情報の選択・集中化が図られているものと推定される．

　このような巨大なパワーの米国系グローバル企業がどのように対中国戦略を展開するのか．事例を通して説明してみよう．前述の中国ハイテク企業のなかでもとりわけスターと目されている聯想集団にパソコン事業を売却した米国IBMの戦略的事例は興味ある事実を示している．中国側では，米国のシンボル企業に勝ったと歓喜し，宇宙ロケット打ち上げ成功に続く中国の躍進とお祭り騒ぎになった．しかし，冷静にIBM側に立って考えると，この

取引の裏にはIBMの長期的なグローバル戦略が認められるのである．両社の取引内容を見ると，実に戦略的提携を狙ったものであることがわかる．IBM側は，売却により利益の出ないパソコン事業から事実上の撤退をするものの，企業向けサーバやIT技術に特化し収益力を高めることができるからである．また，IBMパソコン部門責任者のスティーブン・ワード氏が聯想集団の最高経営責任者に移籍し，同集団は世界本社をニューヨークに置き，IBMと提携戦略を展開することが予定されている．さらにIBMは同集団の18.9%の株保有見込みという．聯想側は，IBMパソコン部門全社員1万人を移籍し，研究開発，生産，販売など全業務を引き継ぎ，5年間はIBMブランドの使用権が認められるために，「ThinkPad」の商標権と関連技術を獲得できる．つまり，この取引は，ウィン・ウィンの関係にあり，けっして中国側が一方的に勝利したと喜べる取引ではない．これは，かつてIBMが日本のコンピュータ市場に参入した当時の戦略を想起させるものである．したがって，むしろIBMが中国の先端技術市場に独占的に入り込むチャンスを手にしたとみるべきであろう．このようにみる理由は，今日の先進国企業間の競争は，ハイテク技術への研究開発投資の競争であり，その競争には，持久力が必要である．それには研究投資をどこかで回収しなければならないため，海外市場，とくに中国のような潜在的な発展市場は，最も魅力的な市場となっている．つまりIBMは，古いビジネスモデルのPC事業を取引材料に，新しい将来の先端市場を手に入れたわけである．しかもPC事業を完全に手放したのかというと，実はそうではなくて，経営者も社員も丸ごと存続するわけであるから，いわばPC市場の自由なアクセス権を手に入れたとみることができる．

このように，グローバル企業の対中国戦略は，たんなるコスト削減ばかりが目的ではない．本命は中国のハイテク市場支配なのである．そのため中国側が求めている競争力向上のための経営資源の引渡しに応じたと考えられる．中国側には将来，外資依存の輸出競争力を脱皮し，自律した輸出競争力を強化する持続的安定成長のチャンスと映ったであろう．まさに米国IBM

の戦略は，中国側の発展シナリオとウィン・ウィンの関係に立つ高度な戦略提携なのである．その実，中国側に資金負担をかけないように，株式交換方式による買収も受け入れている．自動的にIBMは，聯想集団の株主になり，中国政府の重要な戦略アクター（行動体）とのパートナーシップの構築に成功している．また，米国政府にとっても，中国の金融制度の緩和を促すよい材料として，株式交換方式を知らしめるよい機会を中国政府に与えたと映ったであろう．実に，1990年代後半から2000年にかけて株式を対価としたM&Aが世界的に急増している．日本でも商法改正により株式交換型M&Aが新たなビジネス・モデルになっている．世界景気の好調，企業収益の向上，そして株価高騰という好循環経済になれば，株式交換型M&Aは，スピードがあり，しかも政府の通貨に依存しない「企業通貨」として株式交換はグローバル企業の成長手段になっていくことだろう．これこそがアングロサクソン型成長戦略の伝統文化なのである[22]．

次に考察しなければならない事例は，中国企業の米国市場参入障壁についてである．2005年6月，中国三大石油国有企業の中国海洋石油が米石油大手ユノカルの買収に名乗りをあげた事例を参照しよう．対決の相手は，買収に合意済みの米シェブロンであった．米国は政府・議会をあげて安全保障を理由に好ましくないと懸念を表明し，結局，米下院は買収差し止め法案を翌7月に早々と可決してしまった[23]．中国企業の対米国市場戦略にブレーキをかけているのである．

米国政府が，グローバル企業を支援する仕組みには，もうひとつ重要なものがある．それは軍事システムである．世界が最も求めているものが実は安全保障なのであるから，超大国としての米国が，その責任を担うのは当然ではあるが，それにしてもそのコストは膨大なものである．スウェーデンのストックホルム国際平和研究所（SIPRI）の2005年度版年次報告書によれば，2004年度の世界軍事費の合計が1兆ドルを突破したという．世界のGDPの2.4％に当たるが，その内訳は米国がナンバーワンであることはいうまでもない．ただ，その規模は他国を寄せ付けず，全体の47％を占め，急増を続

けている点に注目すべきであろう．自らを世界の警察国家と任じる米国の世界戦略とグローバル企業の数との間に深い関係があると考えることは妥当である．財政赤字と国際収支の経常赤字という双子の赤字を抱えながらも，なぜドルの信任がないのか．2004年度の米国への資金流入は史上最高となり，1兆2,000億ドルにも達したのである[24]．

4．対中国市場戦略としての戦略経営

　仮説4：「米英両国政府とアングロサクソン系グローバル企業の全面的支援で中国の安くて良質な労働力は，中国の所得を飛躍的に高め，世界有数の多様な消費市場を創出するはずだ．それまでは忍耐強く中国市場の育成に取り組むのが米英系およびEU系グローバル企業の戦略である．その全面的支援には，ヒト，モノ，カネ，情報ノウハウの経営資源ばかりか，米国・EU市場を中心とする自由主義経済圏の市場の全面的開放を含む．この痛みを伴う戦略こそ，すさまじい力を発揮する．しかし，中国が自律的成長路線に達することが確認できれば，その成長を放任することはない．中国の面子が，外圧を嫌い，日米欧の仲を割って競り合わせようとする「漁夫の利」戦略を考えたとしても，現代のグローバル企業が織り成すネットワーク経済の下では無理である．中国包囲網は，中国に通貨切り上げを迫り，さもなければ対米輸出に高い関税を課したり，輸入制限などの量的規制をかける経済制裁措置によって，中国の成長管理が行われることになる．そのよい例が，「ジャパン　アズ　ナンバーワン」と持て囃された日本である．日本に対してと同様に成長管理の手段としては，中国の政治経済制度の構造改革に圧力をかけ，中国ペースではなく，世界的視点で均衡ある成長路線に導くことになる．チャイナ・リスクを受容し，中国を自由主義経済圏に取り込むことが，米英を中心とするEUその他の価値連鎖国家・企業群の基本戦略だからである．自由な市場と自由な思想・体制の構築に向けてのアングロサクソン戦略

はまだまだ続く．アジア経済共同体（地域経済圏）の構築は，グローバル企業の戦略目標であるからだ．」

(1) 「世界のデトロイト」化を目指す対中国市場戦略

　外部資源依存型の中国経済は今後も続く．日本のホンダ，トヨタ，日産の三大メーカーは中国現地生産工場を拡大し，「世界のデトロイト」としての地位の確立を展開中である．とくに中国の三大経済圏のひとつである広州に生産基地を集結しつつある．ここは香港の隣で北京政府からはるかに遠い政治リスクの及びにくい地域である．ここを基点に日本の自動車メーカーのグローバル戦略のエンジンが始動するのである．中期的にみて平均的国民が自動車を購入できる時期が近づいていると判断される中国市場とASEAN市場との接触する中間に拠点を定め，「東アジア経済共同体」構想を前提にした戦略展開が始まっている．

　これまでの中国政府の政策的枠組みでは，合弁企業だけが認められただけで，外資は思い切った独自性のあるグローバル戦略がとれなかった．その理由は，生産性の低い国営企業と合弁し，生産性向上のための技術指導や技術供与など日本企業に求められる負担が重すぎたからである．もともと中国政府は，すでに1980年代に投資誘致を働きかけたが，世界の有力メーカーから満足な回答が得られず，結局ドイツのフォルクスワーゲン社の協力だけで乗用車生産に取り組まねばならなかったという経緯がある．そうした理由で日本企業の進出は遅れた．また遅れた背景には，米国政府・企業の意向に配慮したことも想像に難くない．しかし，中国政府は国営企業にはスケールメリットが必要と考え，中国企業と提携関係を結んだ外資企業以外の企業を国内市場から締め出すと同時に，提携企業には技術を提供させようという相互主義戦略で圧力をかけてきたために，日本企業も提携に踏み切らざるを得なくなったのである．その中国政府の政策は，「三大三小政策」とよばれ，それぞれ三つの大・小乗用車メーカーを指定し，優先的に保護・発展させるという「選択と集中」の戦略であった．「三大」は第一汽車，第二汽車，上海

汽車,「三小」は天津汽車,広州汽車,長安汽車である.ただ結果は,「海千山千の外資は,中国市場を貪るものの,技術はなかなか提供しなかった.1986年に上海で旧型の「サンタナ」が製造されてから,フォルクスワーゲンは十数年もモデルチェンジしなかったばかりでなく,新車の研究開発ノウハウも上海汽車に教えなかった.こうした現象はほかの外資企業にも見られた」という苦い思いが中国側に残された[25].

　日本メーカーが思いっきりアクセルを踏み込むのは,2001年のWTO加盟後の中国市場においてであった.加盟を契機に中国政府も競争力強化のために規制を緩和し,従来の保護政策を過保護と自己批判し,合弁型の政策を見直して,政府指定以外の企業の参入も認めざるをえなくなった.中国市場の自由市場化と外資系メーカーの本格的な輸出基地化が始まったのである.まさに外圧による改革開放が着実に進展しているといわねばならない[26].パソコン,家電など多くの中国製品が世界に輸出されるのに続いて,より高度な製造技術が必要とされる自動車の輸出へと外資の力に依存した中国の競争力は今後急速に高まっていくと予想されている.つまり,中国のフルセット型経済発展がはっきりみえてきたわけである.かつて日本が,米国にあって日本にないものはない,と豪語した黄金の80年代と同じ状況が近く中国にも訪れる確実性が高まった.

　このように現在の中国の目指している方向は,貿易立国である.しかしその成長過程は多大の切り換えコストが残されていることを承知していなければならない.

(2) 中国包囲網と中国覇権主義

　2005年半ばの米・EU首脳会議の実現は,きわめて異例のことであった.しかしそれほどに中国パワーは強大になったという証しでもある.米・EUが一致して人民元改革の説得に当たらねばならないという時期が訪れたのである[27].

　中国側にしてみれば,WTOに加盟したばかりで,これから世界市場に拡

大戦略を展開しようとしているときに，通貨高になれば，国際競争力が衰え，他の途上国のグローバル市場参入の誘因になる．つまり中国のライバルが増えると懸念するのも不思議はない．国内の景気の抑制と失業増にもつながるだろう[28]．

　しかし，逆の立場，すなわちグローバル企業の立場からすれば，中国系企業のグローバル化は脅威である．それに中国政府が強力な支援をすれば（もちろんそう行動するはずだが），短期間でグローバル企業の育成が可能である．またそうでなければ，中国市場の開放は，欧米企業の成長のための生け贄に供しただけということにもなる．まさに中国の改革期の戦略は，最も難しい局面に差しかかっているといえるだろう．国内に高まるナショナリズム，海外から押し寄せる外圧は，中国の政府・企業の最も解決困難なジレンマであろう．しかしこのような局面に立たされることは，十分予想されたことと考えられる．しかも国民が豊かさの満足を知ってしまった現在，すでに後には戻れない．しかし出口（海外市場進出）は，米欧日がしっかり防衛している．その市場を交渉材料とした相互主義戦略を取るであろう．米国の包括通商法に基づく相互主義戦略は，1980年代の日本の世界進出を抑制することに成功したからである．

　さてこの先進国側の戦略論理について少し触れておきたい．この論理は，市場経済主義である．そこでは市場価値が重要なキーワードである．極端な表現を使えば，地球丸ごと現在の市場価値はどれくらいか，またその将来価値はどれくらいに成長するか，を考える未来志向の思想である．市場価値とは，与えられた地球という資源を保有する価値ではなく，人類の幸福につながるその活用方法の価値ないし利用価値こそ大切だという考え方をとるのである．このことから国家や企業や家庭も，それぞれが保有する資源を最大限に活用ないし利用して，どれだけの価値あるビジネスを創造できるか．これが未来を競う資本主義社会のルールなのである．もし仮に，政府でも企業でもその保有する資源の活用計画もなく保有（遊休資産）しているだけなら，それは罪悪ということになる．つまり存在価値のない政府であり企業として

烙印を押される．与えられた資源を大切にするということは，資源を使わないということを意味するのではなく，活かして使うという高度な技術が求められるのである．市場つまり顧客が，最終的に政府や企業の資源の活かし方，新価値の創造を購買するという形で評価するわけである．まさに「考える戦略経営」が求められているのである．購買されない製品の生産は，どんなに資源を節約した製品であっても資源の無駄（つまり廃棄処分）と解釈される．そうなれば，重要なのは，資源保有よりその利用ノウハウということになる．逆説になるが，資源の利用ノウハウがあれば，資源は後からついてくると考えるのが現代資本主義的発想なのである．利用ノウハウ（ソフト資産）があれば，企業の収益性が高まり，企業価値（株価）も資金調達力も高まる．中国（政府・企業）は果たしてどう評価されるのであろうか．

これまでの中国の経済発展は，外国企業という牽引車があったればこそである．外国企業は市場開拓戦略として，自らの経営資源を削って，市場開拓に投入してきた．生産技術や経営ノウハウ，設備・運転資本の巨額投資は着実に中国沿海部の経済を潤した．毛沢東から鄧小平に路線が変更されて以来，その改革開放路線は，政経分離路線として，外資を誘致する仕掛けとして有効に働いた[29]．さてそこで，中国企業のポジションについてであるが，二つの道が考えられる．一つは中華経済圏の構築であり，他はより大きな東アジア経済圏の構築の道である．中国市場におけるすべての企業は，このいずれかの道を選択し，リスクを冒さなくてはならなくなるであろう．この問題は，S．ハンチントン教授の仮説（『文明の衝突』（鈴木主税訳），集英社，1996年）のように，将来に米中二大大国間の衝突の可能性が絡んでいるからである．

米国は1970年代後半からグローバル戦略を開始し，国内外の同時構造改革を推進してきた．その過程では，米ソ対立構造の基盤であった社会主義経済圏を崩壊に導き，戦後の通商問題の解決基準であったガットを改革し，サービスや知的財産を含む総合的な通商ルールを新たに規定し，このルールを守護するWTOを設立し，加盟国を増やしてきた．中国の参加は最近のことで

ある．

　社会主義経済圏の崩壊は，中国にとって新たに独自の経済圏を構築するか，既成の経済圏に加盟するか，いずれにせよ高いコストがかかることは明らかで，このコストに見合うベネフィットをどのような戦略で獲得するのがいいか，なやまし問題となっている．

　その実，日中関係は「経熱政冷」関係が顕在化した．2005年における反日デモは象徴的であった．政治レベルでは，日本の国連常任理事国入りや首相の靖国神社参拝に対する批判，教科書検定のあり方，領土問題などをめぐって冷却した関係が小泉内閣以来続いている．それは経済関係が熱気を帯びて深まって入ることと対照的でさえある[30]．このようなネジレ現象が長期に続くはずはない．軍事的覇権と経済的覇権の二つの覇権について，中国がどのような組み合わせの対応を取るか．

　日米軍事同盟と中国の軍事的覇権問題について触れておきたい．すでに述べたように，日米軍事同盟は，グローバル企業による地球ネットワーク経済の構築のためのインフラとして位置付けられる．しかしながら，中国の場合，もともと社会主義圏の「圏益」を護るために巨大な軍事力が必要であったが，その崩壊とともに，国益を護るための限定された軍事力にスケールダウンすべきものである．しかし，現在のところその徴候は見えない．他に有効利用するとしたら国連常任理事国としての役割のためか，独自にアジア経済圏を構築して活用するか，ということになる．しかし，いずれも日米欧のグローバル企業は望まない道である．そうなると何の目的で膨大な軍事コストを負担するのかが，不透明になる．つまり，脅威としての迷走するチャイナ・リスクが突出してくるのである．

　ただ現在論じられている「将来の東アジア共同体」構想は，軍事を除く経済オンリーの共同体構想であり，為替制度の改革，自由貿易協定，エネルギーや環境問題における協力など東アジア地域の経済インフラの設計図をだれがどのように描くかは不透明である．しかもこの共同体形成に向かう地域のエネルギーの高まりが，中国の経済発展を促進することは間違いない．し

かし当然ではあるが，そこには米国は含まれない．つまり米英が影響力を及ぼせないスキ間がそこに生まれる可能性がある．中国がその軍事的覇権により東アジア経済圏の支配を目論む，つまり大中華経済圏構想を期待する余地を米国は警戒するであろう．そこでこの中国を牽制する軍事パワーとして，日米，台米，韓米軍事同盟の強化が展開される可能性が高い．これは中国の軍事覇権の抑止力になる．

　したがって，東アジアの軍事的覇権を狙い，それをテコに大中華経済圏を形成できると単純に考えるはずはないのである．しかし，東アジアが中国にとって絶好の覇権を握る基盤として魅力あることは否定できない．戦後の共産党による一党支配と巨大な人民解放軍，人工衛星の打ち上げに成功して以来の国威高揚に燃える中国は，米英との対立軸で捉えられるのか，それともなし崩し的に，中国が東アジア共同体にメルトダウンしていくのか，世界が協力して考えなければならない悩ましい問題である[31]．

　このような中国の覇権主義を整理してみると，実に二つの覇権主義が相互に絡み合って中国政治経済を動かしていくことが理解できる．一つは経済力をベースにした経済覇権主義であり，他は政治・軍事力をベースにした政治戦略型覇権主義である．現実には，この二つが複雑に絡み合って，中華経済圏を形成しようとしていることに異論はないであろうが，問題は，この中華経済圏とグローバル企業が構想する東アジア経済圏との競合関係の中にある．いうまでもなく，両経済圏が相互に補完しあい，経済を発展させられることが望ましいが，そのように簡単にさせないのが現実である．日米欧の先進国は政府・企業が一体となり東アジア地域（中国も例外ではない）の経済発展に物心両面から力を注いできたわけであるから，中華経済圏は東アジア経済圏の一部として収められていくことが，摩擦コストの極小化を実現する問題解決法と考えざるを得ないのである[32]．

(3) 対中国市場における成功する戦略経営の条件

　対中国市場におけるグローバル企業の戦略経営は，リスク・リターンの戦

略経営の成否に成功の条件がある．チャイナ・リスクのもたらす脅威と機会をどのように統合していけばよいか，このマネジメントが期待されているのである．すでに見たように，グローバル企業の戦略は，新しい技術革新の波に企業が乗るために市場開拓と拡大というマーケティング戦略をグローバルな規模で展開することにある．つまり中国市場を戦略的空間として切り取り，グローバル市場に編成できるかの挑戦なのである．平たく言えば，大中華の歴史が世界史に組み込まれ，世界軸で中国が動かされるという中国史上始まって以来の大転換を引き起こすことがグローバル企業の戦略目標なのである．だから中国保守勢力の抵抗はまだまだ続くのである．

　これまでの実証的考察を踏まえて，中国経済の現在の発展段階と将来の成長ベクトルを要約して示すと次のようになる．

　[リスク／リターンの共有化]：チャイナ・リスクの経済的側面は米中日の価値連鎖に組み込まれた．これら三ケ国のGDPはすでに世界の46％に達し，世界貿易の量の4分の1を占め，人口も27％に当たり，グローバル経済のリーダーであることは間違いない．従来の国益主義から「圏益」主義へとシフトする時間軸・空間軸の中で中国経済は特定の相互補完型戦略空間として認知されるようになってきたと言えるだろう．中国のポジショニングがグローバル経済のなかで行われているのである．

　日本の産業・企業もかつては国益主義の色が濃かった．しかし，日米経済摩擦の回避行動として，中国経由の輸出を考えた日本企業の迂回戦略は，結局，中国の改革開放を支援・促進し，中国の対米貿易黒字を拡大した[33]．日本企業は米国との経済摩擦を米中摩擦に転化させることに成功したが，結局は，米国の国益，すなわちグローバル企業による地球ネットワーク経済の構築を促進する効果をもたらしたのである．今から考えれば日米摩擦の本質は，日本叩きではなかったことが分かる．米国にとって，日本市場より中国市場の方が，数倍魅力があったからであろう．かくて中国は日本とともにに自由主義圏に組み込まれる形で，米国の国益に貢献することになるであろう．米国の手のひらの上の日中関係という構図がみえてくるのではないか．

その証拠の一つに，中国政府の海外投資の規制緩和が指摘できる．中国企業の海外進出（これを中国語では「走出去」という）戦略を国家戦略として位置付けて奨励し始めた．2001年には海外投資における外貨管理に関する試行地域の拡大，つまり海外投資をおこなう中国企業の外貨購入の認可権限を地方の分局に付与し，外貨リスク審査制度の撤廃，外貨資金源審査制度の簡素化を，さらに2003年には製造業の海外投資手続きの簡素化，2004年には海外国別産業別の対外投資方針（目録）を発表し，グローバル企業の育成・産出に目覚め始めたからである[34]．

また国内では，2001年のWTO加盟から3年間の保護期間を経過した2004年から2007年までの3年間は，本格的な市場開放期に入る．その実，すでに2004年に小売業の外資への開放，2005年12月にはフランチャイズチェーンが解禁され，製造業から流通業にまで改革開放が広がっている．日本のコンビニの大量出店も予想されている．三菱商事系列のローソンは年100店ベースを計画し，伊藤忠系列のファミリーマートは1,000店計画を発表している．出店数が少ないものの北京に限定してコンビニを展開するセブンイレブンも拡大の準備としての学習過程を着実に進めている．かくて流通のほとんどが外資の支配下に治められているというのが現状である．これはWTOに加盟したことによる中国の義務でもある．今後，外資の資本とノウハウを活用した消費市場育成が注目され，為替レートの引き上げ継続とともに外貨の流入，中国人民銀行による外貨買い上げ，国内資金の超緩和が消費市場の拡大を促すという外資にとって中国市場は好循環過程に入っている．2006年までに外資系銀行への規制緩和によって，中国人顧客市場を対象にした人民元（現地通貨）を取扱う業務の許可も近づいた．

このように中国市場は，製造，流通，金融の主要産業領域でグローバル企業の戦略ゾーンとして活況をみることが近いと考えることができる．先進国系企業間の戦略提携によるリスクマネジメントは，ハイリターンを持たらすであろうことが予測できるのである．

おわりに

　本稿をまとめておきたい．本稿のテーマは，グローバル企業の対中国市場戦略を実証的に考察することであった．筆者は，すでに日米グローバル企業の競争戦略について実証研究を行ってきたが[35]，グローバル企業の構造や行動の研究がその重要性をましていることに異論はないだろう．2005年の反日デモは，本稿のテーマを考える上で，問題提起としてとりあげる価値があると考えた．日本企業にどのような影響を及ぼすか．いわゆるチャイナ・リスクが日本企業にどのような脅威と機会を提供するのかについて，経営戦略論の観点から実証的に考察し，もって日本企業のあるべき戦略行動を導こうと試みた．その結果は，次のようにまとめることができる．

　まず中国市場のリスクの多層性である．多層的という意味は，リスクの発生源泉とそれをコントロールする責任主体が，統合されていないと言うことである．形式的には中国市場は，中央政府と共産党総書記とによって一元的に統合されていることになってはいるが，しかし実体はグローバル化とともに多元的になってきつつあるのだ．それは根本的には中国の地理的，歴史的，人口規模などの要因が他国市場との違いを生み出しているものではあるが，それに加えていわゆる外圧，つまりグローバリゼーションの波の圧力を受けて，旧来の統合システムの求心力が衰えてきている．旧来の私有財産の国有化を実現したパワーが崩れ，逆に国有財産の私有化にパワーのベクトルが方向転換している．旧来のパワーの崩壊と，パワーの分散が新たなリスクを多層化させている．まさに切り換えコストが問題になっているのである．政治力の分散は，中央と地方政府とに，政治力のもとにコントロールされてきた経済力が，それぞれの事情で多様な動きをみせるという分散，それから政府と自治意識に目覚めた国民ないし住民との意識分散が，旧来の統合したリスク・マネジメント能力を崩壊させつつある．

つまり中国市場のリスクの多層化は，政府による市場統合パワーの衰退により発生しており，価値観の転換過程の典型的な「臨界」現象と捉えるべきものである．外資を呼び込む改革開放政策の結果として，何が中国市場で変化したのかということなのである．その外資の価値観は，アングロサクソン・モデルであるWTO，IMF，WB（世界銀行）などにみられるように，民主主義・自由主義をベースとしたヨコ型社会として形成されている．それは同時にグローバル企業側の提示する紛争解決法とほぼ同じ内容になっている．別の表現を使えば，ビジネスの透明性の要請である．グローバルにみてビジネスはルール化されなければならないとするものである．国有企業に対するコーポレート・ガバナンスの欠如，通貨価値への政府介入，財政赤字と金融の不良債権の拡大などリスクは拡大するものの，それに見合うリターンの管理が無責任に行われている点が中国の最大の経済リスクになっている．儒教文化に根差す人治主義は尊重されなければならないが，その人治主義が権力主義に堕ちてはグローバル基準でも認知されず，また国民や住民に不安や不信を高めるような腐敗や汚職や不公平さを伴うならば，尊敬どころか破綻するのが必然であろう．もしその破綻から暴動やテロが多発するとすれば，外資である日本企業も標的からは逃れられない．北欧の仕掛けた中国包囲網を前提にした予防のリスク対策が必要である．

ともかく改革開放政策によって中国市場は，外資との取引材料に使われ，外資側は資本と技術（ハードおよびソフト技術）をつぎ込み，市場支配の拠点を都市部に構築した．今後，情報，金融，ロジスティックのネットワークの構築が戦略目標になってきた．そうなれば，既に築いた拠点は，点から面に拡充されることになる．面になると現在の市場支配とどこが異なるのかということであるが，それは国民である住民が外資に囲い込まれるということである．これに対し中国側は，市場開放によって外資から何を得たのであろうか．技術導入政策は失敗したのではないかという見方が主流になっているという．自主開発能力のアップにより国有企業の国際競争力を高めなければならないはずだが，そうなっていないことが，また貧富の差が，外資導入地

域（都市部中心）とそうではない地域（農村）とで拡大し続けていること，改革と称して土地を略奪する地方役人の汚職などと相俟って，悲観的ムードが広がっている．その失敗の原因は，経済システムを政治システムで制御できると錯覚した中国側のアナクロニズムにあるのではないか．世界ではヨーロッパ市場の統合，南北アメリカの市場統合が進み，残るところはアジア市場であるという認識が欠落しているところにあるようである．ロシアとともに社会主義経済の慣性から抜け出ることがいかに困難なのかを示していると考えられる．

　いずれにしても中国政府は，グローバルな意思決定基準を導入しなければ，外資が離れ，輸出市場での摩擦激化，それにともなう生産調整や失業問題に直面する．その基準とは，儒教型の人治主義によるものではなく，客観的な市場経済主義，時価主義に基づくものでなければならない．過去の政治経済文化から脱却し，未来を志向しなければならないのである．大事なのは社会主義に代わる「未来の市場価値」主義にあるのではないか．それが米国流グローバリズムなのだと抵抗しても，現実は混乱を増すばかりなのだ．「反日デモ」の真相は，改革開放政策の失敗の予感（改革疑惑）からくる中国人民の焦りでもあると考える．

　次に，企業を取り巻くミクロレベルのリスクについて要点を述べておこう．ミクロレベルのリスクもその実体は多様である．現地企業が直面する主なものを列挙する．

　①販売面での値下げ競争が激しい，②競合相手がすぐ登場する，③売掛金の回収困難（この点は中国市場特有の問題と指摘されている），④人材育成・スタッフの強化の困難（面従腹背の傾向がある），⑤生産品の高付加価値化の困難（熟練労働者の絶対的不足が大きい），⑥現地調達率の引き上げ要求が出される，⑦管理職の長期経験者不足（またすぐ辞任するリスク）⑧人望のある強力なリーダーの不足，⑨コンプライアンスの問題が起こりやすい．

　一般に，中国人は会社のためには働かないといわれている．尊敬するボス

のために働く傾向がある．組織は属人的になりがちで，合理的な継続性が保たれない．時間が経つと日本本部のコントロールを超えてしまい，独走する危険性さえある．いずれにも共通するのは，統一したルールでは中国市場でのマネジメントはできにくいということになる．

　以上のようにマクロ，ミクロの両面から中国市場のリスクの特性をまとめてみると，実際，日本企業は，構造的なチャイナ・リスクがもたらす脅威と機会にどのような戦略で対応すべきかということである．三点を提案して結びとしたい．

　第一点は，組織戦略である．日本企業はすでにグローバル戦略の時代に入っているにも関わらず，米国企業に比べると，グローバル本社と現地法人をつなぐ「地域本部企業」の設置が遅れているという弱点がある．中国工場から米欧に製品供給拡大を目指す戦略は，かつての日米貿易摩擦を回避する戦略として今後も推進すべきではあるが，中国（現地）市場におけるリスクとリターンの統合管理を進めるには，日本本社の処理能力を超えている．現地のリスク・リターンに素早く対応でき，かつ本社本部のグローバル戦略にも現地を適応させる必要性が今後ますます高まっていく．日米中の三角関係がもたらすリスクとリターンの統合管理のためにも組織戦略として，地域本部企業の充実を急がなければならない．それは日米中の価値連鎖を維持発展させる地域本部ということである．この強化を急ぐことが日本のグローバル戦略の推進には不可欠である．

　第二の点は，R&D戦略である．日本企業のグローバル戦略には，何が自社のコア技術なのかの組織的確認ができていなければならない．コア技術はもちろんブラックボックスとする自社の生命線である．例えば，キヤノンの海外投資戦略をみると[36]，「独自の生産技術は日本に残し，国際競争力を高めていきたい」（御手洗富士夫社長・次期経団連会長）と述べられている．これこそ日本企業の目指すグローバル戦略のコンテンツでなければならない．キヤノンはその生産額全体の約6割を日本で生産しており，今後も高付加価値製品を中心に国内拠点を拡大する方針である．組み立て工程は完全自

動化して最新鋭の生産拠点にし，国内工場はいずれも先端技術の流出を防ぎ，ブラックボックス化する設備・技術管理を徹底すると考えている．そのうえで高付加価値製品のR&Dに選択と集中を進めればいいのである．キヤノンでは，東芝と共同開発により薄型テレビ市場に資源シフトを行っている．同じく日本企業の先端をいくシャープも，三重県亀山工場に液晶生産を集約するなど，グローバル戦略の展開に対応したR&D戦略を進めている．このようなコア技術は，ハード技術に限らない．流通などソフト技術を含めたコア技術のブラックボックス化はチャイナ・リスクの管理の上からも重視されねばならない．

　第三の点は，提携戦略である．ここではトヨタのGM援助は有名である．GMは米国のシンボルである．トヨタは，グローバル戦略の展開には，米中日の良好な価値連鎖の構築がインフラになるとしっかり認識している．小泉純一郎政権が，田中角栄政権の失敗を教訓に，緊密なる日中関係強化を避けたのも，米国を中軸にした米中日の関係こそグローバル戦略の展開には不可欠と認識できたからにほかならない．日中関係を見るとき米欧を絡める視点こそがいま重要である．それは中国市場を特別視せず，グローバル戦略の中に位置づけることを意味している．日本企業にはこうした複眼的思考が強く求められている．

1) 日本側には中国の言い分を言い掛かりだ，内政干渉だとする意見もある．しかし，中国には「歴史は鏡」という教訓があり，これを大事に子孫の教育に活かしてきた．歴史をよく学ぶことは，鏡（中国では「鏡子」と表現する）に姿，形を映し常に身だしなみを整えるという意味がある．したがって歴史を軽んじることは，過去と同じ過ちを繰り返すことになると戒めるのである．確かに同じ過ちを繰り返す人間の多いことは事実である．だからこそ日本は，戦後半世紀以上にもわたり戦争を起こさず経済成長に励み，平和を祈念し続けたという実績と真情を理解し知識化してもらうためにも，中国に対する侵略戦争への謝罪はしつづける義務と権利があることを忘れるべきではない．例えば，常石敬一『731部隊』，講談社，1995年，を参照されたい．侵略戦争のむごさが滲み出ている．
2) 日経新聞や日経ビジネス誌の現地調査によると，中長期的には民族感情のシコリに基づくチャイナ・リスクを感じると答えるものの，短期的にはほとんどの企

業が現在の対中国戦略（拡大化）を変更するつもりはないとしている．日経新聞2005年4月22日，「社長100人アンケート」参照．将来に問題を先送りすることにならないか懸念されるところである．
3) 日中間の良好な経済関係に対して，トゲの刺さった政治関係という複雑なネジレ現象を揶揄して，中国では「政冷経熱」とよばれている．
4) 日本貿易振興機構（ジェトロ）が中国で起きた反日デモの中国ビジネスに与える影響を緊急アンケートし，その結果をまとめたところ，今後3年程度の間にビジネス拡大を検討している企業の比率が前年の12月調査（86.5%）に比べ今年度5月調査（54.8%）と30％以上低下していると報告している．日経新聞，2005年6月8日を参照されたい．筆者も文部科学省科研費で2004年度現地調査を行ったが，このところ年々対日感情が悪化している事実についてヒヤリングを得ている．日本企業にとって，今後の人材確保の困難性や労使関係の悪化が，不可避の問題になることを指摘しておきたい．
5) 近年，リスクマネジメントに対する関心が急速に高まってきた．金融リスク，市場リスク，知的財産リスク，さらには国際テロなどの政治リスク，自然災害リスクなど，企業が直面するリスクは，多様化・高度化・複雑化してきた．チャイナ・リスクはカントリーリスクとして整理される．そこで企業はリスクにどのように対処すべきか，学術的にも研究が進んでいる．従来のような断片的・アドホックな対処では，限界があることを認識し，そのうえで，新しいリスクマネジメントのパラダイムの構築が研究の焦点になっている．企業の組織では，トップ経営者の重要な機能に加えられ，CRO（Chief Risk Officer）として最終的にリスクを受け止めることが期待されている．しかし，この研究はまだ始まったばかりだ．本稿もリスクマネジメントをどのように位置付けるべきかを考察している．次の文献は企業の事例を中心に新しいパラダイムを研究している．トーマス・L．バートン，ウィリアム．G．シェンカー，ポール・L．ウォーカー『戦略的リスクマネジメント』（邦訳：刈屋，佐藤，藤田），東洋経済社，2003年．ここでは新しいパラダイムとして，リスクをリターンと分けて断片的に捉えるのではなく，リスクとリターンとを統合する全社的対応が必要と位置づけている．本稿もこの視点でチャイナ・リスクを総合的に捉えようと試みている．
6) 筆者はこれを「マクロ経営学」アプローチとよんで提唱してきた．このアプローチについては拙著『国際経営の戦略行動』，中央経済社，1989年，を参照されたい．組織の行動は，環境のダイナミクスに依存するという仮説の下に国際企業の戦略行動が実証的に究明されている．
7) M. E. ポーター『競争戦略論－上下巻』（竹内弘高訳），ダイヤモンド社，1999年および『国の競争優位－（上下巻）』（土岐坤ほか訳）ダイヤモンド社，1991年，を参照されたい．
8) 偉大なる戦略的リーダーは，どのように時空間を切り取るかを考えねばならない．次の文献を参照されたい．孫正義「情報アクセス権と21世紀型のニュー

ディール政策」－ユビキタス社会の実現にむけて－」，中央大学大学院総合政策研究科経営グループ編『経営革新』vol.1, 中央大学出版部，2005年．

9) 坂本正弘『パックスアメリカーナ』を参照されたい．本書は米国の覇権形成過程を実証的に解明し，米国のパワーの源泉を明らかにしている．坂本氏のアプローチは国際政治学であり，本稿のグローバル企業戦略論のアプローチとは異なるものの米国の超越的な競争優位性を実証的に解明していて興味深い．

10) 取引紛争を仲裁する第三者機関の権威が公正な取引の実現を保障する．権力的政府の不透明・不公正な取引裁定は，自由な新価値創造をもたらさない．そこで第三者裁定機関の独立性確保は，民主主義の重要なメルクマールであり，市場経済発展のインフラには欠かせない条件である．ところが，現在の中国は，企業間取引の紛争に政府が介入する可能性が高い．第三者的仲裁機関であるべき裁判所などを含め政府が一党独裁の共産党の支配下に置くかぎり，その介入は公正な取引の成立を保障してはくれない．その意味で，取引紛争の公正な処理を第三者機関に委ねる体制の確立が求められているのである．これがグローバル・ガバナンスの制度であり，世界標準なのだということを中国政府は理解し改革しなければならない．これはグローバル企業発展の重要なインフラ（社会基盤）だからである．

11) E. ボーゲル『中国の実験』（中嶋嶺雄訳），日本経済新聞社，1991年，では広東省に始まる中国の改革開放政策の初期の国内（勢力）事情が詳しく実証的に考察されている．そこでは米英連合のプレッシャーが絡んでいることも記述されている．

12) この年，鄧小平は，「黒猫でも白猫でも鼠を獲る猫はいい猫だ」，「なれるものが先に豊かになれ」（先富論）と発言し，1978年以降，北京政府の改革路線のシグナル（改革開放政策）を全世界に送って注目を浴びた．しかしその後の成長過程では，外部環境の「構造変化」と内部環境の「構造改革」との矛盾が大きくなり，米マイクロソフト社ですら政治的影響を受けているという．マイクロソフト社は2005年5月にブログサービス（MSNスペース）を中国で始めたが，問題は，このスペースに「民主主義，人権，台湾独立，天安門事件の6月4日」などの言葉を書き込むと「禁止用語であり，削除してください」とのメッセージが出るという．この事業は，マイクロソフトが上海の政府系企業と合弁で始めたものであり，中国での事業拡大を狙うマイクロソフトが中国政府の意向に配慮したと考えられている．米国企業のヤフーも過去に中国政府に協力した時期があったといわれている．日経新聞2005年6月15日を参照．

13) 中国に比べ，同じ社会主義国であったロシアは，性急に西欧型市場経済を導入したために，市場は混乱し，自由主義の普及は停滞した．2005年，親米派実業家（ロシアの石油王だったホドルコフスキー）が詐欺，脱税容疑で裁判にかけられ，禁固9年の刑が下った事件は，市場主義モデルとして米英型モデルを知識も経験もなく性急に導入した反動の結果だとみられている．ただ米英はこの判決に

強く反発しているという．日経新聞2005年6月1日を参照されたい．
14) ただ，中国政府の意図は，ラディカルな改革は求めず，漸進的な改革を進めたので，上場株式は2種類（流通株と非流通株）に分けて作られた．非流通株は，国有株として政府が国営企業の経営権を担保するために3分の2という絶対多数を占めるため，流通株の所有者である外国投資機関などから企業ガバナンスの点で強い不満が噴出した．これを受けて米通商代表部（USTR）は中国を「最優先監視国」に指定している．つまり，グローバル企業にとって目を離せない改革テーマの一つが，中国証券制度改革であり，民営化を求めるものである．（日経新聞2005年，6月29日の宝山株放出の記事を参照．）
15) すでに2003年の貿易総額は，米，独，日に次ぐ世界第4位に上昇し，2001年では6位，2002年5位と競争力の順位を着実に上げている．『ジェトロ貿易投資白書2004年版』，2004年．164—173ページを参照．
16) しかし，中国が外資の協力や支援に依存して経済発展をしていることを十分理解できているならば，なぜ反日デモが起きたのかと反論が出ることは当然予想される．この点の説明としては，政府の歴史的なマスコミ統制に対する市民レベルの反発と日本の国連安全保障常任理事国入りを阻止したい政府の欲求が同時的・複合的に作用した結果だと考えられる．デモは，新しいグローバルなネット・メディアに乗った反政府的な活動であったこと，およびデモ鎮圧に動いた政府が返す刀で日本の侵略戦争批判をおこない不満の矛先を外に向けたことが指摘されている．しかし，筆者は日本の戦後日米安保闘争を参考事例として加えたい．そこでは結果として安全保障の意味も十分理解できていない学生を扇動し，反米デモの暴動を引き起こした政治闘争があっただけだったからである．戦後の与えられた平和に今後どう対応したらよいのか戸惑う日本の若者たちの不安と戦勝国・米国への反発から若い学生たちが非論理的・感情的に反応したのが，安保闘争であったと考えるからである．ここにアナロジーを求めるならば，改革開放で180度も思想が転換させられ，戦勝国・中国が敗戦国・日本の資本的，技術的，市場的，経営的支援を受けざるを得ないという屈辱状態の長期化が，民間の耐え難い感情の爆発をひきおこしたと考えられる．しかも2004年には中国は，有人宇宙ロケット「神舟5号」の打ち上げ成功に祝賀ムードが高まり，世界の工場としての地位確立，WTO加盟も完了し，これから世界に中国の存在をアピールしようとする段階に達したのであるから，抑えてきた民族感情（民族企業擁護論）がインターネット上で爆発したと考えてもおかしくはない．つまり，反日デモは，改革期に不可避の切り換えコストと捉えて対応していくのが，賢明な日本側のとるべき行動と考える．デモは中国の内政問題なのである．では今後この種の反日デモが多発するのかについては，日本と異なる中国政府の歴史観と覇権主義が変わらない限り，可能性が高いと考えざるを得ない．戦後の共産党政権の基盤の一つは，抗日戦線の勝利をベースにしてきたからである．しかし，その中国も未来に向けて改革を進め変身しつつある．デモのターゲットも変化することを忘れては

160　第Ⅰ部　企業組織のダイナミクスと企業戦略

ならない．また，中国政府がたとえ扇動しなくても，日中以外の第三国が対日排除の扇動材料として「侵略戦争」を使う可能性は，大いに有り得る．例えば「パール・ハーバー攻撃」を使って米国が日本閉め出しを画策する可能性は充分ある．日華事変はこの参考になる事例だ．

17) 2002〜04年の間に米国の対中貿易赤字は50％の増加をみたが，EUの方はもっと過激で，2倍以上に増加した．絶対額では米国の方が巨額だが，EUの赤字もそれを追いかける勢いになっている．詳しいデータは，『日経ビジネス』，2005年6月6日号を参照されたい．

18) 林昇一・徳永善昭著『グローバル企業論』，中央経済社，1995年．本書では，グローバル時代の演出者としてグローバル企業を捉えその演出と戦略の実証研究を行っている．仮設3は，これに基づいている．

19) *BUSINESS WEEK*, 2005. MAY, 16. を参照．

20) 中国企業の対外直接投資（外国企業のM&A）の増加が目立ってきた．2003年末までの累計でみると，7,470社が海外168の国・地域に拠点を設置している．累計金額では114億ドルであり，初めて100億ドル台を突破した．『ジェトロ貿易投資白書』2004年版，18ページ参照．

21) 『2005年下期中国企業情報』，サーチナ＆中経出版，2005年，および「中国大情報源：中国トップカンパニー8社」，『週刊東洋経済』，2005年1月22日号参照．

22) 世界のクロスボーダーM&Aについては『ジェトロ貿易投資白書2004年版』16〜21ページを参照．

23) 『日経新聞』，2005年6月24日，7月1日参照．

24) 『日経新聞』，2005年6月8日参照．

25) 莫邦富「内側から見た中国自動車産業」，『週刊ダイヤモンド』，2005年5月21日号参照．

26) 例えば自動車世界8位の実績を誇るホンダは，4車種（シビック，アコード，フィット，CR–V）を世界戦略車として位置付け，中国をその生産・輸出基地に加えることで，世界規模の供給体制の整備を図ろうとしている．近く世界2位となる中国国内市場を背景に，コスト面から競争力を高め，輸出拠点とする構想は，トヨタや日産においても見られる．『日経新聞』，2005年6月25日を参照．

27) 本稿をまとめている最中，予想通り2005年7月21日，中国人民銀行は，対米ドルで2％切り上げること，同時に事実上の固定相場制を改め，上下0.3％の範囲内で変動させることを発表した．変動については，日本円など他の通貨の動向を参考にする「通貨バスケット制」を導入するとしている．しかし，切り上げ幅や変動幅については米欧はなお不満であろう．さらなる外圧を受けるものと考える．『日経新聞』，2005年7月22日参照．

28) 興梠一郎『中国激流』（岩波新書，2005年）によれば，かつては対外開放すれば「外資から技術が学べる」と期待されていたが，最近では「国内市場を外資に

開き，技術と交換する」という政策は破綻したという見方が主流になりつつあると指摘している．その実証例として自動車産業の自主開発能力の欠如を挙げている．また，その問題は自動車産業に限られず中国の産業全体が抱える危機であると深刻に将来を見据えている．注25と合わせてみると，仮説4の検証としておもしろい．

29) 2004年における中国の対内直接投資は，初めて米国を抜き2位の投資受け入れ国になった．国有企業の改革に外資によるM&Aを積極的に活用しており，2002年以降，M&A関連法制度の整備．2003年には「外国投資者による国内企業買収暫定規定」を施行，つまり国有企業の買収方法を規定している．また各地で国有企業のM&Aを仲介する「産権交易所」の活動も活発化している．『ジェトロ貿易投資白書2004年版』，16ページ参照．

30) 中国政府は，近年FTA（多国間＝地域，および二国間双方の合意契約）は言うに及ばず，EPA（経済協力協定）交渉にも積極的である．その一つが，日中韓経済協力構想であり，2003年10月に日中韓の首脳会議で協力促進の宣言を採択している．

31) 世界市場におけるプレイヤーには，国家や企業や個人投資家がいる．最近では，EUのように経済共同体からさらに政治共同体に変身しようと果敢な挑戦をしているところもある．そうなれば，新たなプレイヤーとして世界再編に参加してくるだろう．現在はその過渡期に当たっていると考える．サミュエル・ハンチントン『文明の衝突と21世紀の日本』（鈴木主税訳），集英社，2000年参照．

32) 拙著『前掲書』，中央経済社を参照されたい．ここでは，国益か「圏」益かの問題を，米国IBMの事例を中心に戦略論の観点から考察している．グローバル企業の戦略モデルは，国際関係に関わり，その関係を経済圏，さらには政治圏にまで進化させていく機能が盛り込まれていることを実証的に明らかにしている．

33) 中国の貿易収支構造の変化は，94年が分岐点となっている．それ以前は赤字それ以降は黒字となっているのである．詳しくみると，94年以前は，一次産品貿易の黒字と製品貿易の赤字という典型的な発展途上国型の貿易構造であったが，それ以降は一次産品の赤字と工業製品の黒字という構造変化を見せている．94年といえば，日本経済は，バブル経済の崩壊と内外価格差の解消課題で国内の構造改革が喫緊の目標になっていくのであった．まさに日中関係はグローバル戦略の視点から捉えられねばならないものなのである．

34) これと対応して，第16回党大会（2002年）では，国有企業の競争力強化の方向を明確にしている．日本の郵政民営化政策などとは全く方向が逆である．中央銀行である中国人民銀行は，政府の一部門であるし，その下に銀行の融資が統治され，その銀行融資の7割が国有企業の融資向けであり，かつ国有企業の6割の資本を政府が所有していることを総合的に考えると，グローバル時代とは逆流ののの本格的な国家戦略の姿勢に逆戻りしているとみることもできる．興梠一郎『中国激流』（岩波新書，2005年）の第二章「官が民を食いつぶす」における政府政策

の実証的考察は興味あるものである．
35) 林・徳永『前掲書』，中央経済社，1995年を参照されたい．
36) 『日経新聞』2005年6月16日参照．

第Ⅱ部　企業組織のダイナミクスとコーポレート・ガバナンス

第7章

中国における企業改革
―― コーポレート・ガバナンスを中心に ――

大柳　康司

1．改革開放以降の市場環境

　1979年改革開放路線が打ち出された後，二十数年の間に中国経済は大きく変貌した．この一連の変革は欧米のような市場経済への変更ではなく，1992年に開かれた中国共産党第14回大会で提起された社会主義下での市場経済システムの導入，すなわち社会主義市場経済への移行を目的として行われてきたものであった．しかし，実体経済は中国政府が想定している以上に，急速に市場経済へと向かっている感がある．
　1992年に社会主義資本経済の提起がなされる直前には，すでに証券取引市場が設立されていた．上海証券取引所は1990年11月26日に設立され，1990年12月16日から取引が開始されている．同様に，深圳証券取引所も1990年12月1日に設立され，翌年の1991年7月から株式取引が可能となった．両証券取引所において取引が可能となった時点では，関連法規や監督機関などが未整備の状況であり，現状が優先されたということがいえる．
　これらの証券市場の監督機関である中国証券監督管理委員会は（以下，中国証監会という），取引開始された翌年の1992年に設立された．一方法整備に関してはさらに1年遅れ，証券取引所設立から3年後の1993年12月29日，

中国初の「公司法」が制定・公布されたのである．この公司法の制定により，中国において株式会社が正式に設立可能となった．この「公司法」は，中国における企業改革の一環として行われたものであり，国有企業の株式会社化によって，政府と企業の分離を意図したものであるということができる．しかし，実質は大きく変わるものではなかった[1]．なぜなら，発行済株式のかなりの部分を中国政府が所有していたからである．このようないびつな状況を解消する必要があるため，国有株の市場放出がたびたび話題にのぼっている．このことは，中国株式市場における一つの懸念材料として考えられている．

　制度自体が全体的に整備された後，証券市場は急速に拡大していくこととなる．1994年には上海証券取引所と深圳証券取引所合わせて，290社程度しかなかった上場企業は，現在では1,300社を超えるほどになっている．上場企業数の推移をグラフ化したものが図1である．図1を見るとわかるように，2000年までは両証券取引所ともに，上場企業数は増加の一途をたどっており，上海証券取引所においては，今なおその増加傾向に衰えは見えない．

　このような新しくできた株式市場に積極的に投資をしているのは，主として一般投資家である．株式市場の拡大とともに株価もまた上昇しているため，巨額なキャピタルゲインを得た株長者も多数登場するようになった．しかし2001年，初めて上場会社が上場廃止となるという事態が生じた．このことは，株式投資のリスクを投資家に改めて認識させる契機になったように思われる．この上場廃止に伴い，中国国内において上場会社を相手に代表訴訟を起こそうとする動きが見られ，株主の権利，特に中小株主（少数株主）の保護が叫ばれるようになった．しかし中小株主を保護する規定がまったくといっていいほど整備されていないのが現状である．

　このような状況の中，中国においてもコーポレート・ガバナンスの重要性が取り上げられるようになり，上場企業のコーポレート・ガバナンスの充実を目指すような数多くの動きが見られるようになった．本章では，このような中国におけるコーポレート・ガバナンス強化の動きの概略を述べ，今後の

図1　上場企業数推移

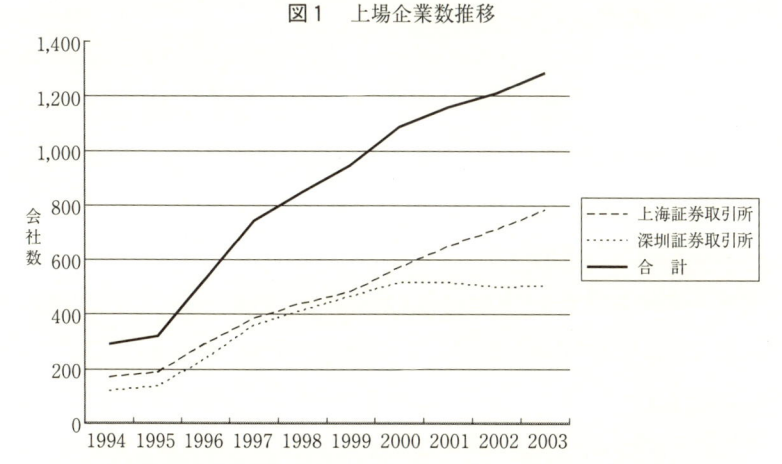

（グラフ：1994年から2003年までの上場企業数推移。上海証券取引所、深圳証券取引所、合計の3系列。合計は1994年約290社から2003年約1,280社へ増加）

出所：①中国誠信証券評価有限公司他主編（2001）『2001中国上市公司基本分析』（北京：中国財政経済出版社），p.68．②中国誠信証券評価有限公司他主編（2003）『2003中国上市公司基本分析』（北京：中国財政経済出版社），p.98．③中国誠信証券評価有限公司他主編（2004）『2004中国上市公司基本分析』（北京：中国財政経済出版社），pp.53-56．より筆者作成．

展望を考えていく．

2．上場会社と一般株主の関係

　具体的なコーポレート・ガバナンス制度をみていく前に，上場企業と一般株主との関係を検討する．現実には流通可能株式が発行済株式数に比べ少なく，仮にすべての流通可能株式を所有できても，筆頭株主になれないという状況から，一般投資家が董事や監事を通じて，企業経営に影響を及ぼすことはほぼ不可能といえる．

　したがって一般投資家は株式所有によって企業を支配するというよりも，配当やキャピタルゲインを期待して，投資していると考えることができよう．以上を踏まえ，本節では中国上場企業の配当およびキャピタルゲインの実情に関して考察していく．

(1) 配当状況

中国の上場会社の半数以上が無配となっている．1999年の年報提出企業970社のうち，594社が無配となっている[2]．これは全体の61%を占めている．1998年が全体の57%，1997年が全体の52%が無配であったことからも，無配企業数は年々増加していることがわかる．中国における上場会社の無配に関しては，深刻な問題となっている．

無配企業594社のうち，90社近くは当期損失を計上している，もしくは前期以前の欠損塡補のため，無配となっている．しかし，残りの約500社が無配である原因は別の理由であり，次の3つに大きく分類できる[3]．第一は，当面配当を会社に迫る市場環境となっていないことである．投資家が短期的視野に立っており，配当よりもキャピタルゲインを重視する風潮が強いことも，無配を助長する一因となっていると考えられる．第二は，会社が急速に発展し，運転資金など資金需要が高いためである．獲得した利益のほとんどが，成長のために再投資されており，配当にまわすだけの資金を確保できていない場合も多い．第三は，利益構成が不健全で，通常業務から獲得したものではない利益が大きな割合を占めており，くわえてキャッシュ・インフローが伴っていないため，配当できないことも考えられる．これは評価益などのキャッシュ・インフローを伴わない利益が多いため，帳簿上では利益はあるものの，配当するだけの資金は企業内にないことがこの背景に存在する．

以上の状況をふまえれば，一般株主は上場会社から配当を期待して投資しているわけではないことが推測できる．

(2) キャピタルゲインの状況

1993年以降の株式市場状況をまとめたものが，表1である．表1を見てみると，1993年以降上場会社の増加に伴い，発行済株式数，時価総額ともに大きく増加している．ただ株式の発行の内訳を見る限り，外資向けのB株よりも，内資向けのA株の発行数の増加が大きいことが見て取れる．このよう

表1　株式市場状況

	1993	1994	1995	1996	1997	1998	1999	2000	2001	2002
上場会社数（社）	183	291	323	530	745	851	949	1,088	1,160	1224
発行済株式数（億株）	328.67	639.65	765.63	1,110.73	1,771.42	2,345.35	2,908.85	3,613.39	4,838.35	5,462.99
うち：A株	300.18	592.63	704.08	1,025.23	1,646.13	2,203.96	2,757.88	3,439.60	4,650.45	5,283.64
B株	28.49	47.01	61.55	85.49	125.29	141.37	150.96	173.79	187.90	179.34
時価総額（億元）	3,531.01	3,690.61	3,474.28	9,842.38	17,529.24	19,505.64	26,471.17	48,090.94	43,522.20	38,329.13
うち：A株	3,318.67	3,516.03	3,310.57	9,448.55	17,154.19	19,299.29	26,167.62	47,455.75	42,245.56	37,526.56
B株	212.35	174.57	163.70	394.02	375.04	206.34	303.54	635.19	1,276.65	802.57
取引額（億元）	3,627.20	8,127.62	4,036.45	21,332.17	30,721.83	23,544.25	31,319.60	60,826.65	38,305.18	27,990.45
うち：A株	3,522.55	8,003.08	3,958.58	21,052.29	30,295.21	23,417.72	31,049.55	60,278.67	33,242.04	27,142.04
B株	104.65	124.55	77.86	279.87	426.62	126.52	270.04	547.97	5,063.13	848.41
一株あたり時価(元)	10.74	5.77	4.54	8.86	9.90	8.32	9.10	13.31	9.00	7.02
うち：A株	11.06	5.93	4.70	9.22	10.42	8.76	9.49	13.80	9.08	7.10
B株	7.45	3.71	2.66	4.61	2.99	1.46	2.01	3.65	6.79	4.48

出所：①中国金融年鑑編輯部（2001）『中国金融年鑑　2001』（北京：中国金融出版社），pp.387-389　一部筆者加筆．②中国金融年鑑編輯部（2002）『中国金融年鑑　2002』（北京：中国金融出版社），pp.498-500，一部筆者加筆．③中国金融年鑑編輯部（2003）『中国金融年鑑　2003』（北京：中国金融出版社），pp.473-475，一部筆者加筆．

になるのは，A株上場会社数がB株上場会社数よりも多いことが背景にあるのかもしれないが，B株上場会社が全体の約1割であることを考えれば，A株の発行量がかなり多かったことが理解できよう．

　時価総額を発行済株式数で割った一株当たり時価はA株・B株で異なった動きをしている．A株は1994年，1995年と低下するものの，その後上昇傾向にあり，特に2000年の上昇は目を見張るものがある．一方，B株は1993年以降，1996年に一時上昇するが，その後低下傾向にあり，2000年においても1993年の水準を上回っていない．2001年以降はA株，B株ともに下落し，1996年水準を若干下回るような状況である．一株当たりの時価を比較してみると，A株とB株の乖離は2000年をピークに徐々に縮小傾向にある．この傾向は，上海証券取引所・深圳証券取引所に共通する傾向である．

　このような株価の乖離は，配当からの利益を軽視する傾向を生み出したと推測できる．A株・B株ともに一株当たりの配当額は同じであるため，同額の配当がなされた場合でも，A株の配当利回りは，B株の配当利回りよりも低くなってしまうのである．この乖離状況は2000年当時，非常に問題となっていたが，2001年6月に中国国内でB株への投資が解禁となり，この乖離傾

向はＡ株の株価が大きく下落するという形で改善されつつある．しかし一方でＡ株の株価の下落は，従前までのキャピタルゲインを得られなくなったことを意味している．

株価の下落と同時に，企業の不正や上場会社の上場廃止などが起こり，株式投資のリスクが表出した．以前はどの株式に投資しても，得られると期待されたキャピタルゲインが今は得られない可能性が出てきたのである．このような背景から従前は企業の状況にあまり興味がなかった一般投資家が，企業の業績やコーポレート・ガバナンスに大きな関心を示すようになった．次節では，中国におけるコーポレート・ガバナンスに関して，概観していく．

3．中国企業のコーポレート・ガバナンス

(1) 中国におけるガバナンス体制[4]

中国におけるコーポレート・ガバナンス体制は「公司法」[4]により，会社の種類ごとに詳細に規定されている．「公司法」の規定は有限責任公司と株式有限公司の2つに大きく分けることができる．有限責任公司の規定の中に，国有独資公司が別途規定されている．国有独資公司は有限責任公司に原則として分類される（「公司法」第64条）ものの，コーポレート・ガバナンス体制に関しては，別に規定されている．これらの規定をまとめたものが，表2である．

それぞれに関して簡単に見ていく．董事の定員に関しては，有限責任公司では3〜13名（「公司法」第45条），国有独資公司では3〜9名（「公司法」第68条），株式有限公司では5〜19名（「公司法」第112条）となっている．最低定員は3名か5名ということで大きく差はないと思われるが，最大定員は，国有独資公司が一番少ない9名，つづいて有限責任公司では13名，株式有限公司では19名と大きな違いが生じている．

この違いはおそらく想定されている企業規模によるものであると思われ

表2 董事・監事規定一覧

	有限責任公司		株式有限公司
	有限責任公司	国有独資企業	
董事定員	3～13名（公司法第45条）	3～9名（公司法第68条）	5～19名（公司法第112条）
任 期	3年以内（公司法第47条）	3年 （公司法第68条）	3年以内（公司法第115条）
董事長	1名 （公司法第45条）	1名 （公司法第68条）	1名 （公司法第113条）
副董事長	1～2名設置可（公司法第45条）	必要に応じ設置可（公司法第68条）	1～2名設置可（公司法第113条）
監事定員	3名以上（公司法第52条）	3名以上（公司法第67条）	3名以上（公司法第124条）
任 期	3年 （公司法第53条）	—	3年 （公司法第124条）

出所：「公司法」より筆者作成．

る．株式有限公司の最大定員が一番大きいのは，大規模企業の場合には，株式有限公司になるべきであるという考えが暗に示されていると考えるべきであろう．事実，企業規模が大きくなれば，董事の人数も増加せざるをえない．国有独資企業の定員が9名と少ないことを考慮すれば，規模が拡大するに従い，株式有限公司に組織変更しなければならなくなるのである．なお董事の任期は国有独資公司のみ3年となっているが，有限責任公司，株式有限公司ともに3年以内で任意で董事の任期を規定することができる（「公司法」第47条，第68条，第115条）．

有限責任公司，国有独資公司，株式有限公司ともに董事長，副董事長の規定が別途存在している．董事長に関しては，どの形態であっても1名置かなければならない（「公司法」第45条，第68条，第113条）．副董事長に関しては，任意に設置することが可能となっている．有限責任公司と株式有限公司の場合，1～2名と人数に関しての規定が存在している（「公司法」第45条，第113条）が，国有独資公司は人数制限がない（「公司法」第68条）．

監事に関しては，形態にかかわらず，定員は3名以上，任期は3年と規定されている（「公司法」第52条，第53条，第67条，第124条）．国有独資公司に関する規定は，1999年公司法改正に伴い，新しく設置されたものである．これは国有独資公司の管理監督を強化するためのものであり，有限責任公司，株式有限公司にはない，監事の経理，董事，財務責任者との兼任禁止規

定が別途設けられている（「公司法」第67条）．

　なお有限責任公司の場合，かなり小規模の企業も存在している．ゆえに「公司法」では，株主数が少なくかつ規模が小さい場合には董事会を設置せず，執行董事を1名のみ置くことで代替することを認めている（「公司法」第51条）．監事に関しても同様の規定が存在しており，株主数が少なくかつ規模が小さい場合には監事会の構成メンバーを1～2名にすることも可能である（「公司法」第52条）．

　以上が「公司法」の規定である．董事，監事ともに選任は株主総会で行われる．有限責任公司では，出資比率に応じて議決権が付与されており（「公司法」第41条），株式有限公司では一株につき一議決権が付与されている（「公司法」第106条）．現在の「公司法」では累積投票制度がないため，董事，監事ともに大株主の意向で決定されることが多い．

　2002年『管理世界』で発表された「中国企業家調査系統」から株式制企業である株式合作企業，株式有限会社，有限責任会社での各種機関の設置状況をみてみると，董事会はすべての企業で設置されているものの，監事会はすべての企業に設置されているわけではなかった．さらに，株主総会は10社に1～2社設置されていないような状況である．この点から考えれば，一般の株式制企業のコーポレート・ガバナンスに関しては，必要な機関がいまだ未整備であり，たとえ設置されていたとしても，実施上問題があることが推測される[5]．

　一方，上場会社における株式会社制度の状況を図示したものが，図2である．この図を見れば，わかるように，企業党委員会の企業への影響が大きいことが見て取れる．事実，董事と党幹部との兼任も多数見受けられる．一方で監事に関しても，労働組合（工会）や従業員代表大会の影響を大きく受けている．このような現状に鑑みれば，今なお中国共産党の影響が上場企業にまで及んでいることが垣間見えるであろう．

　法的には株主の意向で董事や監事が選任されるのであるが，現状では上場会社であっても発行済株式のかなりの割合を政府が所有していることを考え

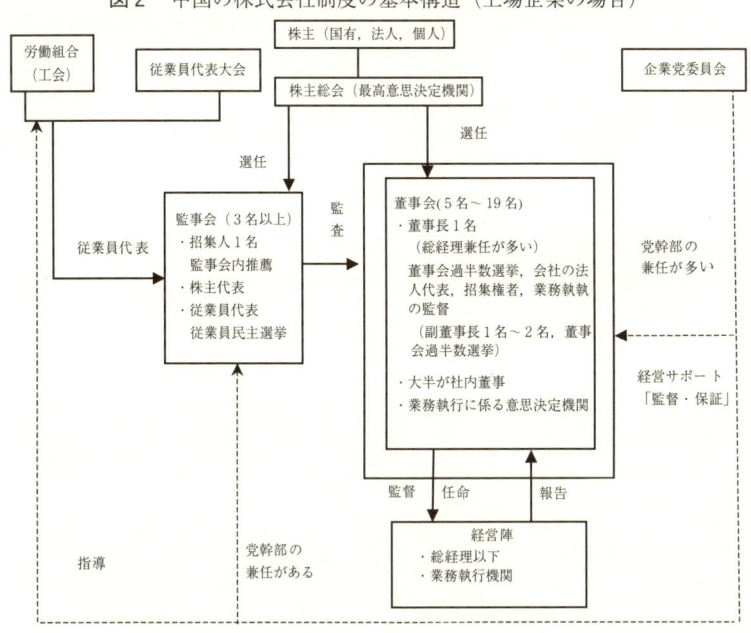

図2　中国の株式会社制度の基本構造（上場企業の場合）

```
労働組合                 株主（国有，法人，個人）          企業党委員会
（工会）    従業員代表大会
                        株主総会（最高意思決定機関）
                        
                  選任              選任
                                                         
       従業員代表  監事会（3名以上）  監    董事会（5名～19名）    党幹部の
                ・招集人1名       査    ・董事長1名         兼任が多い
                  監事会内推薦            （総経理兼任が多い）
                ・株主代表              董事会過半数選挙，会社の法
                ・従業員代表            人代表，招集権者，業務執執
                  従業員民主選挙          の監督
                                       （副董事長1名～2名，董事
                                        会過半数選挙）
                                     ・大半が社内董事           経営サポート
                                     ・業務執行に係る意思決定機関   「監督・保証」
                                     
                                     監督  任命  報告
                                     
                                     経営陣
                                     ・総経理以下
     指導      党幹部の              ・業務執行機関
              兼任がある
```

出所：王　東明（2002 b）「企業調査から見た中国のコーポレート・ガバナンス（下）」
（『証券経済研究』第37号）24ページをもとに，筆者一部加筆修正．

れば，董事や監事の選任に関して，政府の意向が大きく反映される可能性が高い．仮にすべての流通可能株式を所有したとしても，持株比率は国家株とほぼ同数にしかならず，董事や監事の選任にあたり，一般株主の意向が反映されることは難しいのが現状であるということができる．

(2)　上場会社の董事会・監事会の現状―「上市公司治理準則」発布以前―
①　董事会の状況

上市公司治理準則発布以前の上場会社董事会の現状に関して，調査した郝振平（2001）を検討する．この調査をまとめたものが表3である．上場会社の董事会の平均人数は，1998年・1999年ともに10人弱となっており，1999年の上海証券取引所上場会社の最小値が4人であることを除けば，「公司法」に定められた株式有限公司の規定の範囲内にとどまっていることがわかる．

表3 1998年および1999年上場会社董事会状況

	1998年		1999年	
	上　　海	深　　圳	上　　海	深　　圳
董事会人数（社）				
19人	3	2	1	2
14人以上	41	24	33	24
偶数人	76	61	67	64
6人以下	16	26	19	24
董事会規模（人）				
平均値	9.91	9.63	9.78	9.68
最大値	19	19	19	19
最小値	5	5	4	5
董事会年齢構成				
平均年齢（歳）	49.23	48.36	48.60	47.37
60歳以上董事比率	7.38%	5.45%	7.06%	5.21%
董事長と総経理の兼任比率	26.61%	29.80%	20.97%	19.71%

出所：郝振平（2001）「中国上市公司治理結構―董事会与監事会之経験研究」"3 E"清華大学企業管理課題組，6-8ページ．

「公司法」の規定の上限である19人の董事がいる上場会社は，1998年には5社，1999年には3社しかないことを考えれば，董事定員の上限はあまり機能していないと思われる．一方で董事が6人以下の上場会社が，1998年に42社，1999年には43社存在することを考えれば，董事定員の下限により，董事会の適正規模よりも多めの董事を抱えている企業があることが推測される．ただ別の見方をすれば，董事会が合議体であろうとすれば，ある程度の人数は必要であり，現状の規模でも適正なのかもしれない．

董事の平均年齢は1999年には約48歳で，1998年に比べ，若干ではあるが，若返っている．中国における上場会社は，国有企業の子会社もしくは国有企業から分離されたものが多く，上場時に董事に任命された者は国有企業での若手のエリートであったことがこの原因と思われる．別の見方をすれば，株式上場をしてから間もないことも，平均年齢の低さの一因となっているかもしれない[6]．

また60歳以上の董事の割合が10％に満たないことを考えれば，上場会社の董事に60歳以上の董事がいない場合があることが推測される．中国の国有企業において，60歳は定年を迎える年であり，それ以上に企業に残ることは少ないのかもしれない．一方で「59歳現象」と呼ばれる社会現象も影響を与えていると思われる．「59歳現象」とは，60歳の定年以後のフリンジ・ベネフィットの喪失や生活不安から，定年直前に私財蓄積を目的に不正に手を染めやすいことを意味する[7]．このような現象が存在することも，60歳以上の董事が少ない一因となっている可能性がある．

董事長と総経理（CEO）の兼任に関しては，1998年から見れば改善されているものの，1999年において上場会社の約20％が兼任状態にある．このような兼任状況は，コーポレート・ガバナンスの観点から問題視されることが多く，企業に改善が求められている．

② 監事会の状況

上場会社の董事会の現状に関して，まとめたものが表4である．上場会社の監事会の平均人数は，1999年のデータで，上海証券取引所の上場会社で4.31人，深圳証券取引所の上場会社で4.40人である．「公司法」の規定を考えれば，各企業には必ず3名以上の監事が存在している．このことを加味すれば，この平均人数は決して多いとは言えない．「公司法」で定められている最低限の3人である企業も多数存在していると推測される．この状況では，上場会社の規模にもよるが，十分な監査体制が構築できていない可能性が多分に考えられる．

監事の構成をみてみると，監事が3人だと仮定した場合，2人が内部監事であり，もう1人が外部監事であると推測される．詳細な構成をみれば，内部監事は1人が企業内部から，1人が従業員代表から選出されていることがわかる．外部監事はほぼ大株主からの派遣者であると推測され，監事の中に一般株主から選出されたと思われる者はほとんどいない．

監事の平均年齢は，上海証券取引所・深圳証券取引所で上場されている企業にほぼ差がなく，約46歳である．平均年齢は董事よりも若くなってお

表4 1999年上場会社監事会状況

	1999年			
	上 海		深 圳	
調査対象				
対象会社数	169		156	
総人数	729		686	
一社当たり平均人数	4.31		4.40	
人員構成（人）				
内部監事	467	64.06%	409	59.62%
外部監事	262	35.94%	277	40.38%
従業員監事	253	34.71%	251	36.59%
その他の内部監事	214	29.36%	158	23.03%
専門監事	67	9.19%	35	5.10%
大株主から派遣された監事	195	26.75%	242	35.28%
年齢構成				
60歳以上	31	4.25%	22	3.21%
50〜59歳	283	38.82%	237	34.55%
40〜49歳	253	34.71%	275	40.09%
30〜39歳	144	19.75%	142	20.70%
20〜29歳	18	2.47%	10	1.46%
監事会平均年齢	46.83		46.24	
監事会主席の独立性				
大株主から派遣された監事会主席	67	39.64%	70	44.87%
専門監事である監事会主席	15	8.88%	6	3.85%
内部監事である監事会主席	87	51.48%	80	51.28%

出所：郝振平（2001）「中国上市公司治理結機―董事会与監事会之経験研究」"3 E"清華大学企業管理課題組，20ページ．

り，29歳以下の監事も若干見られることが注目に値する．この点を考慮すれば，実務経験があまりない若輩が監事に就任している可能性が否めない．懐疑的な見方をすれば，監事のポスト自体が管理監督するための役職というよりも，より上の役職へのステップとして利用されていると考えることもできる．このような状況に鑑みれば，監事による監査の実効性に関しても，懐疑的にならざるを得ない．

　監事会を招集できる監事会主席も大株主から派遣された監事と内部監事で

大部分が占められている．このことから監事だけでなく，監事会主席に関しても企業あるいは大株主の意向が強く働いていると考えることができる．

　以上では，「上市公司治理準則」発布前の董事会・監事会の状況を概観してきた．当時の董事会，監事会の状況をみるかぎり，董事の上場会社の経営には大株主の意向が色濃く出ている可能性が高い．けっして中小株主の意向が反映された経営を行う環境になっているとはいえない．このような状況を受けて，中国におけるコーポレート・ガバナンスの原則を策定しようという動きが生じてくるのである．

(3) 上市公司治理準則

　中国におけるコーポレート・ガバナンスの原則策定の動きは，上海証券取引所と中国証監会においてほぼ同時期に行われていた．中国において初めて公表されたまとまった形でのコーポレート・ガバナンスの原則は，2000年11月に発表された上海証券取引所の「上海証券交易所上市公司治理指引（征求意見稿）」である．この指針は，OECDのコーポレート・ガバナンス原則を参考に，中国の状況を加味したものであった[8]．その意味では，この指針はOECDのコーポレート・ガバナンス原則の色合いが強いということがいえる．

　一年遅れて，上海証券取引所の上部機関である中国証監会が，2001年9月11日「上市公司治理準則（征求意見稿）」を発布し，コーポレート・ガバナンスのあり方に関して，広く意見が集められた．その後若干の訂正が加えられ，2002年1月7日に「上市公司治理準則」が出されたのである．この準則の公布により，上場会社におけるコーポレート・ガバナンスは新たな段階へ進んだということができる．

　従来コーポレート・ガバナンスに関しては，「公司法」に規定されているもののみであった．「公司法」には上記でその概略を見てきたように，証券取引所に上場されている会社に対応できる十分な規定が存在しているわけではない．このような状況に鑑み，中国証監会は上場会社に対して，コーポ

レート・ガバナンスに関する指針を公表したのである．すべての上場会社は，今後この「上市公司治理準則」に従わなければならない．以下では，「上市公司治理準則」の概略を説明する[9]．

　第一章では，会社の所有者が株主であること，会社は株主の権利を最大限保護すべきことが明示されている．従来の「公司法」では株主保護に関する規定はほとんどなかったのだが，この準則には株主保護という言葉が，明文化された．特に従来まではあまり触れられていない中小株主の保護が必要であることが明記されていることは注目に値するであろう（第2条）．

　第二章は支配株主に関しての記載であり，他の株主に関して配慮して行動すべきこと，上場会社が支配株主から独立して行動すべきことなどが記されている．これは中国上場企業の特徴的な記述であると考えられる．中国の上場企業には親会社が存在することが多い．一般的に上場企業は企業グループ内においては子会社の地位なのである．この点が考慮され，支配株主すなわち親会社関与を制約する主旨からの規定が第二章であるということができる．

　第三章は董事に関することが記されている．特記すべきことは第31条において，董事の選任に中小株主の意見を十分に反映すべきことが明記され，累積投票制度の導入が推奨されていることであろう．第五節の規定により，独立董事の導入が義務付けられた．第49条において，独立董事は招聘を受けた会社やその主要株主から独立しなければならず，上場会社での独立董事を除くその他の如何なる職務も担当することはできないことが明記されている．第50条では独立董事の役割として，中小株主の権利保護に努めなければならない旨が明記されている．第六節により，アメリカ型のガバナンスシステムの特徴ともいえる監査委員会・指名委員会・報酬委員会（条文上は，報酬および審査委員会）に加え，戦略委員会も設置することが可能となった．戦略委員会を除く，各委員会は独立董事が過半数を占めなければならないことが明記されており，この点はアメリカ型ガバナンスシステムを踏襲したものといえる．戦略委員会は，日本でいう経営会議，常務会などにあたるものとい

える.

　第四章は監事に関する事項が記載されている．ここで規定されている監事会の役割は，株主全体に責任を負い，会社の財務，会社董事，経営層およびその他高級管理人員が履行する職責の合法性・合規性について監督すること（第59条）であり，日本における監査役会と同じ役割を果たしているように感じられる．しかし，董事・経営層およびその他高級管理人員に法律・法規または会社規程に違反した行為を発見した場合，董事会・株主総会に報告しなければならいと規定されている（第63条）ことを考慮すると，監督権限は監事会ではなく，董事会にあると考えることができる．監事に関しては，独立監事を入れる必要がないことから考えても，実質的な監督機関は董事会ということがいえるであろう．

　第五章には業績評価・インセンティブシステムに関する概略が述べられているが，たとえば具体的なストックオプションなどの制度に関しては言及されていない．その意味では業績評価・インセンティブシステムの導入を推進しているだけで，あるべきシステムを提示しているわけではない．

　第六章には利害関係者に関する事項が述べられている．利害関係者として規定されているのは，銀行およびその他債権者・従業員・消費者・供給者・近隣地域等である（第81条）．利害関係者の筆頭に銀行およびその他債権者がでてくるのが特徴的であるといえよう．さらに，銀行およびその他債権者（第84条），従業員（第85条），近隣住民（第86条）に関しては，詳細な義務が明記されている．

　第七章にはディスクロージャーに関することが記載されている．ここで規定されているものを見る限り，欧米でのディスクロージャー制度に近いものの導入を推進しているといえる．

　各章の内容をみてみると，この準則はコーポレート・ガバナンスに関して，広範かつ詳細に規定したものであることがわかる．この準則に企業が従えば，従来のガバナンス体制とは大きく異なるものになることが予想される．特に注目すべきは中小株主の保護に関する記述がいくつも存在している

ことであろう（第2条，第31条，第50条）．従来まではこのような記述がほとんど存在していなかったことを考えれば，画期的な記述であるともいえる．

「上市公司治理準則」発布前の2001年8月21日には，中国証監会から「関于在上市公司建立独立董事制度的指導意見」が出され，独立董事の導入の目標が定められた．それは2002年6月30日までに董事会の構成員のうち少なくとも2名独立董事を導入し，2003年6月30日までに上場会社の董事会構成員のうち少なくとも3分の1は独立董事でなければならないというものであった．しかしこの目標は現実的に困難であったため，3分の1の導入目標は1年先延ばしされている[10]．日本においても，社外取締役の導入にあたっては人材の選定が大きな問題となっていることを考えれば，当然のことであるかもしれない．

なお独立董事に関しては上場会社だけでなく，銀行，証券会社にも導入されている．銀行業に関しては，2002年1月7日に「株式制商業銀行独立董事，外部監事制度手引（草案）」が出され，独立董事の導入が推進されている．銀行業においては，独立董事だけでなく，外部監事の導入も検討されている．証券会社に関しては2001年12月28日中国証監会から「証券公司管理弁法」が出され，独立董事の導入が規定された．この法律は2002年3月1日施行である．さらに，2003年12月15日に「証券公司治理準則（試行）」が発布され，上場企業で導入されたコーポレート・ガバナンス体制が証券会社にも導入されている．

以上のように，中国のコーポレート・ガバナンスの体制は，当初は現状が先行し，後追いの形で法制度などが整備されていたのだが，近年は政府主導でさまざまな指針が出され，現状のあるべき姿を提示しているといえる．このように考えれば，現在は法律・規定などが形式的に整い，現状が追随しているといった段階と考えることができる．

4．中国におけるコーポレート・ガバナンスの展開

　本節では，日本と中国のコーポレート・ガバナンスに関する比較を行うことによって，中国におけるコーポレート・ガバナンスの特徴を提示し，最後に今後の中国におけるコーポレート・ガバナンスに関する展望を述べたい．

　日本と中国のコーポレート・ガバナンスに関する比較をまとめたものが，表5である．株式所有構造に関して，日本では株式の持合構造に特徴が見出されるが，中国では国家所有がポイントとなっている．企業金融に関して

表5　日本と中国のコーポレート・ガバナンスの比較

比較項目	日　本	中　国
株式所有構造	金融機関と法人による持合い構造に特徴あり．内外年金基金，投信等による機関化現象が進行中．	政府および政府系持株会社による過半数所有が特徴．
企業金融（コーポレート・ファイナンス）の実態	資本市場は整備．間接金融主体だが，直接金融の選択肢も広い．	資本市場が発展途上．間接金融が支配的．
銀行による監視・モニタリング	以前に比べ弱まったが強い．（株主）	通常はほとんどなし．（株式保有なし）
政府の介入	規制産業または危機発生時．	現在は地方政府が主体で頻繁．
外国人株主	持ち合い解消で影響力が高まる．	存在感希薄．QFII（指定国外機関投資家）に期待．
破産再生制度	かなり整備されたといえる．	法制度の整備が遅延．
ディスクロージャー	改善中だが国際的評価は低い．企業間格差が大きい．	法定開示項目が多い点が評価される．自主開示は期待できず．
株主総会	決議内容多い．定足数あり．個人株主の出席多し．開催日集中度が極度に高い．議案公開は稀少．	決議内容多い．定足数なし．出席者が少ない．議案は公開．結果も公開．
株主代表訴訟	あり．（提起しやすい）	可能だが実効性に乏しい．

出所：UFJ総合研究所（2003）『中国・韓国のコーポレート・ガバナンスに係る調査研究　報告書』，99ページ，筆者一部加筆修正．

も，中国における証券取引市場は次第に整備されてきているものの，社債などの市場に関してはいまだ未整備である．その点を考慮すれば，中国ではいまだ間接金融中心であるということに異論はないであろう．このような状況下では，一般企業の場合，メインバンクによるモニタリングが機能する土壌があるということが考えられるが，上場会社に関しては，中国では銀行による株式所有は認められていないため，銀行によるモニタリングは通常はあまり機能していないといえる．

　企業への政府介入に関しては，日本では規制産業以外はほとんど見られないものの，中国では頻繁に行われる．日本においてコーポレート・ガバナンスに大きく影響を与えている外国人株主であるが，中国においてはいまだ影が薄い存在でしかない．さらに中国では，破産再生制度に関しての整備も立ち遅れているのが現状である．ディスクロージャーに関しては，日本では企業の自主性に任せられている点が強いと思われるが，中国においては，法定開示事項が多く，自主開示はほとんど行われない．

　株主総会は中国の方が活発である感はあるものの，実効性に関しては疑問が残る．特に株主代表訴訟に関しては，中国において制度上実行は確保されつつあるものの，実際行うことは困難であるといえる．このような状況の中，五粮液集団有限公司の子会社で上場会社である宜賓五粮液株式有限公司（証券番号：0858）で中国初の委任状争奪合戦（proxy fight）が発生した．その経緯は以下のとおりである．

　宜賓五粮液株式有限公司の2000年度末において純利益76,811万元を計上し，一株当たり利益1.6元，ROE 24.1％と高業績を達成した．それにもかかわらず会社側は無配と新規の株主割当増資を提案した．しかも筆頭株主である五粮液集団有限公司はそのほとんどを引き受ける権利を放棄したのである．こうした状況下で一部の中小株主は，株主の利益を侵害している分配案に反対した．その意思表明のために従来には見られなかった方法を採った．会社と資本関係のない民間の投資コンサルティング会社（君之創公司）が中小株主の議決権の委任状を集めて，株主総会に出席して代理権を行使したの

である.

　2001年2月20日の株主総会では，君之創公司の常務副総経理が出席し，会社案の反対討論を展開した．しかし中小株主の議決権を集中させても過半数に達することはなく，圧倒的な過半数を有する会社側の分配案が総会決議で採択された．結果として，会社案に従い増資が行なわれ，資本金は104,201万元から162,403万元となった．その後株価も急落し，38元前後（最高43.60元）から21元前後（最低16.38元）となった．しかし上記の事例は中国初のproxy fightとしてマスコミから注目された事件となった．社会的なプレッシャーを受けた影響か否か明らかではないが，その後宜賓五粮液株式有限公司の配当政策は大きく変化している．宜賓五粮液株式有限公司の事例は，中国のコーポレート・ガバナンスが大きく変化している一つの現れであると考えることができよう．

　最後にまとめとして，近年の中国経済の状況を総括し，今後の展望に関する私見を述べたい．近年の中国における計画経済から市場経済への移行は，今まで隠れていたさまざまな問題を表面化させることとなった．特に国有企業問題は深刻であり，この解決の成否が今後の中国経済の発展を決定するといっても過言ではない．さらに企業不正の問題も，上場会社にとどまらず，注冊会計師，証券会社にまで及び，中国の証券市場の信頼性すら，揺るがすほどである．このような不正を阻止することができるか否かも，今後の中国経済の成長を左右する可能性がある．

　1993年に公布された公司法によって，株式制企業（株式有限公司や有限責任会社）に関する事項が法制度上整備され，数多くの企業が株式制企業へと移行することとなった．国有企業であっても決して例外ではなく，多くの企業が株式制企業へと組織変更している．その意味では，今後の中国経済の最大の牽引役がこの株式制企業となることは容易に推測できる．

　ただ，これらの企業のコーポレート・ガバナンスは現在必ずしも有効に機能しているとはいえないのではないだろうか．上場企業に関していえば，コーポレート・ガバナンス体制は制度的にかなり整備されたものの，実質的

にはいまだ多くの問題があるように感じられる．特に中小株主保護に関する事項に関しては，いまだ問題が山積している．株主代表訴訟などに代表される中小株主保護の規定は今後改善されることが望まれる．

このような現状に鑑みれば，中国におけるコーポレート・ガバナンスは，政府主導で行われているといっても過言ではない．現状とは別に政府が一定の指針を発表し，現実の企業がそれを目指し，変革していく．ただ独立董事の導入のように，政府の意向どおりに進まないものもあり，その場合には，中国政府は現状に歩み寄ることもある．ただ展開は遅いとはいえ，徐々にではあるが，中国政府が想定するあるべき姿へと向かっているといえるのではないだろうか．

コーポレート・ガバナンス改革に見られた政府主導で方針を出し，実態経済がそれを目指すという状況と同じような動きが，近年別の面でも見受けられる．それは，企業の社会的責任（CSR）に関する中国政府の取り組みである．

2003年10月の中国共産党第16期中央委員会第3回総会の決議において，「科学的発展観」に基づく経済発展戦略が発表された．これは人を根幹とすることを堅持し，全面的かつ均衡のとれた持続可能な発展を成し遂げるという主旨のものである．このことは単に経済のみを発展させるのではなく，持続的な発展が可能となるように，環境や人権などにも配慮するということを意味する．このような方針をうけ，CSRに関するさまざまな動きが見受けられるようになってきた．

たとえば，中国企業連合会[11]は，「グローバル・コンパクト事務局」を設置し，国連グローバル・コンパクトを基本原則とした中国の実情に合致した基準の策定を予定しているという[12]．これは，上海証券取引所がOECDのコーポレート・ガバナンス原則を参考に，「上海証券交易所上市公司治理指引（征求意見稿）」を作成したときの状況に似ている．さらに，国務院発展研究中心においても，CSRに関する調査・研究が盛んに行われている[13]．

このような動きをみれば，コーポレート・ガバナンスに関する原則が提示

され，各企業がそれを目標として追随したように，近い将来 CSR に関しても同じようなことが生じる可能性が高いと考えられる．市場経済が市場からの要請に応える形で変化していくように，中国が想定している社会主義市場経済は政府があるべき姿を提示し，現実がそれに追随していくという変化を促す体制といえるのではないだろうか．

1) 田中（2000）においても同様の指摘がなされている．田中（2000）62-63ページ．
2) 中国証券業協会編（2001）73頁．
3) 前掲書　73頁．
4) 2005年10月27日，全国人民代表大会常務委員会第10期第18回会議において，「公司法」改正案が可決され，2006年1月1日より施行された．本改正は「公司法」全般にわたる大改正である．本章における「公司法」の記述は，改正前に執筆したものであるため，改正前「公司法」に従って書かれているものであり，改正後「公司法」と整合性がとれていない点があることをご了承いただきたい．
5) 国務院発展研究中心（2002）「中国企業家調査系統」（『管理世界』第1期）93-103頁に掲載されているものであるが，『管理世界』を入手できなかったため，UFJ総合研究所（2003）99ページを利用した．
6) 川井伸一（2001a）42-45ページ．
7) 前掲書　37ページ．
8) 川井伸一（2002）31ページ．
9) 大柳康司・西崎賢治（2002）に，「上市公司治理準則」の全文訳が掲載されている．
10) 川井（2002）46ページ．
11) 中国の国有企業，独資企業，外資企業，地域経営者団体，産業別経営者団体など，約40万を超える企業会員からなる経営者団体．
12) 海外事業活動連絡協議会（2005）33ページ．
13) 前掲書　50-51ページ．

参 考 文 献

呉暁輝，鄭建彪主編（1999）『上市公司財務与会計案例　下巻』（北京：中国財政経済出版社）

畠田公明（2002）「中国会社法の業務執行機関に関する諸問題」（『法律時報』73巻9号）83-89ページ．

今井健一（2000）「コーポレート・ガバナンスの中国的課題」中兼和津次『現代中国の構造変動2　経済－構造変動と市場化』（東京：東京大学出版会），187-

225ページ.

㈳海外事業活動連絡協議会（2005）『CBCC対話ミッション「中国における企業の社会的責任（CSR）」』（東京：㈳海外事業活動連絡協議会）．

郝振平（2001）「中国上市公司治理結機－董事会与監事会之経験研究」（北京："3E"清華大学企業管理課題組）．

川井伸一（2001 a）「中国の上場企業経営者に関する基礎的分析」（『経営総合科学』vol.76），33-65ページ．

川井伸一（2001 b）「中国上場企業における配当と株主利益」（『愛知経営論集』第144号），25-27ページ．

川井伸一（2002）「中国的コーポレート・ガバナンス原則の形成」（『経営総合科学』vol.79），29-53ページ．

李維安（1998）『中国のコーポレート・ガバナンス』（東京：税務経理協会）．

林義相主編（2000）『2000上市公司分析　深市上市公司分冊』（北京：中国財政経済出版社）．

大柳康司・西崎賢治（2002）「中国におけるコーポレート・ガバナンス改革」（日本コーポレート・ガバナンス・フォーラム『年報（第5集）』）65-84ページ．

大柳康司・西崎賢治・賈昕（2002）「中国における注冊会計師監査－コーポレート・ガバナンスの観点から－」（『通貨金融危機後の東アジア発展途上国の生産資源および経済制度とその課題（平成13年度財務省委嘱調査研究報告書）』）39-124ページ．

大柳康司・西崎賢治・賈昕（2004）「中国における企業改革とコーポレート・ガバナンス」（『3E研究院事業総括報告書「中国企業管理研究」』）18-52ページ．

黄剣毅（2004）「中国におけるコーポレート・ガバナンスに関する一考察」（『桃山学院大学環太平洋圏経営研究』第5号），111-135ページ．

王東明（2000）「中国上場企業の所有構造とコーポレート・ガバナンスの実態」（『証券経済研究』第23号），1-39ページ．

王東明（2002 a）「企業調査からみた中国のコーポレート・ガバナンス（上）」（『証券経済研究』第35号），27-53ページ．

王東明（2002 b）「企業調査からみた中国のコーポレート・ガバナンス（下）」（『証券経済研究』第37号），15-35ページ．

田中信行（2000）「中国会社法の隠れた問題点」（『ジュリスト』1174号）60-68ページ．

于健（2005）「中国の上場会社におけるコーポレート・ガバナンスの動向：独立取締役制度の導入を中心に」（『桃山学院大学環太平洋圏経営研究』第6号）27-80ページ．

UFJ総合研究所（2003）『中国・韓国のコーポレート・ガバナンスに係る調査研究報告書』（東京：独立行政法人　経済産業研究所委託調査）．

徐衛国主編（2000）『中国股份制企業董事事典』（長沙：湖南人民出版社）．

主要参考資料

中国金融年鑑編輯部（2001）『中国金融年鑑　2001』（北京：中国金融出版社）．
中国金融年鑑編輯部（2002）『中国金融年鑑　2002』（北京：中国金融出版社）．
中国金融年鑑編輯部（2003）『中国金融年鑑　2003』（北京：中国金融出版社）．
中国証券業協会編（2001）『中国証券市場年報2001』（中国：中国金融出版社）．
中国誠信証券評価有限公司他主編（2001）『2001　中国上市公司基本分析』（北京：中国財政経済出版社）．
中国誠信証券評価有限公司他主編（2003）『2003　中国上市公司基本分析』（北京：中国財政経済出版社）．
中国誠信証券評価有限公司他主編（2004）『2004　中国上市公司基本分析』（北京：中国財政経済出版社）．

第8章

中国上市公司のディスクロージャー制度の考察
―― 関連取引の開示を中心として ――

西崎 賢治

はじめに

　1990年12月に上海証券取引所が,1991年7月に深圳証券取引所が開業してから今日まで,中国の証券市場は飛躍的な成長を持続している.2003年末現在,上市公司(上場会社)は両取引所あわせて1,286社にのぼり,総資産合計額は4兆1,550億元となった.こうした証券取引所とそこに参加する上市公司の発展と拡大は,中国の経済発展の一つの象徴でもある.中国の上市公司から国際的に著名な会社や経営者も出現するようになった.

　目覚しい発展と拡大を続ける証券市場であるが,問題も多い.その一つが上市公司によってたびたび引き起こされる会計不正事件である.社会問題となるような大規模な会計不正事件もしばしば起こっている.上市公司に限らず,中国企業の会計不正行為は珍しいことではない.

　こうした会計不正行為の手段として,注目すべきは,関連取引を悪用するケースが多いことである.ここで関連取引(関連交易)とは,上市公司とその関連法人および関連自然人との間の取引をいう(「上海証券交易所股票上市規則」).そして関連法人は,直接または間接的に上司公司を支配する法人,上市公司を支配する同一の法人によって支配される別法人,親会社,子

会社，上市公司を支配する法人の子会社を指す．また，関連自然人は，上市公司の5%以上の株式を直接間接的に保有する個人株主，上市公司の董事・監事および高級管理人員，上記の自然人の父母・配偶者・兄弟姉妹・年齢18歳以上の子女などを指している．

こうした関連取引の背景には，上市公司が非上場の親会社を抱えている中国企業特有の構造があるものと思われる．したがって親会社と上市公司との関連取引を悪用しないように，株主，特に少数株主や一般投資家などの利害関係者が，関連取引の実情を把握することは極めて重要なことである．同時に，関連取引の適正なディスクロージャー制度を整備し運用していくことは，中国政府当局にとっても，証券市場の信頼性・安全性を担保するための重要な課題となっていると言うことができるだろう．

上市公司と親会社との関係を把握するためには，利害関係者は，年次報告書や中期報告書などの上市公司が作成する開示資料から情報を入手していくこととなる．そこで本論文では，関係会社[1]取引および関連取引に関する日本と中国のディスクロージャー制度を比較検討するとともに，上市公司の開示資料から関連取引の記載内容の変遷に注目し，特徴と問題点を考察する．

1．ディスクロージャー制度についての定義・目的

はじめに，ディスクロージャー制度一般の説明をするにあたり，ディスクロージャー制度の定義と目的を検討する．

まず定義として，ディスクロージャー制度は，「投資家に企業の財務状況を開示し，彼らが自分の責任でリスク投資を行う条件を整える，資本市場のインフラストラクチャーである．それはまた，情報の開示を通じて，企業経営に市場規律が働くようにするための工夫[2]」である．そしてディスクロージャー制度は，「投資家へのディスクロージャーが，彼らの自己責任とモニターの役割を結びつけ[3]」るものであり，「企業統治には何より透明性が重

要だ[4]」という言葉からも見受けられるように，コーポレート・ガバナンスが機能する上で最も基礎となりうるものである．

次にディスクロージャー制度の目的について考察してみよう．

若杉（1998）は，会計ディスクロージャーの働きとして，以下の四点を挙げている[5]．

第一に受託責任遂行機能である．会計ディスクロージャーは，企業の株主等に対する受託責任を構成する一要素たる報告義務によるものとされる．第二に利害調整機能である．会計ディスクロージャーには，企業と利害関係者間の，または利害関係者相互間の利害を調整する働きが認められる．第三に情報提供機能である．会計ディスクロージャーは，投資意思決定に役立つ情報提供としての役割を果たしている．第四に事前統制機能である．企業行動やその結果の状況を開示させることが，企業が危険な行動に走ることを抑制する社会的圧力として作用するという事実が認められる．

若杉は，これらを総括して，会計ディスクロージャーは企業経営者の経営意思決定と経営行動についての利害関係者の評価に資するものである，としている．

龍田（2002）は，ディスクロージャー制度の制度的側面をより重視して，開示制度の目的・機能を，①情報の提供，②権利の実質化，③地位の標準化，④不正の抑止，の四点に区分している[6]．

第一の情報の提供とは，投資家に企業の財務状況を開示し，彼らが自分の責任でリスク投資を行う条件を整える機能等，を指すものと思われる．若杉の言う情報提供機能に類するものであろう．

第二の権利の実質化とは，制度によって（若杉の言う）会計ディスクロージャーが規定されていることで，企業情報に対する利害関係者の知る権利が保証されて，有価証券報告書の開示などによって実現化されていることを指すものと思われる．これは投資家など企業の利害関係者サイドの視点に立っているが，若杉の利害調整機能に近い．

第三の地位の標準化とは，入手すべき企業情報の質量の点で，全ての利害

関係者に平等に提供されることを指すものと思われる．ディスクロージャー制度では，開示すべき資料や内容そして開示すべき時期なども詳細に決められており，情報の質量に偏りがないことを前提としている．それはインサイダー情報規制からも窺われることである．

第四の不正の抑止とは，企業情報をディスクロージャー制度にしたがって開示させることで，企業活動が利害関係者からモニターされることになることから，会計不正行為をはじめとした企業経営者による不正行為を躊躇させる機能を指すものと思われる．これは若杉の言う事前統制機能に近い．

両者の主張を総括すれば，ディスクロージャー制度の機能は，全ての利害関係者に公平かつ有用[7]な情報を提供することで，開示する企業や企業経営者はもとより，投資の場たる資本市場への信頼性を維持することと言えるだろう．

2．関係会社取引についてのディスクロージャー制度 ——日本のケース

ここでは日本の事例を取り上げる．日本の関係会社取引のディスクロージャー制度は，連結財務諸表の制度化から本格的にはじまった．その後，「連結財務諸表」と「関連当事者との取引」といった二本柱で構成されてきたが[8]，昨年の西武鉄道事件によって大きく変わることとなった．そこで本章では，西武鉄道事件の以前と以後に分けてディスクロージャーの制度化の流れを概観する．

(1) 連結財務諸表の導入から西武鉄道事件に至るまで

連結財務諸表とは，「支配従属関係にある二以上の会社からなる企業集団を単一の組織体とみなして，親会社が当該企業集団の財政状態及び経営成績を総合的に報告するために作成するもの」である．（「連結財務諸表原則」第

一)

　企業の集団化を背景とした，関係会社を利用した会計不正事件[9]が多発した現実をうけて，1975年に「連結財務諸表の制度化に関する意見書」（企業会計審議会　昭和50年6月24日）が答申され，連結財務諸表の作成開示が義務付けられることとなった．そこでは制度化された理由を「企業集団の場合は当該企業集団を構成する個々の財務諸表だけでは投資家情報として十分ではない．従って，開示会社が企業集団の親会社である場合には，当該企業集団に属する会社の財務諸表を結合した連結財務諸表を結合した連結財務諸表をも提出する制度が確立される必要がある」としている．

　この連結財務諸表制度は1997年に「連結財務諸表の制度の見直しに関する意見書」（企業会計審議会）が公表されて大きく改定されることとなった．その背景には，企業の集団化がより深化してきたこと，子会社を連結対象から意図的に外すような事例が多発したこと等があげられる．その主な内容は，個別情報から連結情報へ優先順序を変えること，同時にセグメント情報を充実させること，連結子会社以外の主要な関係会社の情報を開示すること，連結キャッシュ・フロー計算書の導入，中間連結財務諸表の導入などである．そして連結の範囲についても，持株基準から支配力基準へ変更された．

　次に「関連当事者との取引」についてである．関連当事者とは，財務諸表提出会社の①親会社及び法人主要株主等，②役員及び個人主要株主，③子会社等，④兄弟会社等を指す．関連当事者との取引は，1991年4月1日以後開始する事業年度から有価証券届出書及び有価証券報告書の「企業集団等の状況」の「関連当事者との取引」において開示されるようになった．その後，「連結財務諸表の制度の見直しに関する意見書」の提言をうけたことで，1999年に「関連当事者との取引に係る情報の開示に関する監査上の取扱い」（日本公認会計士協会監査委員会報告六十二号）が公表され，連結財務諸表又は財務諸表の注記事項となった．

　従来，関連当事者に類する取引については，個別事項ごとに開示されてい

た[10]．それが「関連当事者との取引」によって，関連当事者の「資本金又は出資金」，「事業の内容」，「議決権の所有割合」，「関係内容」，「取引の内容」，「取引金額」等の情報が包括的に開示されるようになった．特に連結財務諸表の開示対象から外れていた株主や親会社の情報について開示の充実化が図られたのだった．

(2) 西武鉄道の有価証券報告書虚偽記載事件と現在のディスクロージャー制度の動向

2004年10月，西武鉄道が大株主のコクドなどの持株比率を有価証券報告書に過少に記載して，上位10位までの株主の持株比率が80％を超えてはならない，との東京証券取引所の上場基準を長期間逸脱していたことが明らかとなった．さらに9月末にかけてのコクドによる西武鉄道株の売却がインサイダー取引に該当したのである．

こうした事件はディスクロージャー制度のあり方にも疑問を投げかけた．すなわち，コクドという非上場の親会社が上場会社である西武鉄道を支配しているにもかかわらず，その開示内容が不十分であったことが明らかとなったからである．先の「関連当事者との取引」として親会社の情報はある程度は開示されていたが，これらの情報は財務諸表提出会社とその親会社との取引関係等に関するものであり，親会社自身の情報は限られている[11]．そこで金融庁は，2004年12月に「ディスクロージャー制度の信頼性確保に向けて」（金融審議会金融分科会第一部報告）を公表して，親会社が継続開示会社でない場合には，継続開示会社である子会社の有価証券報告書において，親会社に係る以下の情報の開示を求めることとなったのである．

① 株式の所有者別状況及び大株主の状況
② 役員の状況
③ 商法に基づく貸借対照表，損益計算書，営業報告書及び附属明細書（監査役（又は監査委員会）の監査報告書（会計監査人の監査を受けている場合には，会計監査人の監査報告書を含む．）を添付．）

さらに金融審議会金融分科会第一部報告では，親会社が非協力的な場合についても以下のように検討されている．「子会社に親会社情報の開示を求めても，親会社の協力が得られない場合には，実効性が限定されるのではないかとの指摘がある．この点については，

① 親会社の協力が得られぬ場合には，その旨及び理由を有価証券報告書で明示させる
② 証券取引所の上場規則で，親会社の協力を求める
③ 法律で，親会社の協力を求める

といった方策が考えられる．親会社情報の開示につき早急に対応していくとの観点から，まずは，①及び②の方策の組み合わせより対応していくことが考えられるが，現在の開示制度との整合性について留意しながら，③の方策についても，検討を進めていくことが適当である．」

この結果，日本のディスクロージャー制度は，図1のように，連結財務諸表と「ディスクロージャー制度の信頼性確保に向けて」（2004年12月公表）によって，財務諸表提出会社を中心とした全ての関係会社についてのディス

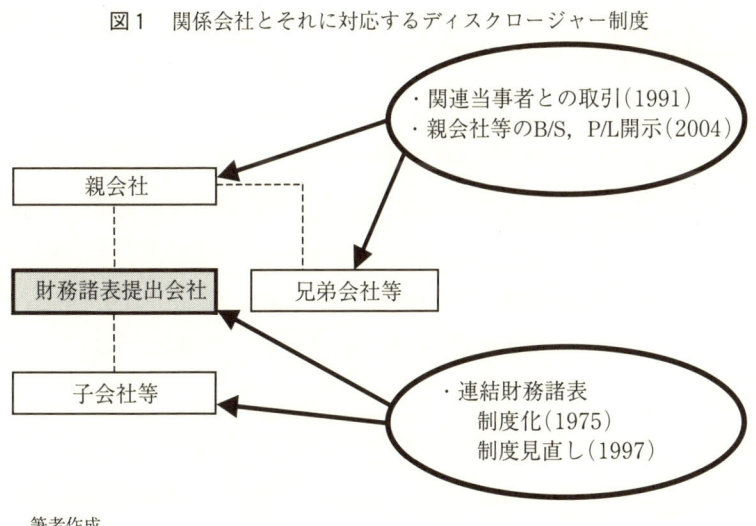

図1　関係会社とそれに対応するディスクロージャー制度

・関連当事者との取引(1991)
・親会社等のB/S，P/L開示(2004)

親会社
財務諸表提出会社
兄弟会社等
子会社等

・連結財務諸表
　制度化(1975)
　制度見直し(1997)

筆者作成．

クロージャーが実現したと言うことができる．それは西武鉄道による有価証券報告書虚偽記載事件等に対して当局が迅速に対処した結果でもあると言えるだろう．

3．中国上市公司の関連取引の現状

　本節では中国の関連取引の実情について考察する．一般的に中国の上市公司は企業集団に属し，関係会社，特に集団公司と呼ばれる親会社と密接な関係を持っている．そのため関連取引は，ほとんど全ての上市公司で行われていると言われる．例えば朱宝憲・謬海鷹によれば，2000年度において関連取引を行った上市公司は，全1,018社のうち949社もあり，全体の98.7％にのぼったとされる．詳細は以下のとおりであった[12]．

・1999年上市公司の関係会社に対する債権純残額は1,078.9億元で，そのなかで支配株主である親会社に対しては334.8億元で全体の31.0％を占める．

・2000年に関連取引を行った上市公司は949社であったが，関連取引総額の47％は上市公司と支配株主＝親会社との間で発生したものであったといわれる．

・2001年度の上市公司から関係会社への資金流出が計1,129億元であったのに対して，関係会社から上市公司への資金流入は計425億元であった．

　以上の結果，中国の関連取引が多額に及ぶこと，関連取引のうち親会社取引の比重が高いこと，上市公司から関係会社へ資金が移転する関係となっていること，が窺われる．

　こうした関連取引について以下のような問題点が指摘されている．

　第一に，上市公司の資金が大株主によって占有されていることである．朱宝憲・謬海鷹の報告でも，上市公司から関係会社への資金流出純額は，704

億元 (1,129−425＝704) にのぼっている．第二に，上市公司が関係会社に対して保証を行うことである．上市公司が関係会社に対する債務保証を行うことで，関係会社の破綻等によって上司公司の債務となってしまう．したがって朱宝憲・謬海鷹の報告に加えて，目に見えない形での債権債務関係があることが推定されるのである．第三に，関係会社が上市公司の利潤を直接に持ち去っていくことである．関係会社に有利な取引を結ぶことで，上市公司の利潤を関係会社に移転することなどが指摘されている．さらに，こうした関連取引で問題視されるのは，集団公司など親会社が非上場であるケースが一般的であり，上市公司の投資家など利害関係者はこうした親会社情報の入手方法が限られていることである．

　中国上市公司による関連取引の背景としては，以下の点があげられる．

　第一に，90％以上の上市公司が国有企業の改組により成立していることである．中国は1994年に現代的企業制度を導入し，国有企業は公司法に基づいた株式会社で構成される企業集団へ改組された[13]．そうした企業集団は，非上場の集団公司を中核として上市公司やその他関係会社を傘下に抱えるケースが多い[14]．

　第二に，毎年の上場枠の制限および株式上場の財務指標についての厳格な要求があったことである．このために会社が上場する前に一連の資産の再編と「包装」を実施して，核心企業として，または核心的資産を備えて上場しなければならなかった．

　第三に，中国の上市公司は一般に規模が小さいことである．WTO加盟などによる国際的な企業競争の激化に対処するため，上市公司は投資，買収，合併など，規模の拡張を図ってきた．なかでも関係会社との間の資産再編は低コストで拡張と合理化を実現する近道とされた．

　第四に，株式上場に審査許可制がこれまで実施されていたことである(2001年に廃止)．このため，上市公司は往々にして上場のための「殻」資源としての価値をもった．株式上場に制限があったため，自ら上場するのではなく既存の上市公司株式を取得して，上市公司の親会社となることで実質的

な上場を果たす,といった事例が見られたのである[15].

以上,中国の上市公司に占める関連取引の比重は大きく,その重要度も高い反面,問題点も多いことが窺われた.ディスクロージャー制度の観点からは,こうした関連取引の状況が上市公司の開示書類で如何に開示されているかに一つの焦点が向けられることになる.そこで次節ではそうした開示状況について実例を基にしながら考察する.

4. 中国の関連取引についてのディスクロージャー制度の現状と問題点

本節では,関連取引について開示基準を概観するとともに,上市公司の開示書類の実例を時系列的に取り上げて現状と問題点を考察する.

(1) 中国上市公司に対するディスクロージャー制度の現状

関連取引の開示基準を「連結財務諸表暫定規定」や「企業会計準則」,「証券市場信息披露規範」から見てみよう.

まず「連結財務諸表暫定規定」は,中国企業の現代企業化と企業集団の発展を促進するために,連結財務諸表を作成する規範として1995年に制定・交付されたものである.連結の範囲は,持株基準(50%超)を基礎としながらも支配基準の概念も取り込んでおり,そうした概念は日本よりも早期に導入された.

次に「企業会計準則」(2003年現在)[16]であるが,関連取引に関する条文として「関連方関連及其交易的披露」(1997年施行)があり,そこでは「関連当事者間に支配関係が存在する場合に以下の事項を開示する」,とされている[17].

① 企業の性格あるいは類型,名称,法定代表者,登録地,登録資本およびその変更

② 企業の主な事業内容

③ 株式持分または出資持分の所有割合およびその変更

また，関連当事者間に取引関係がある場合には以下の事項が開示される．

① 取引の金額あるいは比率

② 未決済項目の金額あるいは比率

③ 価格決定方針

最後に，証券市場信息披露規範である「公開発行証券的公司信息披露内容与格式準則第2号－年度報告的内容与格式」（2003年1月6日）では，以下のように，より詳細かつ広範に関連取引を開示するように要求している．

① 株主状況紹介（25条）

    期末株式総数

    持株比率5％以上または上位10位までの主要株主の状況

    会社支配株主および実質支配者の状況

② 現任董事，監事，高級管理人員の状況

    会社の株主から任命された董事や監事は，任命先とその職務および在職期間について開示しなければならない（26条）．

③ コーポレート・ガバナンスの状況（28条）

④ 支配株主に対する会社の業務，人員，機関，財務方面で分離状況（30条）

    業務，人員，資産，機関，財務等の方面で，会社は支配株主と分離されているか否かを説明しなければならないと同時に，支配株主から完全に独立して事業活動を行い，自主経営能力を有しているか否かを説明しなければならない．

    もし支配株主から分離されているならば，その旨を明確にしなければならない．一方，支配株主からの独立が不完全であるならば，こうした状況が会社に与える影響を説明すると同時に，改善措置を提出しなければならない．

⑤ 主たる子会社および関連会社（「参股公司」）の経営状況および業績

（34条）
⑥　関連取引の公平性や上市公司への損害の有無に対する監事の意見（43条）
⑦　重大な関連取引の内容（46条）
　㈠　商品の購買・労働の提供による関連取引
　㈡　資産・株式の譲渡による関連取引
　㈢　会社と関係会社との間で発生した債権債務取引，担保等の事項
　㈣　その他重大な関連取引
⑧　支配子会社および合弁会社の資本・経営内容・出資額・出資比率（74条〜75条）

　これらを簡単に総括すると，証券市場信息披露規範の特徴として，親会社・株主（特に支配株主）などの定性情報を重視していることがあげられるだろう．実際の開示内容については以下で取り上げることとする．

(2) 中国上市公司のディスクロージャー実例1――銀広夏の年度報告書から

　上市公司は前節の規定や準則や規範をうけて年度報告書等の開示書類を作成する．そこで開示書類例として，会計不正事件を引き起こした広夏銀川実業股份有限公司（以下，銀広夏）の年度報告書を取り上げる．

　銀広夏は，日用化学工業品・酒類・自動車貿易・資源開発など幅広い業務を行う総合企業集団である．西北地域の砂漠開発など農業の産業化に力を入れていた．銀広夏事件は，子会社である天津広夏有限公司の虚偽のハイテク技術開発や輸出取引による会計不正事件であり，その目的は株価の高値維持と円滑な資金調達を図るためである．すなわち，利害関係者の目が行き届きにくい子会社を利用して，連結企業集団全体の利益を水増しして，上市公司の銀広夏による資金調達を有利に進めたのだった．同時に，銀広夏は，借入金の担保を提供したり債権を購入したりするなど，様々な手段を用いて天津広夏有限公司を資金的に支援してもいる．

こうして1999年，2000年，2001年1月〜6月に計上した架空利益[18]は，各々1.78億元，5.67億元，0.09億元であったが，実際の損失は，各々0.50億元，1.49億元，0.25億元であった．結局，株価は急落し，広範な投資家に損害をもたらした．

このように銀広夏事件は子会社を利用した会計不正事件であることから，銀広夏の子会社開示情報の記載内容の妥当性を検討することで，ディスクロージャー制度の問題点を見ることができるのである．

- **1999年年度報告書**

1999年は銀広夏にとって，会計不正行為の起点となった時期である．当期の売上高は5.26億元，純利潤1.27億元であり，業績としては良好のように見えるが，キャッシュ・フロー計算書でみると，営業キャッシュ・フロー（以下，営業CF）は−0.05億元，投資キャッシュ・フロー（以下，投資CF）は−3.72億元，財務キャッシュ・フロー（以下，財務CF）は6.55億元を計上しており，内容としては良いとは言えない状態であった．

銀広夏の会計不正行為は，"ハイテク"製造設備の導入から始まる．詳細は，年度報告書の「五．董事局報告」に記載されている．これらの設備は後に虚偽と見なされることになる．意味不明の内容にもかかわらず，「ハイテク」「海外」「政府」という項目を文中にちりばめて，一見魅力的に思えるように記述されていることが窺われるだろう．

五．董事局報告，「㈠公司の経営状況」，「1. 公司1999年業務状況」
　(3) 超臨界 CO_2 採取項目

超臨界 CO_2 採取技術とは，近年国際上迅速に発展してきたハイテク精密技術であり，化学工業・電気機械・自動制御・低温技術設備・コンピュータなどが一体化したハイテク産品である．超臨界 CO_2 採取技術は，数百種の物質の中からもっとも優れた物質を抽出して，高純度にするとともに，生物学的には完全に無害である等の特徴を有しているの

で，環境に優しいと国際的にも認められ，極めて広範な市場が見込めるものである．当社に所属する天津広夏（集団）有限公司の企業努力によって，1998年にドイツより超臨界CO_2採取設備を導入して，食品・医療領域で有用な高純度卵黄脂・生姜油・桂皮油などを生産している．当社の生物採取技術方面での優位性を保証するために，当社は三機の採取技術設備を導入する予定であり，そのうちの一機を天津広夏有限公司に投入して使用したのである．当期において既に5,610万ドイツマルクの製品を輸出した．当該項目は「天津市20の松明」の一つとされ，設備完成後，天津市人民政府が認定した「天津市重大ハイテク産品化項目」に認定された．

- **2000年年度報告書**

2000年は銀広夏の絶頂期だった．当期売上高は9.08億元，純利潤4.17億元であり，最高益を達成した．但し，営業CFは1.24億元，投資CFは－2.55億元，財務CFは3.45億元であり，会計利益で最高益を達成していても，資金繰り的には投資CFのマイナスが営業CFのプラスを上回り，必ずしも良好ではなかった．しかし「五．董事局報告」では，好調な業績を，中央政府首脳の権威や海外との取引を強調することで最大限にアピールしている．

また，1999年に導入を図った超臨界CO_2採取設備をさらに発展させる形で，2000年には，新たに加工基地「天然植物高品質物質採取加工基地」や子会社「広夏（銀川）超臨界採取有限公司」を設立することになった．しかしその一方で，天津広夏（集団）有限公司は天津市工商銀行より1,100万元の借入金契約を締結し，銀広夏はこの借入金の担保を提供している．そのほかに，子会社を中心として5件の資産の差押えを受けることとなり，業績の良さに反して，資金繰りの深刻さが窺われる内容が見られる．

- **2001年年度報告書**

2001年には，天津広夏（集団）有限公司の架空利益を中心とした銀広夏の

会計不正事件が明るみに出た．銀広夏をめぐる経営環境は急激に悪化していく．当期売上高は1.45億元であったが，純利潤は－3.94億元と大幅に下落した．また，営業CFは1.34億元，投資CFは－2.98億元，財務CFは－1.01億元となり，資金繰りの悪化は決定的なものとなっている．そして注冊会計師[19]による監査意見は保留意見となり，適正意見は表明されなかった．

　会計不正行為が発覚したのが，8月であったことから，当時の混乱は，2001年の中期報告書の「公司の経営状況」「重要事項」「後発事象」により生々しく記載されている．内容は以下のとおりである．

「公司の経営状況」
　　半期決算において前上半期と比べて大幅に低下しているのは，天津広夏（集団）有限公司の会計報告書の虚偽表示により連結財務諸表に組み込めないためである．
「重要事項」
　　天津広夏（集団）有限公司とドイツ誠信貿易公司との間で輸出取引についての契約を締結していたが，当期において全く履行されておらず，原因を調査中である．
「後発事象」
　　8月2日にあるメディアが当社に対する懐疑的な記事を発表した．董事局と監事会はこれを重視し，緊急会議を開催して，天津広夏（集団）有限公司を含めた調査を決定した．調査の結果，天津広夏（集団）有限公司の製品数量・輸出数量・売上および輸出金額・その他会計データ等は不正確であり，多額の架空利益が計上されていることが判明した．当社は『リスク提示性公告』を発表し，広く投資家に注意を喚起した．その後，当社株式は8月9日9時30分から30日の取引停止措置を受けた．
　　8月3日に中国証券監督管理委員会が正式に調査を予定しており，当社は積極的にその調査を受ける意思がある．
　　当面，当社には信用危機が発生し，一部の銀行取引が凍結しており，

当社と子会社は経営上重大な影響を受けている．

2001年年度報告書は上記の中期報告書を受ける形で記載された．「第七章 董事局報告」でそうした経緯が詳細に記載されている．監査意見が保留意見である理由は，

① 訴訟結果が不確定であるため．
② 子会社の天津広夏（集団）有限公司の財務諸表が1998年以前の会計記録，2000年以前の銀行関連資料が全て"消失"してしまったため．
③ 天津広夏（集団）有限公司の負債1.5億元の債権者が不明で，その"債権者"次第で財務状況に影響を及ぼすため．
④ 当社の在外関連会社である広夏（マレーシア）国際実業輸出公司の会計資料が入手できず，連結財務諸表に組み込めていないため．
⑤ 9社の関係会社の会計資料が入手できなかったことから，保守的に株権や債権に対して100％の引当金を計上しており，その評価の妥当性を検討できないため．

であった．

さらに超臨界CO_2採取設備やドイツ企業との取引についても，その効果が否定された．天津広夏（集団）有限公司関連のドイツ誠信会社への全ての売上債権に100％の貸倒引当金が計上されたのである．

また，これまで董事の業務を全面的に是認していた監事会がこの期において初めて董事会にコンプライアンスに対する注文を表明した．これらは事後的な感が強く，ある意味，従来は全く機能していなかったことが推測される．

・ 2002～2004年年度報告書

会計不正事件が発覚した後，銀広夏は経営危機に陥った．債務再編や資産処分によって建て直しを図っているが，2002年から2004年までの業績の低迷状況や多数の訴訟案件を抱えて，現在も明るい展望は見出せていない．

また，現在に至るまでに，天津広夏（集団）有限公司・広夏（銀川）超臨界採取有限公司など関係会社6社の株式を5,848万元で寧夏大金投資管理有限公司に売却した[20]．結局，超臨界 CO^2 採取業務に関連する事業部門は全て売却されてしまったのである．

(3) **中国上市公司のディスクロージャー実例2―猴王の年度報告書から**

次に猴王股份有限公司（以下，猴王）の年度報告書を取り上げる．猴王は，1992年8月に株式会社となり，その主たる業務は，熔接材料・熔接設備・機械・電器設備の生産販売，金属製品・通用機械・化学原料等の開発，日曜百貨の販売などである．1997年に猴王集団が猴王の筆頭株主となった．その後2001年2月27日に宜昌市中級人民法院において猴王集団の破産申請が受理されてから，猴王と猴王集団の会計不正行為が明らかとなった．猴王は，1994年から1996年までの間に0.52億元の利益を計上していたが，猴王集団の破綻後5.13億元の損失があることが判明したのである．

また関連取引に関する以下の問題点が明らかとなった．

① 猴王集団による恣意的な配当政策によって，猴王より多額の資金が流出したこと．
② 猴王の多額の資金が猴王集団によって占有されていたこと．
③ 猴王集団の銀行借入金のために，猴王が担保資産を提供していたこと．
④ 猴王集団の価値の低い資産を高値で猴王が購入することで，猴王集団に利益を移転させていたこと．
⑤ 猴王から高額な管理費用を猴王集団に支出させていたこと．
⑥ 猴王から資金を取得することを目的として，会計上の数値を操作していたこと．

猴王は，親会社取引を利用して会計不正事件を引き起こしたことから，猴王の親会社開示情報の妥当性を以下の年次報告書の記載内容から検討する．

・ **1999年年度報告書**

1999年は猴王集団が破綻する直前期である．猴王は元々業績が芳しくなく，売上高0.77億元，純利潤－0.67億元であった．

猴王に対する猴王集団の持株比率は23.9％で，それ以外に，猴王集団の100％子会社である湖北省宜昌市猴王コンサルティング公司と湖北省宜昌市猴王産権公司が，それぞれ3.71％，3.30％を保有しており，合計すると30.91％となる．

猴王と猴王集団との関係については以下のような記載がある．そこでは猴王と猴王集団との関係が完全に分離できていないことが窺われる内容となっている．

　五，董事会報告
　　㈠　公司の経営状況

　前年度と比べて総資産が18.47％増加した主な原因は，当社名義での金融機関から借り入れた資金を猴王集団公司が利用していたが，1999年に猴王集団から資金の一部が返済されたためである．これらの事実は関連取引の増加額にも記載されている．

　　㈡　解釈性説明付適法意見という監査意見に対する公司董事会による説明

　歴史的理由のため，当社と支配株主である猴王集団公司との間には，経営権の移譲，資金の移動，建物や土地のリース等，比較的関連取引が多い．しかしその趨勢は下降しており，1999年度の関連取引額は4,147.9万元で，1998年と比べると42.3％下降した．1999年の関連取引残高は56,091.3万元で，会計方針に基づいて，4,573万元の貸倒引当金を計上しなければならず，当社の欠損に大きな影響をもたらしている．

　その他，当社は猴王集団公司の借入金18,699.2万元の担保を提供している．

　七，重要事項

(三) 公司の"三分開"の状況

当社と支配株主との間には基本的に2000年8月から人員，資産および財務上において相互に独立するようにしている．

八．財務報告

猴王と猴王集団公司の取引および債権債務残高

関係会社資金占有費2,698.5万元，土地使用権・建物リース料580.0万元，その他リース料869.3万元．

売掛金7,538.1万元，その他未収入金55,947.2万元，買掛金3,508.6万元，その他未払金3,885.3万元，担保提供額18,699.2万元．

・ 2000年年度報告書

2001年1月に猴王集団が破産申請した．これにより猴王は後発事象として当該事実の影響を開示しなければならなかった．売上高0.42億元，純利潤-6.89億元と業績はさらに悪化した．猴王集団の破産の影響があまりに大きいことから，注册会計師による監査意見は保留意見となった．その詳細は以下のとおりである．

五．董事会報告
一．保留意見に対する説明に関する事項
1．2001年1月に猴王集団公司の破産申請があり，破産清算中には当社と猴王集団公司との取引について充分に監査できない．対猴王集団公司債権は930,535,472.20元であるが事実上償還できない．このうち宜昌夷陵国有資産公司への譲渡分20,546.93万については貸倒引当金として5％を計上しているが，残りの72,512.62万元は95％の貸倒引当金を計上することになった．
2．猴王熔接設備製造廠など子会社7社は，経営を維持する能力を有しておらず，完全な財務資料が提出できない．故に当社の2000年連結財務諸表に組み込むことができなかった．但し，長期投資については

50％の減損準備金（16,120,958.27元）を計上している．

二．解釈性説明について

1．2000年8月以前は，当社と支配株主である猴王集団公司との間において，人，財，物についてのいわゆる"三分開"が徹底されていなかったことから，当社は猴王集団公司の債務に対して大量の信用保証を結んでいる．監査報告日現在，裁判所によって当社が連帯責任として負担すべき債務保証額が262,693,956.8元とされた．当社は信用保証額について95％の損失の発生を見込んでいる．

2．当社と猴王集団公司との間で"三分開"が徹底されていなかったことから，当社董事会の決議によって猴王集団公司の債務を当社名義で借り入れた．それらは当社債務に帰属し，元本193,666,900元，利息53,972,758.8元を追加計上された．

・ 2001～2004年年度報告書

猴王集団の破産によって，猴王の業績は現在まで低迷している．債務和解協議や訴訟対策に力をいれるとともに，債務返済や資産処分にも着手しているが，多数の訴訟案件を抱えるとともに，「公司の継続の前提に重要な疑義を抱かせる問題とその解決措置」（いわゆるゴーイング・コンサーン条項）といった注記が記載されるなど，回復基調に至っておらず，苦しい状況が続いている[21]．

(4) 銀広夏・猴王の記載例まとめ

銀広夏と猴王の年度報告書の記載内容から総括すれば，中国のディスクロージャー制度の優れている点と問題点として以下の点があげられる．

まず，優れている点としては充実した情報量があげられる．年度報告書等に要求される記載内容は詳細にわたり，情報量としても多量である．例えば，株主総会議事内容や董事会報告，監事会報告などについて，網羅的な開示が要求されている．また1999年から2004年の間に記載内容の充実化も着実

に図られている．例えば，連結財務諸表の作成基準やコーポレート・ガバナンスの状況の開示などについては，開示の義務化は日本に先駆けて行われていた[22]．

次に，ディスクロージャー制度の運用面の問題として，以下の点があげられる．すなわち，年度報告書等の作成者にとって，重要な虚偽記載を実行しやすいことである．董事会の活動など詳細な開示が要求されていることを逆手にとって，重要度の低い事業などを過大に見せかけることなどは容易であろう．例えば銀広夏は，業績と直接関連しないハイテク技術や政府の庇護などの権威を強調して，本来の内容を隠し続けた．また，会計不正行為に対して，注册会計師や監事会は歯止めにならなかった．

最後に，ディスクロージャー制度の整備面の問題として，以下の点があげられる．

すなわち，親会社情報の開示が不充分であることである．猴王のケースでは，事前のリスク情報のないまま，親会社の破産の影響が上市公司を直撃して，最終的に上市公司の投資家の損害に至ることとなってしまった．しかも中国では，多くの親会社が非公開会社であることから，投資家は親会社の情報を入手できず，投資意思決定の上で重大な支障を抱えているといえる．これらの点への対応は日本に遅れをとったといえるだろう．

特に，親会社の情報を入手し難いという状況は，中国の企業集団や上市公司の状況から見て，極めて大きな問題をはらんでいるといえよう．ある意味，中国の上市公司は全て"西武鉄道株式会社"であるということができる．そのため，今後も"コクド"のような親会社との不透明な関係から会計不正事件がおこる危険性を常にはらんでいる．会計ディスクロージャーの観点からそうした問題点を解消するには，日本の制度のように，継続開示会社でない親会社の決算情報を開示することである．西武鉄道事件をうけて日本が採用したディスクロージャー制度改革は，むしろ中国こそ緊急に必要とする制度であると思われる．

おわりに

　前節で最大の問題とされた非上場の親会社の存在は，ディスクロージャー制度のみならず，コーポレート・ガバナンスや企業の社会的責任，証券市場の信頼性維持などにも深く関わっており，今後大きな問題となってくるだろう．

　また近年中国では，私営企業をはじめとして，銀行やノンバンクなど金融機関を企業集団内に設立するケースが増加している．こうした状況は，金融機関を仲介とした不透明なカネの流れに拍車がかかる恐れが強い．またそうした場合には，会計不正行為の社会問題化も広範かつ深刻なものとなりかねないだろう．

　親会社が継続開示会社となっていない状態を排する，といった議論も当然起こりうることであるが，当面としては，日本のディスクロージャー制度のように，親会社の決算情報をはじめとして，関係会社の開示を拡充していく必要があるものと思われる．また年次報告書などについても正確かつ判りやすく記載されるように，ディスクロージャー制度の精緻化を図る時期に現在入っているものと思われる．

1) 日本において関係会社は関連会社とともに法律上明確に定義されている．関係会社とは，財務諸表を提出すべき会社（以下「財務諸表提出会社」という．）の親会社，子会社及び関連会社並びに財務諸表提出会社が他の会社等の関連会社である場合における当該他の会社等をいう（「財務諸表規則第8条8」）．関連会社とは，会社（当該会社が子会社を有する場合には当該子会社を含む）が出資，人事，資金，技術，取引等の関係を通じて，子会社以外の他の会社等の財務及び営業又は事業の方針の決定に対して重要な影響を与えることができる場合における当該子会社以外の他の会社等をいう（同規則第8条5）．本論文では中国企業を対象としてこれらの名称を使用した場合であっても，特に別記なき場合には，これらの定義に基づいている．

2) 斉藤静樹（1999）『企業会計とディスクロージャー』東京大学出版会，5ペー

ジ．
3) 斉藤静樹　前掲書，5ページ．
4) 日経新聞2004年1月25日カルロス・ゴーン日産自動車社長のダボス会議でのコメント．
5) 若杉明（1998）「会計ディスクロージャーの役割と問題点（『企業会計』Vol.50 No.1）」のなかの「会計ディスクロージャーの働き」参照．
6) 龍田節（1982）「開示制度の目的と機能」『法学論叢』110巻4・5・6号，同（2002）power point 資料「ディスクロージャーについて」の「開示制度の目的・機能」参照．
7) ここでいう「有用」とは，会計を一つの情報システムと見なした上で，その基本的な機能を，「経済的意思決定に有用な情報を提供すること」と規定している意思決定有用性アプローチ（AAA 1966，1ページ）で用いられる概念に基づいている．
8) そのほかに関係会社を対象としたものとして，「関係会社間の取引に係る土地・設備等の売却益の計上についての監査上の取扱い」（監査委員会報告二十七号　昭和52年8月8日），「子会社株式等に対する投資損失引当金に係る監査上の取扱い」（日本公認会計士協会　監査委員会報告七十一号　平成13年4月17日）などが公表されている．
9) 1964年の日本特殊鋼事件やサンウェーブ工業事件，1965年の山陽特殊鋼事件などを指す．
10) 例えば，関係会社に対する資産の注記（「財務諸表規則第39条」）や関係会社に対する売上高の注記（同規則第74条）などがあげられる．
11) 西武事件のような「例外」はあるが，そもそも日本では子会社の上場には一定の制限が課せられている．平成2年「基本的な考え方」（中央青山監査法人編（2000）『株式公開マニュアル』税務研究会出版局，65ページ）参照．
12) 川井伸一（2003）『中国上場企業—内部者支配のガバナンス』創土社145-172ページ．
13) また，企業集団の組織化を通して，政府の一部行政機構を代替し，「政企分離」を図ることが期待されていた．（韓中和『中国企業集団の研究－その生成，成長と発展方向－』慶応義塾大学大学院　平成9年度博士論文）．
14) それらは重慶鋼鉄集団有限公司の組織改組の事例からも窺われる．橋田坦（1998）「証券市場の形成と発展」参照．（栗林純夫，高橋宏編『中国における持続的成長の可能性　第10章』）．
15) そうした事例は，童増主編（2003）『買殻借殻上市案例』中国経済出版社，などが詳しい．
16) 中華人民共和国財政部制定『企業会計準則2003』中国財政経済出版社．
17) 中国の関連当事者間の取引は，厳密には，関連取引と異なる．すなわち関連当事者間取引とは，関連当事者間で財あるいは役務が移転する事象を言い（企業会

計準則),関連当事者には,関連法人および関連自然人のほかに合弁会社・共同出資会社を含むとされている.但し連結対象に含まれる会社を除かれる.
18) 以下,売上高,利益および損失,キャッシュ・フローはすべて連結ベースの数値である.
19) 公認会計士の中国での呼称.
20) 銀広夏による天津広夏(集団)有限公司への出資額は9,519万元,広夏(銀川)超臨界採取有限公司への出資額は1,095万元であり,関係会社6社の売却額5,848万元を上回っている.したがって銀広夏は多額の売却損が必然的に計上されることになる.
21) 猴王は,2003年および2004年年次報告書で「無法表示意見」が表明された後,2005年9月21日をもって上場廃止(終止上市)を決定した.
22) 例えば,連結キャッシュ・フロー計算書の作成の義務化は,日本が1999年の4月であるのに対し,中国は1998年1月からスタートしている.

参 考 文 献

中央青山監査法人編(2000)『株式公開マニュアル』税務研究会出版局.
童増主編(2003)『買殻借殻上市案例』中国経済出版社.
橋田坦(1998)「証券市場の形成と発展」参照.(栗林純夫,高橋宏編『中国における持続的成長の可能性』第10章).
韓中和(1997)『中国企業集団の研究―その生成,成長と発展方向―』慶応義塾大学大学院 平成9年度博士論文.
邱宣干(2003)『我国上市公司会計信息披露問題研究』江西人民出版社.
川井伸一(2003)『中国上場企業―内部者支配のガバナンス』創土社.
近藤義雄(2004)『中国現地法人の経営・会計・税務』中央経済社.
黒川行治(1998)『連結会計』新世社.
李莉編(2003)『上市公司会計造偽与公司治理難点問題透視』中国財経出版社.
西崎賢治・大柳康司・賈昕(2002)「中国における注冊会計師監査」平成13年度財務省委嘱調査研究報告書『通貨金融危機後の東アジア発展途上国の生産資源及び経済制度とその課題コンセプトを求めて』.
岡部考好(1994)『会計報告の理論―日本の会計の探求―』森山書店.
王君彩,王瑞華,趙雪媛(2004)『中日上市公司信息披露制度比較研究』中国財政経済出版社.
斉藤静樹(1999)『企業会計とディスクロージャー』東京大学出版会.
龍田節(1982)「開示制度の目的と機能」『法学論叢』110巻4・5・6号.
龍田節(2002)「ディスクロージャーについて」.
若杉明(1998)「会計ディスクロージャーの役割と問題点」『企業会計』Vol.50 No.1.
中国誠信証券評価有限公司他主編『2004中国上市公司基本分析』中国財政経済出版

社.
中国証券監督管理委員会編『中国証券市場信息披露規範2002』中国財政経済出版社.
中華人民共和国財政部制定『企業会計準則2003』中国財政経済出版社.

第9章

ファミリー企業における企業支配力の制御
―― 経営人材制約への対応 ――

葛　永　盛

はじめに

　中国の改革開放以来，大中型国有企業が中枢を占める産業の周辺に，斬新な経営システムによって急速な成長を遂げつつある私企業[1]群が目につくようになってきた．しかし，中国経済における私企業の重要性に比して，これまでの研究の光が当てられることは稀であった．とくに，中国私企業に現れたファミリー・ビジネスなどのガバナンス構造に対して，経営の閉鎖性やネポティズムなどが問題視されているのが実態である．一方，それを先取りするかのように，1989年ファミリー・ビジネス学会が創設され欧州を中心に広がり，I.M.D.（スイス），インシアード（仏），ハーバード（米）など，世界中が注目しつつあるテーマになっている．本稿は中国のファミリー・ビジネス研究におけるそうした欠を埋め，現代中国の市場経済化の象徴となっている私企業についてその「ファミリー・ビジネス」という特徴的なガバナンス構造を解明する．

　ファミリー・ビジネスについては様々な解釈がありえよう．1つはファミリー・ビジネス衰退説である．よく知られているように，チャンドラー（Chandler 1962, 1977）は，企業規模の巨大化に伴い，企業内部において

階層的経営組織が形成され，創業者家族がそのすべての管理職を埋め尽くすことができないため，そこで専門経営者[2]が登場してくることを主張する．チャンドラーは，「それら事業帝国はあまりに巨大すぎて，少数の同族メンバーだけではおよそ手に負えなかったため，ほどなく，そのマネジメントはフルタイムの専門経営者に委ねられた」[3]．一方，「株主は一般に，基本的な政策決定を行うための時間と情報を持たず，配当金が支払われている限りは大きな関心も払わない」[4]．すなわち，所有機能を持たないこと，および常勤（フルタイム）であることが「専門経営者」の基本的な属性と考えられている．大企業の成立に伴う経営者機能の増大が，経営者の属性変化をもたらしたという見方である．

ところが，産業資本主義の段階にすでに入り，企業の事業規模も事業範囲も大きくなりながら，依然として特定家族が大企業の所有と経営を支配してきたことは，発展途上国だけではなく，多くの有力企業において，1950年代までの欧米諸国にも広範に見られる現象であった．ラポルタたちはチャンドラーの命題に対し近年反証を寄せた．彼らは世界の27カ国・地域の大企業各20社，合計540社のデータを分析し，家族支配企業が経営者支配企業以上に一般的な存在であることを明らかにした[5]．

本稿の基本的な課題は，事業が成長してきたファミリー企業において，ラポルタたちがいった意味で創業者家族がどのように企業支配力[6]を維持するのか，を取引費用の経済学によって解明し，跡付けることである．たとえ現状がラポルタたちがいったように「創業者家族による支配」であっても，いやむしろファミリー・ビジネスを維持するとすればなおさら，何らかの手だてを講じるだろう．このこと，つまり創業者家族が専門経営者からの支配力を及びにくくすることが，本稿の標題である「企業支配力の制御」である．

また「いかに企業支配力を制御するのか」というこの中心問題のほかに，それを取り巻く「企業支配力を制御することが企業統治にどのような意味を持つのか」という問題についても本稿では論じたい．専門経営者の登場を抑えるとすれば，彼らからの企業所有者に対する規律づけは弱まるであろう．

それはいわば当然として，むしろ筆者が述べたいことは，それと同時に実は専門経営者の登場を抑えることによって所有者自身による「自己規律」が誘発されたのではないか，言い換えれば，専門経営者制御が所有者に自己規律を促すという逆説的なメカニズムを内包していたのではないか，ということである．

1．中国におけるファミリー・ビジネスの現状

1979年に政府が個人経営企業を「回城知青」（文革期に農村へ下放され，文革後出身地の都市へ戻ってきた青年たち）の就職問題解決の手段にしたことによって，都市部において労働者を雇用する私企業が続々と現れた．また，この頃から農村部においても個人経営が認められるようになり，1978年夏に始まった集団農業から農家ごとの請負生産への転換を背景に，私企業は1978～81年の回復期を経て，1980年代後半より急激な成長ぶりを示し始めた．表1で示すように，私企業は1989年の9.1万社から2000年の176.5万社まで急増し，売上高は1989年の33.7億元（約431億円）から2000年の5,867.4億元（約7兆5,103億円）まで174倍に増えた．

表1　中国における私企業の現状

年度	企業社数（万）	出資者人数（万）	雇用労働者（万）	資本金（億元）	売上高（億元）
1989	9.1	21.4	142.6	84.5	33.7
1992	14.0	30.3	201.5	221.2	90.7
1995	65.5	134.0	822.0	2621.7	1006.4
1998	120.1	263.8	1445.3	7198.0	3059.3
1999	150.9	322.4	1699.2	10287.3	4191.4
2000	176.5	407.4	2406.5	13307.7	5867.4

出所：中国国家工商行政管理総局（1990～2001）『工商行政管理統計彙編』北京：国家工商行政管理総局出版社．

孫文彬・黄紹倫氏の2002年の調査によれば，ほとんどの私企業がファミリー企業[7]から出発したという．現在に至っても中国私企業の78.8%をファミリー企業が占めている[8]．また，私企業の発展に伴い，私有経済に対する中国政府の政策も徐々に変わってきた．1999年の憲法改正で私有経済が社会主義市場経済の重要な構成部分へと格上げされ，また，国有企業が民間と競合する分野から撤退するに際して，従来参入が認められなかった貿易，交通通信，金融などの分野も私企業に開放された．さらに，私企業は赤字経営の国有企業を合併・買収したり，株式を公開したり，従来差別的にされてきた株式市場からの直接融資も国有企業と同様に受けられるようになった．上海と深圳証券取引所の公開データによれば，2003年12月中国上位10家族が支配する上場企業の時価は482.38億元（約6,174億円）で，株式時価総額の3.85%を占めている（表2を参照）．

表2　中国における上位10家族が支配する上場企業の株式時価総額

（2003年12月20日現在）

ファミリー企業	系列企業のなかでの上場企業の時価（億元）	株式時価総額に占める割合（%）
徳　隆　系	190.01	1.52
復　星　系	64.18	0.51
泰　躍　系	38.24	0.31
斯威特系	35.11	0.28
凱　地　系	32.95	0.26
鴻　儀　系	31.41	0.25
格林科尓系	28.57	0.23
万　向　系	24.22	0.19
横　店　系	19.12	0.15
華　立　系	18.57	0.15
合　　計	482.38	3.85

出所：上海，深圳証券取引所の公開データにより筆者整理．

2. 取引費用の経済学によるファミリー・ビジネスの分析

　ではなぜファミリー・ビジネスという慣行が現在多数の中国私企業に採用されているか．ここでまず，取引費用の経済学を用い，移行経済下の中国ではファミリー・ビジネスがどのような意味で企業による効率的な制度の追求の結果であるかを示した上で，同じ論理でその限界をも明らかにできることを示してみよう[9]．

　経営人材が外部労働市場で取引されるとすると，取引相手の探索，それとの交渉と契約そして契約後のモニタリングという市場取引が展開され，取引費用（transaction cost）[10]が発生する．しかしながら，企業と労働者の双方が，不完全な情報のもとで価格メカニズムだけに依拠して取引行為を展開すると，そして双方の取引当事者が相互の信頼を保証する社会的文化的規範に組み込まれているのでなければ，機会主義（opportunism）[11]の発生が十分にあり得る．つまり，取引の相手やシステム全体の利益を犠牲にして，個人あるいは個人に近しい集団のその場の利益を追求したり，情報の歪曲や，選択的な開示や意図を偽って伝えたりする．

　ここで重要なのは，現実には，取引当事者双方は自分の利得を大きくするためには相互協力の必要性を理解し，文化的規範あるいは制度を「進化」させるということである[12]．つまり，取引双方の間に安定した長期的な，そして将来の継続性が保証されているコミットメント関係を作ることは，その関係内部における社会的不確実性を減少させ，取引費用を削減する効果を持っている．

　周知の通り，中国の国有企業では，余剰人員が多いため1日8時間労働は実質的にその半分になっているといわれており，それに比べて私企業の仕事はきつく，労務管理は非常に厳しいと意識されている．その意味で「企業小社会（揺り籠から墓場まで）」という国有企業の共同体的な保障は，私企業

の労働者確保にも影響を与えているといえる．国有企業の手厚い保護のもとにある労働者から見れば，私企業の不完全な福利体制は不安定材料と意識されるのである．また，国有企業の労働者の流動性はなお低いため，私企業では管理職，技術者，技能・熟練労働者の確保に苦労しているのも実情である[13]．

　一方，中国人社会では従来家族が重視されてきている．家族制度による中国人家族同士の結びつきは極めて強く，中国私企業において，家族同士の結びつきによって一種のコミットメント関係が構築され，雇用関係において双方の機会主義的行動が抑制され，ゆえに取引費用が削減されていることは，想像に難くない．中国私企業の絶対多数において，創業当初，妻や親類縁者が経営管理に参画している．こうした状況は創業初期には免れ難かったし，合理的な対応であったといえるだろう．というのは，内輪の者であれば信用できるし，摩擦を減らし，管理コストを引き下げることもできたからである．こういったコミットメント関係はファミリー・ビジネスそのものだといえよう．

　上述したようなコミットメント関係の形成は，一方では関係内部での社会的不確実性を低下させ，取引費用を削減させる効果を生み出すが，同時に，大きな「機会コスト（opportunity cost）」を生み出す可能性があることにも留意しなければならない．機会コストとは，別の行動をとっていれば得られていた利益が，実際の行動の結果得られた利益よりも大きかった場合に，より多く得られたはずの利益分を意味するが，コミットメント関係とは，その定義からして，他に（少なくとも短期的には）より多くの利益を与えてくれる相手がいても，その相手に乗り換えるのではなく，現在の相手との関係を続ける場合に存在している関係である．従って，コミットメント関係を継続するということは，とりもなおさず，別の相手に乗り換えたら得られるはずの余分の利益を放棄することを意味している．この余分の利益が，ここで「機会コスト」に他ならない．従って，コミットメント関係を形成し維持する場合には，その関係の内部での社会的不確実性を減少させ，取引費用を削

減させうるが，もう一方では，より大きな機会コストを負担することになることに留意しなければならない．

ここで図1を見てみよう．外部労働市場が整備されるにつれ，優秀な経営人材を外部労働市場から採択ができると推測できるだろう．それゆえ，ファミリー・ビジネスを維持するとすれば，それによって生み出されるOC（機会費用）が高くなる．一方，TCは，大規模化につれて知名度の上昇，企業のブランド化により外部から経営管理層を調達する取引費用が減少することを示している．ファミリー・ビジネスを継続する際の臨界規模は，家族内部から経営管理層を調達することの機会コストと，家族外部から経営管理層を調達する取引費用の合計（総合的効果T線）が最小になる点CPに求められる．つまり，ファミリー・ビジネスが成長して経営的臨界規模の点CPを越えると，企業を効率的に経営するためその管理は所有者から高度な専門知識を持つ経営者へと移るはずである．チャンドラーはその「経営者革命論」のなかで，家族資本主義から経営者資本主義への転換は大企業が歴史舞台に登場したことで実現したと述べている．

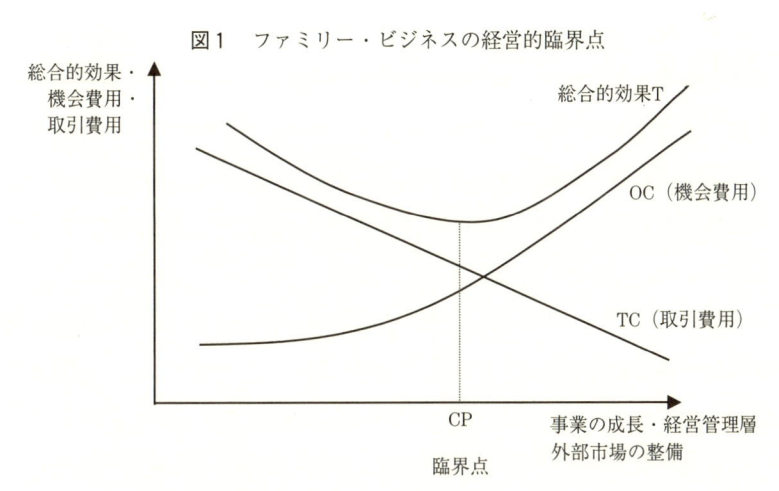

図1　ファミリー・ビジネスの経営的臨界点

出所：アーノルド・ピコー，ヘルムート・ディートル，エゴン・フランク（1999）『新制度派経済学による組織入門：市場・組織・組織間関係へのアプローチ』丹沢安治，榊原研互，田川克訳，東京：白桃書房，50ページにより筆者作成．

3. ファミリー企業における企業支配力の制御
——「万向」の事例

　以上，ファミリー・ビジネスの合理性と限界を取引費用の経済学によって分析し，チャンドラーの「経営者革命論」における主張を跡付けたが，しかし，それではなぜ創業者家族によって企業支配力を制御する現象はラポルタたちが言ったように現在に至っても大企業で広範に見られるのだろうか．

　ここでは，表2で示した中国における上位10ファミリー企業のなかから，万向系ファミリー企業（以下は万向）を事例に取り上げて説明しよう[14]．万向は中国自動車業界で最大の部品メーカーであり，また，中国ほかのファミリー・ビジネスと比べると，万向は明確な経営目標と経営戦略を持ちながら，堅実に遂行する，いわゆる質実剛健型の企業である．とくに，万向は最初は集団所有制の郷鎮企業[15]として出発したが，1980年代に政府から株を買い取り，企業の所有権を獲得した．また，ファミリー・ビジネスが問題視されたときにも，万向はいち早く手を打ち出した．企業改革の面で中国のファミリー企業のなかでもパイオニア的な存在である．

　万向の前身は寧囲公社農業機械修理工場と呼ばれ，1969年7月，創業者の魯冠球氏（現取締役会長）が6人を率いて創立した．創立当時は資本金がわずか4,000元（約5万円）で，農機具の修理などが中心の鍛冶屋であった．1974年頃から自動車部品に着目し，市場で不足していたユニバーサル・ジョイント（UJ）の修理をしていたが，1979年から自らもUJを製造し，自動車部品市場に参入した．

　既述したように，万向は最初は集団所有制の郷鎮企業として存在していた．改革当初の1980年代は，中国では生産要素の市場が未発達だったため，土地は自由に売買できず，融資ルートもほとんど政府に支配され，重要な生産財も計画機関と国有の物流システムによって配分されていた．企業経営に

とって重要な市場情報，政策情報も政府機関に集中していた．そのためいち早く復活・発展した個人経営・自営業者には，発展しても私営企業として登記することを願わない者が多かった．彼らは地元の政府関係部門に一定の管理費を納めて，集団所有制企業の名義で登記し，経営活動を行う途を選んだ．集団所有制企業として認可されると，市場や資金確保で，政府の庇護が受けられるからである[16]．

しかし，政府部門の保護を受ける企業は，企業所有権が曖昧で，政府部門が企業の経営に干渉したり，企業の権益を侵害する機会を与えるという被害を伴ったのである．そのため，1983年から魯冠球氏が卿政府から経営請負の形で自主経営を始めた．さらに1988年に1,500万元（約1億9,200万円）で郷政府の所有株をすべて買い取り，私企業に変身した．株の買い取りによって，政府部門から介入経路がなくなり，また所有権と経営権の一致により当事者間の所有権構造を明確にし，エージェンシー・コスト[17]を節約することで企業がより効率的に運営されることになった．

1990年に万向はグループ化され，純粋持株会社である「万向集団公司」[18]のもとで各事業会社を配置し，自動車事業を体系的に統括することになった．そして，魯冠球氏は自ら取締役会長に就任した．同年，「万向集団公司」は国家一級企業の認定を受けた．1993年11月，万向傘下の中核事業にあたる自動車部品製造会社である「万向銭潮」[19]は深圳証券取引所に上場した．1994年，初めて海外へ進出し，米国のシカゴに現地法人を設立した．1997年8月，米国GM社向けに本格的にOEM部品納入を始めた．世界メジャー自動車メーカーへのOEM納入実現は中国初である．さらに1999年，米国フォード社にもOEM納入をはじめた．2002年，万向国内の従業員数は約1万3,000人，売上高は118億元（約1,510億円），資産総額は約100億元（約1,280億円）に達した．

21世紀に入り，中国では，従来，政府による参入規制政策の下にあった銀行・保険・資源などの分野において規制緩和が進展した．この新たな事業機会の出現に魯冠球氏が積極的に対応し，「万向集団公司」以外に2000年「万

向三農」[20]，2001年「万向控股」[21]などの持株会社を次々と設立し，多角経営へと展開し始めた．

　創業の初期段階においては，魯冠球氏とその家族が企業の所有権と経営権をともに独占し，創業者の経営手腕が直ちに経営成果を左右したのである．しかし，上述のようにグループ傘下の企業数が増加すると，また各企業の経営規模が拡大し，「万向集団公司」，「万向三農」，「万向控股」3社が各社経営から独立したグループ統括機能が組織化されることは次第に明確になっていった．また，事業各社経営は各業種特有の技術的，営業的要素を強く持っており，いわゆる専門家の技能と経験なしには遂行されない．創業時代は，創業者の勘と行動力で経験不足を補うことも可能であったが，企業規模の拡大と経営ノウハウの高度化はそのような泥縄を許さない．

　一方，現実には，ファミリー・ビジネスにとって人材源の狭さが成長の大きな制約であることは，万向においても変わらない．また，ファミリーの手持ちの人材すべてがトップ・マネジメントを担えるほど有能であるとは限らないことである．万向が企業支配を志向するならば，人材制約は克服すべき重要な課題であると考えられる．

　ここでまず注目しておきたいのは，万向における人材育成の対応である．高等教育が未発達であり，経営管理層の外部市場も未発達であった中国では，魯冠球氏は90年代前半にいち早く自分の唯一の息子魯偉鼎氏をシンガポールとアメリカへ二度送り出し，経営学を学ばせ，彼の帰国を待って新規事業への進出を図った．実は，上述の2000年以降における新規参入はほとんど息子魯偉鼎氏の指揮のもとで行われたという．

　従業員研修のため，2000年に万向は地元の杭州市政府と一緒に全日制の専門学校「杭州万向職業技術学校」を設立した．また，名門の浙江大学と南京大学と業務提携を行い，定期的に高級職員を研修させる．さらに2004年，53名の中堅技術者を海外研修させた．魯冠球氏本人は歴史的原因で中学校へしか行かなかったが，勉強家であることは周知のとおりである．すでに『求是』，『人民日報』，『光明日報』，『経済日報』などの雑誌・新聞紙に数多くの

論文が掲載され，香港理工大学からも名誉博士号を受け，現在浙江大学MBAコースの指導教授である[22]．

　人材制約への克服策として，以上の人材育成に加えて重要と考えられるのが，人材制約を前提としながら家族の経営支配を可能にするような組織作りである．それは，家族と専門経営者との間に見られる役割分担のことである．つまり，ごく少数の家族メンバーが執行の要に位置し専門経営者を指揮し，専門経営者は家族の指揮のもとに執行を遂行する．この役割分担が機能する上で重要と考えられるピラミッド型組織構造である．持株会社と子会社から構成されるピラミッド型組織構造が，執行にかかわる家族をごく少数に限定することを可能にしている．すなわち，高い経営能力を備えた家族メンバーは持株会社のトップ・マネジメントに配置され，子会社の事業部門の日常管理に配置されるのはもっぱら専門経営者である．このように家族を持株会社のトップ・マネジメントに配置することで，少ない家族人材資源の有効活用がなされている．

　図2は万向系ファミリー企業の所有構造を示している．グループの所有は創業者魯冠球親子を中心に，その一族が持株会社格である非公開会社，「万向集団公司」，「万向三農」と「万向控股」3社の株式を保有し，これを頂点としたピラミッド型のグループ所有構造を形成している．

　以上の所有関係をバックに魯冠球一族が直接に意思決定とその執行に身を投じている．また，グループ経営は，魯冠球一族→持株会社→事業会社と体系化された．持株会社に設けられたトップ・マネジメントがグループ経営機能を担当し，メンバーは魯冠球一族を中心に構成される．魯冠球氏本人は，3社の持株会社の取締役会長に就任し，また主な事業会社の「万向銭潮」の会長を兼任することで，二重にグループの経営をチェックしうる立場にある．息子の魯偉鼎氏は，3社の持株会社の社長となり，事業会社の「万向財務」[23]の会長を兼任する．3人の娘とその女婿は，北京・深圳駐在事務所と万向米国公司の経営責任者である．そのうち三女の婿の倪頻氏は浙江大学の経営学修士号を保有し，研究者として浙江社会科学院に勤めたが，数年

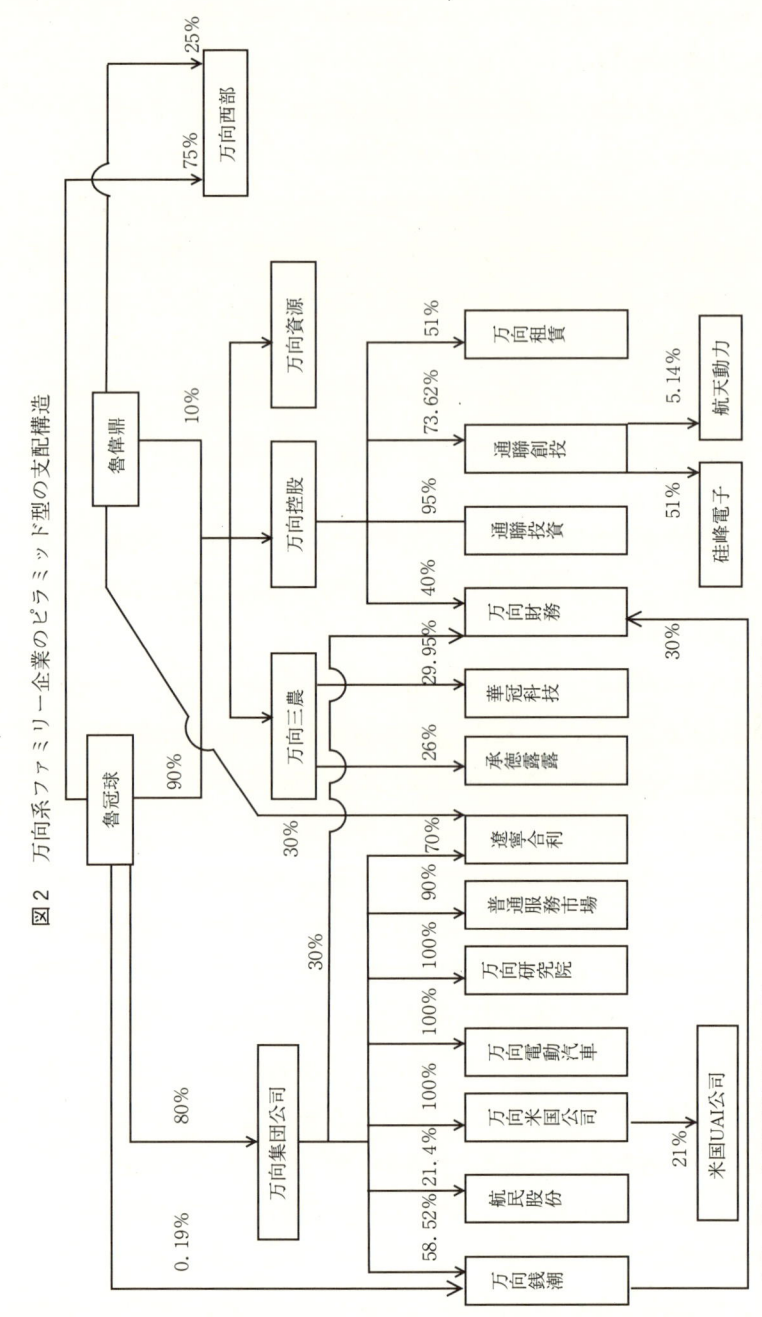

226　第Ⅱ部　企業組織のダイナミクスとコーポレート・ガバナンス

図2　万向系ファミリー企業のピラミッド型の支配構造

出所：上海・深圳証券取引所の公開データ（2005年3月時点）により筆者作成．

前万向グループにスカウトされた．現在，北米業務の全般が任されたという．

　以上のような強固な支配のメカニズムを背景に，魯家は，グループ各社，とくに持株会社の経営面において高いプレゼンスを発揮している．一方，持株会社以外の事業会社では，技術集約的な事業とりわけ創業者家族にとって馴染みの薄いハイテク分野への進出などに伴い，専門経営者の登用を体系化・組織化せざるを得なくなる．万向は企業内部の生え抜き経営者に事業会社の要職を担わせる傾向が強い．なかでも，技術専門家として名高い周建群（「万向銭潮」CEO），「万向集団公司」の財務を司る傅志芳（「万向財務」CEO も兼任），会計を専門とする沈長寿（「通聯投資」CEO），大学院修了の管大源（「万向集団公司」副社長兼「華冠科技」CEO）の役割は大きい．

　また，近代的階層組織と異なり，今日のファミリー企業の経営は企業における労働関係を私的生活の領域にまで延長し，労使関係を私的感情の色彩で覆い，大家族の温厚な色調で塗り上げている．例えば，従業員家族の慶事弔事を行う場合，経営者が自ら訪問出席したり，お金や物を送ったりする．家族性管理は確かに労使間の矛盾を一定程度緩和し，従業員の積極性を発揮させるのに有利である[24]．このように，ファミリー企業内部の人間関係は家族内の上の者が慈しみ下の者が従う関係を模倣しており，企業が拡大家族になされ，これにより企業内部の凝集力を強化する動きが見られる．

　以上のように，万向においては，それぞれ事業会社の経営は有能な専門経営者を多数動員し，その人材吸収も比較的開かれた能力主義の世界であるのに対して，最終的な経営権限はいずれも一族に収斂する点が注目される．家族の所有と支配を維持しようとしている面では，従来のファミリー・ビジネスと共通するが，様々のイノベーション（家族外から専門経営者の登用や経営組織改革）を推進しているという面では，明らかに経営主体の内実が異なっていた．その意味で，現在中国のファミリー企業は，起業者精神に富むオーナーが率い，より制度化され組織化されたファミリー・ビジネスを基盤としているのである．この点を積極的に考慮しない限り，彼らの発展は到底

評価できないであろう．

　以上の動きを，図1に照らし合わせて整理すると，図3のように描くことができるだろう．点Xで万向のこのような一連の対応策を行うとすると，家族内部（ないしは拡大家族）から経営管理層を調達することが可能になり，機会コストOCが下方に屈折し，OC'になる．そして，総合的効果T線も右方へ推移しT'線になる．対応によって人材資源の制約を緩和することが推測でき，経営的臨界点はCPからCP'へ推移する．

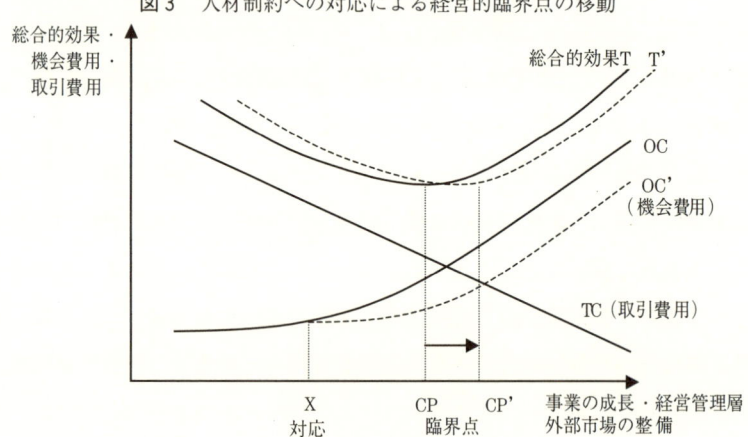

図3　人材制約への対応による経営的臨界点の移動

出所：アーノルド・ピコー，ヘルムート・ディートル，エゴン・フランク（1999）『新制度派経済学による組織入門：市場・組織・組織間関係へのアプローチ』丹沢安治，榊原研互，田川克訳，東京：白桃書房，50ページにより筆者作成．

おわりに——制御ゆえの自己規律

　ファミリー企業の事業成長に伴い，企業内部において階層的経営組織が形成され，創業者家族がそのすべての管理職を埋め尽くすことができないため，そこで専門経営者が登場してくる．その専門経営者からの支配力が増大すること，そしてひいては実際に行使されるかもしれないことは，創業者家族にとって潜在的な脅威であろう．これを専門経営者が拱手傍観しているこ

とはないだろう．たとえ現状が「創業者家族による支配」であっても，いやむしろ家族による企業支配力を制御するとすればなおさら，何らかの手だてを講じるだろう．万向における家族による企業支配力の制御は，家族内部経営者の育成，人材制約を前提とした組織づくり，専門経営者の登用など，家族の意識的な取り組みの上に成り立っているといえる．

ここで，チャンドラーに想定された「専門経営者企業」化は2つの局面において確認できる．1つの局面は経営にかかわる家族の教育・訓練による専門的経営能力の向上，すなわち家族の専門経営者化である．もう1つの局面は，俸給専門経営者の広範な登用である．俸給専門経営者の広範な登用に伴う組織上の工夫と考えられるのが，持株会社と傘下事業会社への本社機能と事業執行機能の分化である．持株会社に本社機能を持たせグループ全体にかかわる経営の役職を集中し，そこに優秀な家族メンバーを配置する一方で，事業会社の事業執行は専門経営者へ委任される．

以上の一連の対応によって，ファミリー企業における「制御ゆえの自己規律」が成り立っている．それは，厳しい競争という中国1980年代以降に特徴的な経済環境において，経営者には以前にも増して優れた判断力，決断力，指導力が要求されるようになっているからである．いわば「外」からの圧力に対処することから自己規律が生まれる．

もう1つ重要なのは，傘下事業会社における専門経営者の広範な登用である．創業者家族は専門経営者を指揮しなければならない．専門経営者の学歴は高度化しつつあり，彼らと同等以上の能力がなければ，彼らに対し指導力を発揮できなかろう．専門経営者の存在を通して経営者がある種の自己反省を喚起し，いわば「内」からの圧力による経営の自己規律が生まれる．

本稿で提起する「制御ゆえの自己規律」はこの点を論じたものである．この「自己規律」は常に取引費用経済学によってチェックすることも可能である．それはすでに既述したが，もしファミリー・ビジネスを行うことで得られる「取引費用」の節約が，外部の専門経営者に乗り換えないため負担した「機会費用」より多い場合は，企業支配力を制御することができる．逆に少

ない場合は，ファミリー・ビジネスという慣行を大胆に変革せざるを得ない．

　本稿は万向の成功事例を通じて人材制約に対する家族からの意識的な取り組みを分析したが，その万向の成功事例が中国ファミリー企業において普遍性があるかどうかやや心もとない．また，同じ人材制約問題である世代交代について論じていない．それは，中国の改革開放がわずか20年余りで，ファミリー・ビジネスの歴史は極めて短く，目下のところ会社の支配権がほとんど創業者に握られ，世代交代は行われていないからである．しかし，現在中国の一人子政策を考えたら，ファミリー・ビジネスの存続を可能にした上で，継承問題に対して何らかの取り組みを行わなければならない．この点については，今後も成り行きを見守っていく必要があろう．また，ファミリー企業の事業成長につれて人材制約のほか，資金制約などへの対応もできるかについての検討は今後の課題としたい．

1) 私企業については，「私人企業」，「私有企業」，「私営企業」や「個体工商戸」などさまざまな表記法がある．1988年の「私営企業暫定条例」では，「企業資産が私的所有で，従業員8人以上を有し，営利性を持つ経済組織」を「私営企業」と規定した．企業資産が個人の単独出資によるもので被雇用者が8人未満の場合は「個体工商戸」（または「個体戸」）と呼ばれ，これと区別されている．本稿では私企業という用語を，とくに断わらない限り，中国における上記の表記法を総称した概念として用いる．
2) ここでは，企業の株をほとんど持たないサラリーマン経営者を「専門経営者」と呼ぶ．
3) Chandler（1962）p.29による．
4) Chandler（1962）p.395による．
5) La Porta *et al.*（1999）p.476による．
6) 「企業支配力」とは，一言でいえば「企業のトップ・マネジメントを掌握し，重要な決定に自分の意思を反映させうる力」のことである．では，何をもってトップ・マネジメントを掌握しているかという判断とするか，すなわちその判断基準が非常に重要となってくる．多くの考えがあろうが，筆者は，本稿では，「代表権の有無」とした．たとえば，金融機関や支配株主が専門経営者を招請し，経営に当たらせるため代表権が付与したときは，専門経営者にトップ・マネジメントが委任されたとする．

7) 「ファミリー企業」は,「創業者家族により所有されかつトップ・マネジメントが掌握されている企業」とする.
8) 孫・黄(2002)126-147頁による.
9) 中国私企業におけるファミリー・ビジネスについては葛(2005)を参照.
10) 取引費用は,経済システムを運営する費用ともいえる.たとえば,市場取引費用においては,商品についての情報収集,契約にかかわる交渉や成文化,実施段階での監視,問題や環境変化が生じた時の調整などにかかる費用が取引費用である.取引費用については,たとえば,Williamson(1975)を参照.
11) 機会主義的な行為とは,経済主体は私利の追求を行うという伝統的な仮定を拡張したものであり,自己の利益を時には狡猾なやり方で追求するような戦略的行動である.
12) 丹沢(2000)116ページによると制裁を伴う制度が進化することによって囚人のジレンマ状況も変質する.
13) 中国国有企業における実質的な労働時間や福利体制については山本(2000)452ページの考察による.
14) 万向に関する事実関係は上海・深圳証券取引所の公開データ,万向集団公司のホームページ(http://www.wanxiang.com.cn/),李(2005)に基づく.
15) 郷鎮企業とは,中国の郷政府,鎮政府や村民委員会など末端行政機関が出資して設立した農村部集団所有制企業である.
16) こうした企業は,中国で俗に"戴紅帽子的企業"(「赤い帽子を被った企業」)と呼ばれ,都市部にも農村部にも見られる.90年代中頃になっても,企業資産の過半が私的所有という「赤い帽子を被った」「偽集団所有制企業」が私企業登記個数(1995年末65.5万戸)の2倍も実在すると推定された(張,明(1999)51頁).
17) ある行為の遂行を他人に委ねる者をプリンシパル,委ねられる者をエージェントと呼ぶ.両者はエージェンシー関係にあるが,こうした関係ではプリンシパルとエージェンシーの間に情報の非対称性が存在し,利害関心の違いから利害対立が発生し,プリンシパルの利益が損なわれる場合がある.ここで,そういう損失を「エージェンシー・コスト」と呼ぶ.
18) 万向集団公司,純粋持株会社,主要事業は自動車部品事業の企画,投資,運営など.
19) 万向銭潮股份有限公司,深圳上場,主要事業は自動車部品の製造など.
20) 万向三農有限公司,純粋持株会社,主要事業は農業,農産業加工事業の企画,投資,運営など.
21) 中国万向控股責任有限公司,純粋持株会社,主要事業は資本投資など.
22) 新華通信社2002年11月21日の報道による.
23) 万向財務有限公司,非銀行金融機関.
24) 『中国私営経済年鑑』1996年版,166-176頁による.

参 考 文 献

アーノルド・ピコー，ヘルムート・ディートル，エゴン・フランク (1999)『新制度派経済学による組織入門：市場・組織・組織間関係へのアプローチ』丹沢安治，榊原研互，田川克訳，東京：白桃書房．

Chandler, Alfred D. (1979), *The Visible Hand: The Managerial Revolution in American Business*, Cambridge, MA: Harvard University Press（鳥羽欽一郎，小林袈裟治訳『経営者の時代（上）（下）』東京：東洋経済新報社，1979年）．

Chandler, Alfred D. (1962), *Strategy and Structure: Chapters in the History of the American Industrial Enterprise*, Cambridge, MA, MIT Press（有賀裕子訳『組織は戦略に従う』東京：ダイヤモンド社，2004年）．

張厚義・明立志編 (1999)『中国私営企業発展報告 (1978～1998)』北京：社会科学文献出版社．

星野妙子編 (2004)『ファミリー・ビジネスの経営と革新』東京：アジア経済研究所．

葛永盛 (2005)「移行経済下における中国私企業の『家族経営』とその行方」(『中央大学大学院研究年報』第8号，中央大学総合政策研究科)．

小池賢治 (1993)「多角化の新展開と所有経営構造の変化」(小池賢治・星野妙子編『発展途上国のビジネスグループ』東京：アジア経済研究所)．

La Porta, Rafael, Florencio Lopez-de-Silanes and Andrei Shleifer (1999) "Corporate Ownership around the World", *The Journal of Finance*, Vol. LIV, No.2.

李春利 (2005)「民営企業の事例研究」(丸川知雄・高山勇一編『グローバル競争時代の中国自動車産業』東京：蒼蒼社)．

孫文彬・黄紹倫 (1999)「部分家族企業的調査与分析」張厚義・明立志編『中国私営企業発展報告 (1978～1998)』北京：社会科学文献出版社．

田中一弘 (2002)『企業支配力の制御：戦後日本企業の経営者・資金提供者関係』東京：有斐閣．

丹沢安治 (2000)『新制度派経済学による組織研究の基礎：制度の発生とコントロールへのアプローチ』東京：白桃書房．

Williamson, O. E. (1975) *Markets and Hierarchies: Analysis and Antitrust Implications*, New York: The Free Press.（浅沼萬里他訳『市場と企業組織』東京：日本評論社，1980年）．

山本恒人 (2000)『現代中国の労働経済1949～2000：「合理的低賃金制」から現代労働市場へ』創土社．

中国全国工商連合会，中国民（私）営経済研究会 (1996)『中国私営経済年鑑』北京：中華工商連合出版社．

ジャパン　アズ　ナンバーワン	143	組織戦略	155
上海証券取引所	165	ソフト資産	147
上海大金空調有限公司（上海ダイキン工業）	12	**た　行**	
上海証券交易所上市公司治理指引	177	ダイヤモンド・モデル	32
上海証券交易所股票上市規則	189	ダイムラー・クライスラー	56
自由主義企業	127	大中華経済圏	149
儒教文化	153	WTO	134
従業員代表大会	172	地域ブランド	22
朱宝憲	196	地域本部企業	155
証券公司管理弁法	180	地球ネットワーク経済	150
証券公司治理準則	180	知的財産	53, 58, 59
証券市場信息披露規範	199	チャネル	99
上市公司	189	チャネル変革	98
上市公司治理準則	177	チャネル政策	91
深圳証券取引所	165	チャネルの衝突	99
人材制約	224	中関村	65
人治主義	153	中関村科学技術園区	21
人民元の切り上げ	130	中国海洋石油	142
Switching Cost	124	中国科学院	139
清華科技園発展センター	76	中国企業連合会	184
成果主義	131	中国の国家ハイテク産業開発区	84
製品価値のライフサイクル	123	中国の自動車産業	50–52
西武鉄道の有価証券報告書虚偽記載事件	194	中国自動車産業政策	52
		中国成長のジレンマ	133
政冷経熱	3	中国証券監督管理委員会	165
世界の工場	133	中国覇権主義	145
関于在上市公司建立独立董事制度的指導意見	180	中国包囲網	143, 145
		中小株主	166
戦略委員会	178	中台戦争の危機	137
戦略空間	121, 140	提携戦略	156
戦略思想家	120	DC	54
戦略的提携	104	転廠制度	11, 17
創業園	82	TCL集団	139
相互主義戦略	146	ディスクロージャー	179
走出去	151	ディスクロージャー制度	190
創造の戦略	120	ディスクロージャー制度の信頼性確保に向けて	194
創造的破壊	123		

天津広夏有限公司	200	物流サービス	104, 108, 110
ドイツの自動車産業	54, 55	ブラックボックス化	156
鄧小平	65, 131	プラザ合意	130
東芝複印机（深圳）有限公司	9	フランチャイズチェーン	151
董事	170	平時の経営戦略	126
董事会	172	米国 IBM	138, 140
董事長	171	米中摩擦	150
独立董事	178	北京大学・清華大学に対する校弁	
取引費用	7, 219	企業の経営を規範化する指導意見	79
		Benz	55
な 行		包括通商法	146
南巡講話	75	宝供物流	104
日技城製造廠（テクノセンター）	11	報酬委員会	178
日産自動車	124	北大科学園	76
日米摩擦	150		
認知能力	121	**ま 行**	
ネットワーク経済	128	M. ポーター	31, 120
年度報告書	200	万向	222
		万向控股	224
は 行		万向財務	225
ハイアール	107	万向三農	223
配当	167	万向集団公司	223
ハイリスク	126	万向銭潮	223
ハイリターン	126, 151	民営化（プライバタイゼーション）	128
パックス・アメリカーナ	127, 135	未来志向の思想	146
パックス・ブリタニカ	127	毛沢東	131
潘雲鶴	77		
B 株	168	**や 行**	
BMW	53-56, 61	有機発光ダイオード	85
BRICs	135	J. シュンペーター	120
P&G	109	四つの技術サービス事業	73
P. F. ドラッカー	120		
謬海鷹	196	**ら 行**	
ファミリー企業	218	ライン（Rhein）型資本主義	5
フォルクスワーゲン社	54, 55, 61, 144	利害関係者	179
複眼的思考	156	リスクの多層性	152
副董事長	171	流通革命	104
物流	104	流通企業	91

流通システム	92, 94
流通戦略	91
流通チャンネル	94
利用ノウハウ	147
臨界点	122
流転の思想	123
連結財務諸表	192
連結財務諸表原則	192
連結財務諸表暫定規定	198
連結財務諸表の制度化に関する意見書	193
聯想集団（レノボ・グループ）	138
魯偉鼎	224
魯冠球	222

執筆者紹介 （執筆順）

丹沢安治（たんざわやすはる）　研究員，中央大学総合政策学部教授 ［第 1 章］
三浦俊彦（みうらとしひこ）　研究員，中央大学商学部教授 ［第 2 章］
アンドレアス・メルケ　ドイツ—日本研究所経営・経済部長 ［第 3 章］
李建平（リケンペイ）　客員研究員，専修大学経営学部助教授 ［第 4 章］
陳海権（チンカイケン）　客員研究員，中国曁南大学管理学院副教授 ［第 5 章］
林昇一（はやししょういち）　研究員，中央大学総合政策学部教授 ［第 6 章］
大柳康司（おおやなぎこうじ）　専修大学経営学部助教授 ［第 7 章］
西崎賢治（にしざきけんじ）　公認会計士 ［第 8 章］
葛永盛（カツエイセイ）　準研究員，中央大学総合政策研究科博士課程後期課程 ［第 9 章］

中国における企業組織のダイナミクス
中央大学政策文化総合研究所研究叢書 2

2006 年 3 月 30 日　発行

編著者　丹沢安治
発行者　中央大学出版部
代表者　中津靖夫

〒192-0393　東京都八王子市東中野742−1
発行所　中央大学出版部
http://www2.chuo-u.ac.jp/up/
電話　042(674)2351　FAX　042(674)2354

©2006　　　　　　　　　　　　　　電算印刷㈱

ISBN 4-8057-1401-8